Em busca do sucesso

Robert Henry Srour

Em busca do sucesso

Inteligência ética faz bem às empresas

São Paulo
2007

DISAL EDITORA

Assistente editorial: Gabriela Canato
Preparação de texto: José Muniz Jr. / Verba Editorial
Capa: Alberto Mateus
Projeto gráfico: Alberto Mateus
Diagramação: Crayon Editorial
Foto da capa: Volker Moehrke / zefa /Corbis/LatinStock

Dados Internacionais de Catalogação na Publicação (CIP)
(Câmara Brasileira do Livro, SP, Brasil)

Srour, Robert Henry
Em busca do sucesso : inteligência ética faz bem às empresas / Robert Henry Srour. – Barueri, SP : DISAL, 2007.

ISBN 978-85-89533-63-8

1. Comportamento organizacional 2. Ética em negócios 3. Sucesso em negócios I. Título.

07-1710 CDD-650.1

Índice para catálogo sistemático:
1. Sucesso das empresas : Administração 650.1

DISAL EDITORA

Alameda Mamoré 911 – cj. 107
Alphaville – BARUERI – SP
CEP: 06454-040
Tel. / Fax: (11) 4195-2811
Visite nosso site: www.disaleditora.com.br
Televendas: (11) 3226-3111

Fax gratuito: 0800 7707 105/106
E-mail para pedidos: comercialdisal@disal.com.br

Para minha nora Jeniffer,
valente e decidida

A viagem real de descoberta
não consiste em buscar novas paisagens,
mas em olhar com novos olhos.

Marcel Proust

Sumário

Prólogo

Performance é mais do que resultado, é também exemplo, e isso requer integridade.

Alfred P. Sloan, Jr.

Hora do almoço, tempo ameno, céu luminoso. Eu estava parado na calçada do prédio de escritórios em que trabalhava – um aquário de vidro fumê. De repente, uma nuvem se deslocou e a reverberação me ofuscou. Foi como apertar o botão de um projetor. Em ritmo acelerado, passagens dos meus últimos meses dispararam à minha frente. Apesar do atropelo, não senti desconforto. Ao contrário, as recordações me encantaram.

Em meu peito bate um sol! Sempre me distingui dos outros: fui o primeiro da classe, brilhei em concursos, colhi fartos elogios, acumulei êxitos. Nada recebi de graça. Sou aplicado. Aprendo rápido e tenho imensa curiosidade. Faço as coisas à perfeição. No fundo, sou um vencedor dentre os muitos largados à própria sorte! Quem há de duvidar?

Em busca do sucesso

Desde as primeiras provas escolares, uma chama me aquece. Um formigamento se espalha dos ombros à cabeça, das mãos ao tronco e – prodígio da lucidez! – o pensamento flui, o raciocínio se esmera, as idéias brotam límpidas. Quando me descolo do pelotão, ao abrir caminho na dianteira, o vento refresca meu rosto...

Sou trainee numa empresa nacional que se associou há dois anos com uma companhia americana. Parte das ações foi vendida sem que os donos brasileiros perdessem o controle. No entanto, precavida, a sócia estratégica estipulou uma "política de performance". A iniciativa estremeceu muita gente. Resistências tão heróicas quanto inúteis irromperam. Ninguém conseguiu evitar os efeitos colaterais: aposentadorias precoces, remoções para unidades do interior, terceirização de setores de apoio, demissões aqui e acolá. As tensões se espraiaram e a aflição percorreu os corredores da matriz.

Após a morte do fundador, anos atrás, a empresa foi profissionalizada. O velho paternalismo perdeu fôlego e certos ritos foram extintos. O clima interno, antes cordial, ganhou ares de impessoalidade. A hierarquia ficou crispada. Os afilhados não mais foram celebrados. Toda e qualquer falha, até dos mais antigos, deixou de ser tolerada. Uma nova tríade de deuses numéricos foi entronizada – Custos, Metas e Resultados. Na esteira, os herdeiros da empresa se encolheram no Conselho de Administração. E, lá de cima, ecoou um eloqüente mutismo.

Os americanos concederam à equipe diretiva um crédito de confiança. Nomearam um novo diretor financeiro e, a reboque dele, dois conselheiros foram substituídos por gente do mercado. Mais ninguém. Tático, o presidente se esmerou em enquadrar os inconformados e, segundo os entendidos, a manobra lhe garantiu sobrevida. Para alívio geral, a lista das dispensas encurtou.

Faço parte de um quinteto de "talentos". Ingressamos na companhia há um ano. Dois engenheiros, uma economista, uma administradora e eu, também formado em Administração. Viemos das principais universidades de São Paulo; um só foi aluno da Federal do Rio de Janeiro. Percorremos todas as divisões do negócio. Agora nos acenam com designações para áreas específicas, nossos primeiros vôos solos.

Prólogo

A minha indicação para Logística e Suprimentos está quase certa. Quando me disseram que necessitam de sangue novo, me fiz de desentendido. Nosso tutor – um gerente sênior, pouco à vontade em seu novo figurino – deixou escapar que a empresa precisava de gente como eu. Contrafeito, fez um curto sinal de degola. Entendi o que esperavam de mim: sacudir a poeira, reduzir despesas, redesenhar funções e, lógico, varrer cabeças-de-bagre. Fiquei impassível, como se fosse versado na matéria. Soldado não escolhe missão, não é isso? Na hora, minha auto-estima foi arremessada às alturas. Decididamente, fui talhado para grandes feitos!

Durante o ano de treinamento, na típica linguagem do pessoal de Recursos Humanos, fomos "integrados". Eu diria melhor: cooptados. É a sina dos trainees. Esquadrinhamos o organograma e notamos que alguns veteranos ainda desfrutavam de um "personograma", umas caixinhas postiças que baralham as atribuições formais. Pudemos também nos familiarizar com os jargões das diferentes áreas. Fomos apresentados ao manual de políticas e procedimentos. Ficamos aturdidos com o volume de regras e de formulários. Topamos com os objetivos estratégicos da diretoria, aquelas fórmulas que infundem reverência aos gerentes e fazem o terror dos subalternos. Em resumo, descobrimos os meandros do "como as coisas são feitas por aqui".

Mais uma curiosidade: aprendemos a desconfiar das redes informais de poder, dessas confrarias que se movem nos subterrâneos. Por que será? Primeiro, porque descobrimos as teias obscuras que juntam essas igrejinhas: laços de vizinhança, credos religiosos, rodinhas de chope, serões esportivos, fraternidades universitárias, associações profissionais, torcidas de futebol, jogos de azar e muito mais. Segundo, porque reparamos como essas irmandades são secretas e fingidas. Terceiro, porque percebemos como elas manobram sub-repticiamente, armam tocaias, intrigam, intimidam, negociam informações, pressionam, alocam privilégios e, acima de tudo, emplacam promoções. Poder formidável, tanto mais potente quanto menos se deixa ver!

Observamos também a arquitetura do ambiente, as condutas usuais, os maneirismos, o corte das roupas, as divisórias à meia altura que cercam as estações de trabalho, a história corporativa oficial e os relatos nada heróicos sussurrados na hora do cafezinho, os jeitos que se insinuam em tudo quanto é dobra da empresa. Captamos, assim, a identidade organizacional nas formas de agir e de pensar, e percebemos que suas feições conservadoras estavam à deriva. Fizemos também uma interessante descoberta: quem souber imitar as mesuras e os trejeitos do pessoal consegue passar despercebido... É o preço pago para fazer parte!

Uma grande amizade cresceu entre nós cinco. Pudera, só havia um bote salva-vidas! Depois da fase eliminatória, superamos as rivalidades e, na seqüência, intuímos que temíveis samurais nos espreitavam – ali, na moita, logo na frente. Como reagimos? Procuramos espantar as ameaças – as reais e as fantásticas. De que jeito? Imitando animais ferozes e soltando avisos aos navegantes do tipo "ninguém segura!". O recado tinha um duplo sentido: o mais comum, atrevido, desafiava quem quisesse nos deter (vai querer encarar?); o segundo, figurado, alardeava nossa superioridade (somos os melhores!).

Nossa insolência tinha razão de ser: depois da triagem insana a que nos submeteram, bateu a paranóia. Foram nada menos que 2.531 candidatos! Cálculo simples, mais de quinhentos contra um! É mole?

Sabíamos que nosso feito impressionou muita gente... menos a nós. Por que será? Porque pertencemos a uma cepa meritocrática. Traduzo: somos daqueles que, diante dos superiores, não se intimidam nem baixam o cangote. Recusamos também os conchavos e os jogos de cena com os colegas. Na hora de entrar em campo, arremetemos com um ímpeto de cavaleiro medieval. No corpo-a-corpo, prescindimos de patronos, padrinhos, patrocinadores, protetores, guardiões, agenciadores, seja lá quem for! Em outras palavras, somos daqueles que nunca reclamam das avaliações viciadas nem ligam para os bajuladores que vagueiam por todo o lado. Somos daqueles que perdoam os favoritos que, à cata de migalhas, fazem rapapés nos corredores quando passa um chefão. Em síntese, desprezamos os parasitas!

Mas por que diabos nós recusamos regalias? Simples: para não depender da confiança dos chefes e ficar o tempo todo balançando na corda bamba. Fizemos então do mérito a nossa arma e só agimos às claras. Somos os apóstolos da globalização, da economia competitiva, da competência profissional. Chegou a hora de dar o troco aos apadrinhados!

Prólogo

Feitas as contas, o que conseguimos? Três coisas: não arquear as costas para suplicar favores, não sentar no cabresto e não babar de tanto fingir achar graça em piadas chocas.

Utilizamos algum atalho? Nenhum! Travamos combate a descoberto, driblamos ciladas, desatamos os nós que apareceram, cumprimos nossas tarefas na hora certa, tiramos projetos do papel, implantamos melhorias nas áreas em que estagiamos, introduzimos inovações. Em breve, operamos milagres e revelamos o santo, a despeito das resistências e dos maus bofes. Resumo da ópera? Fizemos acontecer! Esbanjamos um "superávit de saber", esse precioso segredo dos que sabem aproveitar oportunidades!

Por que fomos escolhidos? Por três razões: cabeças cartesianas, carência de compaixão, foco naquilo que verdadeiramente conta. Na verdade, sem rodeios, porque entregamos mais do que o prometido! Tanto que o diretor financeiro, um americano gigante e sisudo, nos apelidou de *smart hard workers*. Matamos no peito e decodificamos as entrelinhas: jovens audaciosos e confiáveis, sem dúvida, mas não só. Colaboradores inteligentes, eis o sal e a pimenta! Nada mal para nativos de um país emergente, não é verdade?

No meio da manhã, sem sequer um aviso, o presidente nos chamou à sala dele. Ficamos alvoroçados. Era a segunda vez que íamos ao último andar do prédio. A primeira foi na presença dos diretores, quando fomos acolhidos com loas e tapinhas nas costas. Agora não. A encenação foi expedita; nem chegamos a sentar. Econômico nas palavras, o presidente anunciou nossa efetivação como coordenadores, um escalão abaixo dos gerentes. Exultamos com a notícia: começamos nossa escalada! No ato, mantivemos a compostura e simulamos a frieza que as solenidades exigem.

O presidente deixou claro que, tão logo tivéssemos o domínio de uma expertise, seríamos guindados à gerência. E advertiu: os mais céleres alcançarão os galardões mais cedo. Pensamos na hora – sala privativa, carro da empresa, bônus anual, secretária pessoal, restaurante vip, banheiro reservado, classe executiva em viagens a trabalho, diárias generosas. A concisão do presidente e sua assertividade nos conquistaram: não perdíamos por esperar; seremos os convidados de um banquete seleto. E, pelo que sei, andávamos famintos!

Uma parte da casa já nos tratava com deferência, desconfiada de que boas coisas nos eram reservadas. Por isso media os gestos, compunha sorrisos, melava os olhos. Curiosamente, também, conservava certa distância física. Éramos gente distinta!

Ao largo, porém, prevalecia a dissimulação. A velha guarda nos olhava de soslaio, certa de que cortaríamos caminho. E cortaremos mesmo! Na soma das coisas, somos mais qualificados. Muitíssimo mais! Existe perdão em corrida com obstáculos? De maneira alguma: quem vacila cai! Aliás, os primeiríssimos saltos revelam as qualidades dos competidores. Os vitoriosos têm impulso e vigor, passadas largas e precisas. Os campeões, então, nem se fala: esbanjam tanta desenvoltura que nem parecem competir. E nós éramos os tais!

Depois da associação com os americanos, a companhia converteu-se em laboratório de testes, plataforma de pesquisas, incubadora de iniciativas. A nova visão do negócio consistia em emular empresas de classe mundial. A guinada ocorreu no final do ano anterior. O tom foi de alerta máximo e as diretivas não podiam ser mais claras: recrutar gente ambiciosa, apostar nos batalhadores, acreditar em quem não mede sacrifícios, premiar os fanáticos por resultados. Em outros termos, promover os de alto desempenho, dar passagem aos que dão o sangue, recompensar os apaixonados pelo sucesso. Foi um deus-nos-acuda!

Quanto a nós, ficamos sob fogo cruzado – sem trégua nem sombra. Uma roda-viva! Seminários e avaliações, inventários comportamentais, capacitação *on the job*, palestras, entrevistas, grupos de estudo, exposições dialogadas, oficinas vivenciais, dinâmicas de grupo, análises de relatórios, estudos de caso, jogos de empresa, debates temáticos. Mil acrobacias! O pessoal intercalou modismos e rotinas de treinamento, improvisações e experimentos consagrados. Fomos submetidos a muitos tateios no escuro, ou melhor, a desejos de exibição. Uma coisa é certa: nesses treinamentos faltava mérito pedagógico e sobrava zelo. Isso nos fez suspeitar que colegas da área de Desenvolvimento estivessem, sim, perseguindo nosso fracasso. Afinal, quem não cultiva um quê de sadismo, esse malévolo prazer de ver os outros falharem na inconfundível expressão alemã *Schadenfreude*?

Durante a provação, nos pregaram o jocoso apelido de "quinteto de prata". E por que raios? Porque não temos papas na língua! Com isso aprendemos uma lição crucial: as empresas louvam o silêncio – que é de ouro – e reprovam quem emite opiniões.

Prólogo

Confesso que nem todos torciam contra nós. Umas almas caridosas nos deram pistas: cochicharam ressalvas, sinalizaram riscos com gestos cifrados. Tudo em vão. Atarefados com as muitas frentes de combate, descuidamos do assunto. Foi o bastante para que o falatório recrudescesse. A futrica se espalhou à boca miúda: lá vão os "gaviões darwinistas" da Diretoria! Não no sentido positivo da "sobrevivência dos mais aptos"... longe disso. Era para anarquizar mesmo, achincalhar, mobilizar os medíocres. Diziam que éramos capetas que não escolhem os meios para se dar bem... Francamente! Que mal há em passar à frente dos outros com as próprias pernas?

Duas constatações restaram. A primeira é que lidar com a maledicência requer um longo aprendizado. A segunda nos revelou a fragilidade dos fatos diante do poder das versões. No teste de realidade, somente as percepções importam: basta repetir uma invencionice com um quê de verossimilhança para que a praga pegue! A versão vira fato, as evidências vão para o ralo e a fraude toma conta do palco. Não foi Goebbels quem popularizou o truque?

Nossa presença provocou alvoroço. Éramos o pesadelo de muitos. A área de Recursos Humanos havia sido encarregada de caçar um punhado de "feras" e quando se deparou com algumas farejando a cerca viva, qual não foi a reação? O pessoal ficou aterrorizado: *Vade retro,* Satanás! Quem diria? Os espectros dos briefings tinham carne e osso!

Com tamanhas pragas, vimos crescer as invejas. Rivais se disfarçavam em colegas solícitos. Foi quando decidimos não mais abrir a guarda e nos mirar nos diretores. Escolados, estes faziam das demonstrações de força um meio de vida como se descessem do Olimpo. Egos inflados, não ouviam ninguém, se é que ouviam o que quer que seja. Campeões de si mesmos, imperturbáveis e auto-suficientes, alardeavam a vitalidade dos poderosos. Narcisistas, desfilavam a fanfarrice dos pavões – seguros de si, rápidos nas decisões, ávidos por resultados, frios ante os reveses. Assim, devorados pela ambição, desprezavam os subalternos e se impacientavam com os lerdos. Metidos em seus impecáveis ternos sob medida, petulantes, encantavam-se com o próprio umbigo, certos de que estavam acima das falhas, das fobias, das fraquezas, do fracasso. Seríamos seu passado juvenil? Tomara!

Os gerentes, por sua vez, não faziam má figura. Falavam com o queixo levantado; transpiravam empáfia. Antenas ligadas o tempo todo, dormiam com os olhos entreabertos. Não compartilhavam idéias, a não ser quando precisavam se exibir. Viviam convencidos de que o sucesso justificava quaisquer expedientes, a começar pelos ladinos. Confundiam as iniciativas que os beneficiavam com os interesses da empresa. Presumiam que tudo seria tolerado e que a ganância dos superiores os protegeria das intempéries. Sentiam-se afortunados à moderna maneira protestante, com os cheques gordos a revelar o dedo de Deus. Cultivavam uma estética da prosperidade e se vangloriavam com um lema trivial: nem todos sobrevivem na selva... Haja senso comum!

O presidente nos intimou a passar o feriado prolongado com um homem de sua confiança. Partida marcada para o final da tarde. Ninguém perguntou por que nem para onde. Contivemos sem piscar o misto de ansiedade e de espanto que nos acometeu. E quanto às nossas programações pessoais? Às favas! Achei que o presidente quisesse conferir nossa disponibilidade ou nos submeter a uma prova final. Seria uma sondagem sobre áreas de preferência ou, vá lá, um rito de passagem? Quiçá algum ajuste fino na "Visão" da companhia? Soubemos apenas que o encontro seria conduzido por Sálvio. Pensei: maquinaram uma surpresa.

Sálvio era seu assessor predileto, parte da mitologia organizacional, codinome "professor", não só pela vasta cultura, mas porque era docente em cursos de especialização. Eu o vi numa reunião sentado à mesa diretora. Fechado em copas, observava tudo com seus olhos claros. Dele emanava a presença cênica que somente grandes atores possuem – um magnetismo denso, nada cabotino. Quando pediu a palavra, fez-se o feitiço: um frisson percorreu a platéia e algumas figuras femininas ficaram extasiadas. Ele esbanjou empatia e humor. Na saída, trocamos informações a respeito. Desaguamos num denominador comum: ele fazia jus ao conceito de que desfrutava. Mas o que a eminência parda iria nos aprontar?

Saímos antes do fim do expediente para a repentina empreitada. Às sextas-feiras, o traje casual era permitido. Mesmo assim, Luisa preferiu estampar sua costumeira sobriedade – tailleur bege claro, cabelo puxado para trás, óculos de fina armação Armani, sapatos de salto baixo, cara lavada. Enquanto o elevador deslizava – bólido de aço escovado –, ela me lançou um sorriso esquivo e um olhar de interrogação. Os curiosos ao nosso redor a incomodavam. Quando chegamos ao térreo, ela balbuciou:

Prólogo

– Aonde vão nos levar? Meu namorado não gostou. Tínhamos outros planos.

Desenhei uma boca de ignorância. Embora ela fosse tão competitiva quanto eu, formávamos uma dupla. Nossa sintonia fluía como uma nascente; a cumplicidade era tamanha que, se não fosse o namorado de que tanto falava, certamente seríamos mais do que amigos. Ela cursou a FGV, período matutino. Era uma "águia"; estudava com método e obsessão. Eu vim da USP.

Quando os batentes automáticos da porta do prédio se cindiram, despedi-me com um "até já" convencional; Luisa me fez "tchau" com um gesto único, algo etéreo como se apanhasse uma borboleta em pleno vôo. Fui direto ao estacionamento pegar meu carro.

Dos três colegas, dois já tinham saído; eles dividiam um pequeno apartamento bastante confortável. A outra trainee ficou trabalhando à espera do veículo da empresa. Prevenida como ela só, morava perto da sede e, na hora do almoço, foi apanhar sua maleta de rodinhas. Chamava-se Letícia, uma beleza grega cuja pele alva rivalizava com o negror dos cabelos e dos olhos.

Depois da intimação do presidente, procurei me organizar com presteza. Avisei meus familiares de que não poderia passar com eles os próximos três dias. Diligente, dei cabo das tarefas pendentes e recolhi todos os arquivos. Quando rumei para casa, parecia um sonâmbulo. Ao chegar, guardei o estritamente necessário numa mochila, porque não ia a um baile à fantasia. Dali a poucos minutos um motorista da Diretoria iria me apanhar. Permanecia o mistério quanto ao local de destino: um retiro na montanha, um hotel à beira-mar, uma fazenda de café imperial, uma visita ao ciclo contínuo de uma fábrica? Decidi que era bobagem gastar tempo com especulações. Não fazia diferença, eu estava disposto a enfrentar o que viesse; nada iria me intimidar. Em última análise, era como uma ida ao dentista – compromisso fatídico!

Peguei o elevador com a mochila a tiracolo e aguardei no saguão do flat em que morava. O carro não ia tardar. Meus pais fizeram sacrifícios para que eu recebesse uma educação esmerada. Embora eu desse um bocado de aulas em cursinho para me sustentar, nunca me faltaram em situações de emergência. Tenho por eles um carinho especial e meu pai se orgulha de mim. Não só por ser filho único, mas por ter cursado uma universidade de prestígio e estagiar numa companhia de porte. Após me abraçar efusivamente, costuma dizer a quem queira ouvir: "Olha aí meu rapagão! Este vai longe... Um craque!". Jamais me acanhei; sempre o abracei de volta. Homem de fibra, eu o admiro. Começou cedo a trabalhar. Completou o ginásio e ganhou a vida como representante farmacêutico sem apelar, sem resvalar na vala comum dos picaretas. Dirige atualmente uma franquia de cosméticos e faz questão de manter a inteireza moral. Partilha trabalho e teto com minha mãe, num par infalível feito de ternura e solidariedade.

O cair da tarde me fascina. Os raios oblíquos que lançam suaves pinceladas de ouro sobre a copa das árvores me inundam de quietude interior. Saí do saguão e me plantei no patamar da entrada. Havia muita gente apressada e os vidros dos carros refletiam o esplendor do pôr-do-sol. Respirei fundo. Eu tinha uma vida ótima; meus horizontes estavam abertos. Como é bom ter vinte e cinco anos e muitos trunfos na mão! Olhei para o céu e rastreei o piscar da única estrela que despontava. Foi quando ouvi apelos ritmados, inconfundíveis. Era Luisa:

– Leo! Leo!

Meu nome é Leonardo, mas raros são os que me chamam assim. Uma van estava estacionada do outro lado da rua. Postada à janela, Luisa acenava. Fiz o gesto de "espere" e fui pegar a mochila no saguão. Voltei em passo acelerado.

Eu era o último a ser apanhado. Solícito, o motorista abriu a porta deslizante e pegou minha bagagem para colocá-la na traseira. Agradeci com um breve obrigado. Dando as costas ao banco do condutor, já estavam sentados Pedro, o engenheiro carioca, fumante inveterado, e André, o outro engenheiro, politécnico, um moço brincalhão, com testa alta e pequenos olhos vivazes. Ao entrar, soltei um "oi gente!" e sentei no banco do meio, ao lado de Luisa. No fundo, estava Letícia, a mediterrânea grave e bela, rosto sem artifício, pernas esticadas no banco, como a dizer "quero o meu conforto".

Era uma moça excepcionalmente inteligente, campineira como eu. Igualou meu feito ao entrar em duas faculdades – Economia na Unicamp e Administração na USP. Preferiu ficar junto aos pais, enquanto eu escolhi amadurecer fora do ninho. Foi quando aprendi algumas coisas preciosas: calcular tostões, dar valor ao tempo, descrer das soluções fáceis, contar com as próprias forças. Perguntei:

– Aonde vamos?

– Não esquenta – respondeu Pedro.

André fuzilou:

– É um seqüestro administrativo!

Luisa olhou para ele com benevolência, enquanto eu dava de ombros sem querer. O carioca indicou com o queixo o motorista, que já estava pronto para seguir caminho, e informou:

– Ele disse que vamos para Itu.

Lembrei das minhas aulas de história do Brasil e da Convenção de Itu, em 1873; a que lançou as bases do Partido Republicano Paulista. A partida foi dada.

– E lá vamos nós! – gritou André. – O bicho papão nos espera!

Letícia suspirou, cansada das infindáveis brincadeiras de André ou distraída, não sei. A van tomou o caminho da Marginal. O rio Pinheiros exalava um odor enjoativo. Luzes tênues repontavam nos prédios. Olhamos pelos vidros cerrados, cada qual absorto em seus pensamentos. O ar-condicionado estava ligado e o tráfego emperrado. Penamos um bocado em direção ao Cebolão e depois enveredamos pela rodovia "pedagiada". O ritmo ficou arrastado até as proximidades de Alphaville, quando praticamente estancamos. Houve intermitências, paradas e avanços, um bocado de primeiras e segundas marchas.

Para os habitantes da metrópole paulista, os feriados prolongados escondem um dissabor. Muitos ou quase todos querem fugir da frenética usina de negócios; alguns até conseguem fazê-lo. Os motivos são variados: a insegurança nas casas e nas ruas, os males da competição que alucina o tempo, o ar poluído que entope as narinas e a demência do trânsito que, invariavelmente, drena as energias e agasta as pessoas.

Passada uma boa hora, começamos a polemizar. Deveríamos ou não parar para que Pedro fumasse um cigarro? Dentro do veículo éramos contra. Ainda que todas as janelas fossem abertas, ninguém queria conceder. Chega de intoxicação! O motorista não se fez de rogado, deu a sentença:

– O carro vai fed...

Interrompeu a frase e depois fustigou:

– O estofamento vai cheirar!

Desapontado, Pedro encheu as bochechas de ar. Logo depois voltou à carga. Alegou discriminação, atacou nossa intransigência, disse não agüentar mais, prometeu não demorar. Cedemos. Entramos no estacionamento de uma grande loja de conveniência e fomos à procura de uma vaga. O local estava atulhado de gente. Não havia cenho franzido nem pressa – o feriado animava os rostos. Paramos num canto perdido. Pedro desceu, acendeu um cigarro e, enquanto tragava, cumpriu um vaivém inquieto.

Rodeados de crianças, os adultos nos distraíram. Ouvimos pequenos gritos, risos abafados, palavras soltas, sons incompreensíveis. Quando Pedro voltou para o carro, parecia outro, menos tenso. Mesmo assim, praguejou:

– Bando de egoístas!

Ficamos entre perplexos e emburrados. Ora, bolas! Paramos ou não? O motorista nos espiava. Nenhum de nós se abalou; deixamos o desabafo passar em branco. O veículo foi manobrado.

Observei as pessoas que flutuavam de tão leves, antecipando a folga que as aguardava. Filosofei: entre a labuta e o lazer, as pressões e os desafogos, todos vivem numa gangorra. A vida tem lá suas compensações, até para os que vêem o trabalho como maldição. Eu me situo na outra margem: trabalhar me empolga!

III

1 O motivo

Não se pode ensinar alguma coisa a alguém, pode-se apenas ajudar para que ele a descubra por conta própria.

Galileu Galilei

Eu estava cochilando quando a van parou diante da portaria do condomínio fechado. Virei para trás e vi um acesso duplo que uma fileira de postes baixos enchia de luz prateada. A entrada foi logo franqueada, já que os seguranças haviam sido avisados. Cancela levantada, nós seguimos adiante. Da janela aberta do motorista nos veio o frescor da noite. Ouvimos o lamento das cigarras e o coaxar de sapos num regato próximo. Todas as ruas estavam arborizadas. Diante dos nossos olhos curiosos, o vulto de uma paisagem exuberante desfilava.

Rodamos poucos minutos. O veículo entrou numa via de lajotas e logo depois parou diante de uma pequena escadaria. Sálvio, o professor, estava nos aguardando na soleira da porta. Embora fosse um homem de cinqüenta e poucos anos, seus cabelos revoltos eram brancos e brilhosos. Em compensação, o rosto escanhoado lhe diminuía a idade. Ao descermos da van, dois labradores cor de mel vieram nos saudar. Seus rabos, grossos como galhos, abanavam sem cessar. Adoro cachorros e percebi que o anfitrião partilhava esse sentimento de tanto distribuir afagos. Nós nos apresentamos, um a um, enquanto o motorista retirava sacolas, maletas e mochilas. Esboçamos um movimento para apanhá-las.

– Pode deixar, vão cuidar disso – disse Sálvio. E logo acrescentou com voz hospitaleira: – Entrem. Vocês devem estar cansados.

Dirigiu-se depois ao motorista:

– Fique à vontade, Zezão. Coma alguma coisa antes de voltar, está bem?

O motorista agradeceu e entrou pela entrada de serviço. De forma quase furtiva, uma mulher com bata e um homem de avental tomaram conta das nossas bagagens.

Luzes discretas davam um tom elegante à residência e ao jardim. Era uma casa térrea, quase invisível sob as árvores frondosas. A sala de estar tinha uma grande lareira e três ilhas aconchegantes de sofás. À semelhança de um imenso pátio coberto, o espaço funcionava como estuário. Tudo desaguava nele ou abria-se nele: uma ala de serviços, um amplo escritório, um home theater, quatro suítes e uma sala de jantar em que, rodeada por dez cadeiras, reinava uma mesa de madeira maciça. O professor continuou a orientar nossos passos:

– Temos dois quartos disponíveis. As duas moças ficarão no primeiro, os três rapazes noutro. Está bem assim?

Diante da pergunta retórica, meneamos a cabeça sem pestanejar. Nesse instante apareceu a mulher de Sálvio – uma senhora robusta, traços marcantes, dentes perfeitos, cabelo apanhado em coque. Ao se apresentar, estendeu as duas mãos num gesto de franca acolhida.

– Sou Selma, esposa do Sálvio. Sejam bem-vindos. Se quiserem se refrescar, não se acanhem: são as portas à esquerda.

Ficamos sem ação. O professor compreendeu nossa hesitação e veio em nosso socorro. Seus olhos cintilavam sob as espessas sobrancelhas pretas que alguns fios brancos pincelavam.

– Eu os aguardo na sala daqui a meia hora. É razoável? Vamos conversar antes do jantar.

Fomos para os quartos. À direita, vi de relance um escritório apinhado de livros e, numa ampla parede, muitas fotografias afixadas. Eu soube mais tarde que eram reproduções de obras consagradas. O quarto era espaçoso e finamente mobiliado, com uma porta-janela abrindo diretamente sobre o jardim. Pedro propôs tomarmos uma "ducha competitiva", um após o outro, para ver quem seria o mais rápido.

– Nada disso! – rebateu André. – Vamos tomar os três juntos, que tal? Ninguém vai precisar cronometrar!

– Corta essa! – reagiu Pedro.

O colega tinha razão: galhofas têm hora; optamos pela primeira proposta.

– Você começa – intimei Pedro. – Estou de relógio em punho.

Embora lançados ao mundo dos adultos, não havíamos perdido o gosto por brincadeiras. André acabou ganhando: tomou banho e se vestiu em menos de nove minutos. Quando voltamos à sala, o professor estava sozinho, sentado numa grande poltrona. Sorvia uma vodca pura num copo fino e alto.

– Vamos sentar. O que gostariam de tomar? Uísque, vodca, cerveja?

Como se fossem velhos executivos, Pedro e André preferiram uísque com gelo, enquanto eu aceitei a vodca, que me parecia licorosa. Sálvio se levantou para preparar as bebidas em uma mesa colonial repleta de copos coloridos e garrafas importadas. Atrás, majestosa, velava uma máscara africana preta e ocre. Enquanto ele colocava três pedras de gelo em dois copos baixos e maciços, modulou a voz:

– As moças estão com a Selma, visitando a casa.

Para não obrigá-lo a nos servir, fomos até a mesa. Pedi licença e me servi da garrafa congelada que se encontrava num balde de metal cheio de meias-luas translúcidas. O líquido perfumado aqueceu meu estômago vazio e me fez rememorar uma colega de faculdade que bebia desde os treze anos – e não era pouco.

Foi ela quem me ensinou a gostar de vodca. Era uma moça que falava compulsivamente, tão afetiva e sôfrega no desfrute da vida que parecia estar com os dias contados. Foi minha primeira namorada. Não depilava o corpo por opção naturista e, além de fazer um amor sem pressa, feito de carícias e de exploração erógena, conhecia o *Do-in*, essa massagem chinesa que é um santo remédio. Seus dedos mágicos manipulavam a planta de meus pés com tal destreza que minhas tensões se esfumavam. Um dia largou a faculdade e foi morar num povoado de caiçaras. Não deixou endereço. Apenas segredou que queria viver com frugalidade, em plena harmonia com a natureza. De resto, me receitou: "Para que se esfalfar, hem? Acumular bens, criar filhos, se iludir com o que vai legar – a quem? O que sobra da gente é uma foto com roupa esquisita. E sabe mais? Ninguém olha para ela. Pensa direito: só o presente importa. O que foi e o que será são fábulas...".

Olhei pela imensa janela e creio ter visto um vulto adejando no gramado. Até juraria que divisei seu rosto rebelde a derramar poesia na penumbra.

No jardim, áreas de sombra se alternavam com cogumelos de luz; alguns refletores enterrados conferiam imponência às árvores. De repente, vindas da cozinha, as três mulheres irromperam na sala. Meu devaneio se dissipou. Letícia nos abarcou com um sorriso travesso:

– Conspiramos! E sabem contra quem?

Fez suspense.

– Adivinhem!

– Não acredito – gracejou André. – Moças de família não aprontam!

Letícia não se conteve:

– Estraga prazeres!

Sem dar importância à rusga, Luisa resgatou a brincadeira:

– Vocês não imaginam: sem vocês as coisas não têm graça!

– Que belezinhas! – zombou André.

Sálvio interrompeu as alfinetadas com a cortesia de um anfitrião:

– Tomam alguma coisa?

– Não precisa se preocupar conosco – alertou a esposa. – Vamos beber acerola gelada. A cozinheira está cuidando disso.

André encetou um assobio e parou no meio: percebeu que não seria educado fazer graça com o número de empregados. Aí tentou despistar e destilou com voz de falsete:

– Saudável isso...

Aos poucos nós nos ajeitamos no imenso sofá em L, o copo em punho, enquanto as duas colegas afundavam nas confortáveis poltronas. Foi quando o professor desfechou:

– Relaxem. Nos próximos dias, não teremos banca examinadora nem testes idiotas. Ainda que nossa consultora organizacional – virou os olhos em direção à mulher – navegue entre a psicologia e a antropologia...

E logo sorriu ao dizer:

– Vez ou outra, ela cai em tentação!

A despeito do semblante afável, a provocação pareceu tocar numa antiga diferença. Dona de si, a anfitriã fez uma careta de troça e esclareceu:

– Presto consultoria organizacional a muitas empresas. Uma delas por sinal é a de meu querido marido... E nunca apliquei testes psicológicos – pura implicância do Sálvio! Monitoro, sim, o andamento dos projetos que coordeno, meço resultados e, quando detecto alguma tensão entre equipes, lanço mão de dinâmicas de grupo. São ferramentas úteis para reatar relacionamentos.

Circunspecto, o empregado de avental entrou. Ele segurava uma bandeja com uma jarra de líquido alaranjado em que pedras de gelo tilintavam. Serviu às moças em primeiro lugar. A anfitriã não perdeu o fio da meada:

– Gosto de pesquisa participante e tenho paixão pelas intervenções organizacionais. Principalmente quando é preciso redesenhar funções ou processos de trabalho. Agora, ao tratar de padrões culturais, prefiro lidar com comportamentos. Guardo distância com tudo o que é subjetivo.

– É uma behaviorista! – rotulou o marido.

Depois, com voz aveludada e como que pedindo desculpas:

– Tenho prazer em bulir com ela!

– Trabalho com observações empíricas – contrapôs Selma –, é mais seguro. Para lidar com emoções, só quem tem vocação. Somos tão reprimidos!

Parou como se procurasse as palavras certas.

– Abomino sentimentalismos!

O professor lançou luz sobre a fala da esposa:

– Seria melhor dizer que ela desconfia das boas intenções. Os falastrões falam demais e fazem pouco... Aliás, a esse respeito há um ótimo provérbio português: grande gabador, pouco fazedor!

Virou-se para ela em tom conciliador:

– Somos iguais! Discurso também me dá urticária!

Não sabíamos ao certo se devíamos nos desarmar ou levantar barricadas. Avaliamos que por trás dessas preliminares havia método e propósito.

Tomamos um gole de bebida em silêncio até que Sálvio entrou diretamente no assunto:

– O presidente me pediu para preveni-los quanto às implicações da lei Sarbanes-Oxley – a sox que vocês já conhecem.

Pensei: opa, na mosca! Eles vão checar nosso nível de informação. Num evento promovido pela companhia já havíamos assistido a uma exposição a respeito da lei americana. Ainda assim, pela fixidez dos nossos olhares, estávamos apreensivos: o que esperavam de nós?

– A lei é o regramento comercial americano mais importante dos últimos cinqüenta anos. Um novo marco. Todas as empresas que têm ações na Bolsa de Valores de Nova York devem submeter-se às suas diretivas.

Letícia assinalou:

– São raras as empresas brasileiras que têm ações lá, não é?

– Pouquíssimas, sim. A nossa, por exemplo, ainda não é obrigada a respeitar a lei. Não sei por quanto tempo. Agora, quem adota as exigências da sox acaba desfrutando de bom conceito no mercado. A companhia pretende usar algumas das suas orientações como ferramenta de gestão. Por exemplo, nos controles internos e na adoção de um referencial ético.

Selma pontuou:

– É um calhamaço de mil e poucos dispositivos. Vocês sabem por que foi promulgada?

Dentre nós, Pedro foi o mais ágil:

– Restaurar a confiança dos investidores nas prestações de contas; conferir credibilidade às demonstrações financeiras.

– Muito bem! – reforçou Sálvio. – Tem tudo a ver com os escândalos corporativos de 2001 e 2002.

A esposa ratificou:

– Foi uma contramedida – e que contramedida! – para tentar preservar um dos mais preciosos alicerces da economia americana: sua cultura acionária.

– Apertaram as regras de jogo – ressaltou o professor. – As que regulam e monitoram as relações com o mercado. Isso desembocou numa legislação extensa, minuciosa, praticamente exaustiva.

O anfitrião tomou fôlego como se lançasse uma deixa para Selma. Esta assumiu o bastão num perfeito revezamento:

– A lei configura um sistema de auditoria rigoroso, inaugura o império dos controles internos. De certa forma, institucionaliza a governança corporativa.

Ficamos um pouco desnorteados diante da investida. Não estávamos a passeio, esse intróito dizia tudo. Não tardamos, porém, a nos recompor, e eu me senti impelido a mostrar serviço.

– Foi uma resposta institucional às fraudes contábeis: Enron, WorldCom, Xerox, Tyco International...

Luisa pegou o embalo:

– Cendant, Global Crossing, ImClone, Adelphia Communications...

– Sim, sim, bravo! – festejou Sálvio. – E muito mais: CMS Energy, Merck, Dynergy, e assim por diante. Mas não pensem que houve apenas corporações americanas implicadas. Tivemos os casos notórios da Vivendi Universal francesa...

Suspendeu a fala de propósito, como costumam fazer os professores que aguardam a colaboração da classe.

– Da Parmalat italiana – adicionou Letícia.

– E da Royal Ahold holandesa? – arriscou André.

Confirmei de pronto:

– A mesma que vendeu a rede de supermercados Bompreço para a Wal-Mart.

Sálvio sorriu com os olhos, enquanto Selma, plenamente integrada em seu papel de consultora, direcionou nosso esforço:

– Vamos refletir sobre o seguinte: como foi possível que vingassem tantas tramóias corporativas?

E ela mesma se encarregou de esclarecer:

– Os controles internos falharam. Pior ainda, as firmas de auditoria externa se curvaram aos interesses dos clientes. E sabem por quê? Porque estavam empenhadas em prestar serviços de consultoria!

– Mas isso é venda cruzada! – protestou Pedro.

Num lúcido lampejo, André retificou:

– Foi o inverso, Pedro! Não forçaram a barra, não. Os clientes adoram uma zona de conforto. Imagine você: o auditor externo é também seu consultor! É o caminho da perdição... Porque se houver alguma "conexão" entre as divisões – e ele desenhou aspas no ar – isso pode incrementar o valor dos acionistas...

Letícia destrinçou a idéia:

– Concordo com André. As funções não devem ter sido bem segregadas.

– Falhou a "muralha da China" – traduziu Luisa.

– Típico conflito de interesse! – concluiu a outra colega.

A voz do professor soou grave:

– Faltaram controles, sem dúvida. Faltou gerenciamento dos riscos. O mais alarmante é a suspeita de mancomunação. A situação chegou a tal ponto que beirou o curto-circuito sistêmico!

Notou curiosidade em nossos rostos.

– Explico. Com empresas de auditoria independente que não desfrutam de credibilidade pública, quem iria investir em companhias cujas cifras não são confiáveis? A captação de capitais nos Estados Unidos ocorre principalmente nas Bolsas de Valores. Não é ainda o caso do Brasil que começa a explorar esta fonte de financiamento. O capitalismo americano estava a perigo.

A esposa fez deduções pertinentes:

– Eis o nó da questão. O que levou a tamanha intervenção? A necessidade de resgatar a confiança dos investidores. Era preciso demonstrar que daí em diante as coisas ficariam sob controle!

– Uma das conseqüências mais diretas da SOX – anotou Sálvio – é a redução do poder dos executivos. Em proveito de quem? Dos conselheiros e dos auditores internos, dos advogados e dos auditores externos. Todos eles tiveram suas atribuições fortalecidas. Quanto à antiga camaradagem...

– Eufemismo! – rebateu a consultora. – Diga logo que era figuração!

O marido concordou com o queixo e seguiu avante:

– As reuniões dos Conselhos de Administração eram cerimônias ritualistas, sim. Conselheiros passivos chancelavam tudo o que as Diretorias Executivas apresentavam. Com a SOX, a reviravolta foi radical. Por causa das obrigações legais, a docilidade e o relacionamento cúmplice cederam lugar a uma rígida fiscalização, uma espécie de formalismo legalista. As cobranças se tornaram exageradas, os conselheiros passaram a agir como franco-atiradores e acabou se formando um coro desafinado.

Houve um instante de reflexão, como se precisássemos de tempo para digerir as idéias. Selma então cogitou:

– Não posso deixar de pensar na agenda oculta dos escândalos.

Num muxoxo afetuoso, o marido estalou a língua e esticou os lábios. Ela prosseguiu:

– Porque não dá para acreditar em coincidência infeliz. Não dá mesmo!

Nós a fitamos com muito interesse; a consultora estava a cavaleiro.

– Não foram alguns maus caracteres que tropeçaram em cascas de banana: seria cômodo demais! Contos da carochinha têm hora. Vocês conhecem o velho chavão da maçã podre que contamina o cesto, não conhecem?

Conhecíamos, sim.

– Crença simplória: as pessoas não se dividem do berço ao túmulo em gente boa e gente má. Ninguém herda sem-vergonhice. O mau-caratismo se adquire tanto quanto se desaprende. Então, quando se trava o bom combate? Quando as pessoas pensam duas vezes antes de transgredir e, caso sejam flagradas, reconhecem o erro e decidem se emendar. E por que fariam isso? Porque aprendem a discernir o certo do errado e percebem que existem controles eficazes. Quer dizer, descobrem que quem falha paga. A questão é assim bem mais complexa.

André estava tão à vontade que desandou a fazer graça:

– O buraco é mais embaixo, como diz a máxima popular!

Ninguém riu. Letícia franziu a testa e, meio embaraçada com o mau jeito do colega, quis contornar a bobagem:

– A sabedoria dos simples merece condescendência...

Indulgente, a consultora levou adiante o raciocínio:

– Seria instrutivo ampliar a perspectiva e apanhar a seqüência histórica. Aqueles escândalos corporativos não foram episódios isolados. Se assim fosse, bastaria processar os implicados, e pronto! Feita a limpeza, estaríamos no melhor dos mundos.

Sálvio encampou a preocupação:

– Dou razão a Selma e sublinho: houve casos pontuais antes da crise de 2001-2002. Foram tratados como abscessos supurados.

Nossa atenção se voltou para ele.

– Tratamento tópico: o mal foi puncionado e o assunto encerrado. O que deflagrou a crise foi algo inédito, um encadeamento de escândalos que mais parece uma metástase de abusos e tropelias.

A voz da consultora ressoou animada:

– Isso me lembra o caso Phar-Mor, a maior rede de farmácias de desconto dos Estados Unidos.

Ninguém de nós estava a par.

– A companhia faliu em 1992, logo após a descoberta de um esquema de desfalques e fraudes. O mais interessante é que Coopers&Lybrand, a empresa de auditoria independente que lhe prestava serviços, disse que nada detectou. Não viu a inadequação do estoque nem as manipulações financeiras que inflaram o lucro em 985 milhões de dólares! E isso durante três anos!

– Um caso mais recente – emparelhou Sálvio – é o da HBOC, uma companhia de softwares para hospitais que foi adquirida em 1999 por McKesson, a maior distribuidora de remédios dos Estados Unidos.

Nossa atenção redobrou.

– A HBOC havia maquiado o balanço. Quando o fato se tornou público, a nova corporação encabeçada pela McKesson perdeu 8,6 bilhões de dólares em valor de mercado. No início de 2005, houve um acordo com os investidores que haviam sido fraudados e ela arcou com mais um prejuízo de novecentos e sessenta milhões de dólares!

Fiquei embalado e apontei:

– Eu soube que HealthSouth, uma rede hospitalar, foi multada em cem milhões de dólares pela SEC, a famosa Securities and Exchange Commission.

– O órgão regulador do mercado financeiro americano – deixou escapar Letícia a meia-voz.

– Depois de a companhia ter concordado em pagar 325 milhões na Justiça em 2005 – confirmou Selma. – E por que foi mesmo?

Não tive dúvida:

– Por ter inflado suas receitas!

– Como muitas outras – observou o professor.

A esposa desenvolveu a idéia:

– O que mais chama a atenção na HealthSouth é que tudo começou em 1996. Isto é, seis anos antes da SOX ser sancionada, em julho de 2002.

Luisa se empolgou:

– Li que a Cendant, empresa de hotéis, desembolsou 3,2 bilhões para firmar um acordo na Justiça. Os beneficiários foram os investidores que haviam sido fraudados. E não foi a única!

Ela nos sondou com o olhar. Como estávamos atentos, foi em frente:

– Todo mundo sabe que a WorldCom, a gigante das telecomunicações e ex-dona da nossa Embratel, deixou um rombo de quarenta e um bilhões de dólares...

– Além de manipular onze bilhões de dólares nos balanços! – acrescentei.

– É isso mesmo! Os oitocentos e trinta mil investidores irão receber agora uma indenização de 6,1 bilhões de dólares. E de quem? Da Arthur Andersen, do Citigroup, do JP Morgan e dos próprios ex-diretores da companhia.

Ficamos boquiabertos com os pormenores que Luisa sabia de cor. E Selma interpretou as informações trazidas à baila:

– Isso quer dizer que as indenizações não provêm apenas das empresas diretamente envolvidas. Bancos e empresas de auditoria independente também pagam cifras milionárias!

Fez-se um silêncio. Ela prolongou a pausa e perscrutou nossas fisionomias:

– Mas é preciso dizer que a WorldCom custou a seus investidores cento e oitenta bilhões de dólares, além da perda de vinte mil empregos...

Fez nova pausa e depois asseverou:

– Descrever os eventos e suas conseqüências tem suas virtudes. Mas é mais valioso explicar os porquês, os fatores causais.

Ficamos pensativos, até que um esclarecimento providencial de Sálvio pôs ordem na reflexão:

– Vocês sabiam que as manobras contábeis, todas engenhosas, eram conhecidas como "finanças estruturadas"? Consistiam em diversificar o risco com o dinheiro de investidores externos e em transferir bens e dívidas para entidades não registradas... A Enron e outras corporações estavam viciadas nesses malabarismos. De forma simplificada, elas convertiam parte da rubrica de despesas em rubrica de receitas.

Pedro não resistiu:

– Puxa vida! É o contrário do que fazemos no Brasil!

Com um riso debochado, André sublinhou:

– Aqui o negócio é não pagar imposto, cara! O problema deles é outro.

Desta vez, Selma se associou à zombaria:

– As escolas de administração americanas tinham uma disciplina que se chamava "Contabilidade Criativa". Sabiam?

– Ensinavam as tretas todas? – inquiriu André.

A anfitriã confirmou com a cabeça e a informação nos divertiu muito. André então olhou fixamente para Pedro e comentou:

– Ainda bem que não temos o monopólio da esperteza!

Por ser carioca, Pedro sofria um cerco preconceituoso:

– Está me encarando por quê?

– Vestiu a carapuça?

– Tenho culpa de o Rio de Janeiro ser o berço da malandragem? – retorquiu Pedro na defensiva.

– Está aí: confessou!

O carioca argüiu num tom irônico:

– Quem mandou ser o centro colonial, a sede imperial, a capital da República? Quem mandou ser o coração pulsante da cultura nacional?

À semelhança dos comediantes que escarnecem de si mesmos, o humor autocrítico do grandalhão o humanizou. Simulamos uma ira geral:

– Hei! Hei! De onde tirou isso? Louco! Está pensando o quê? Tenha a santa paciência!

Risadas complacentes acompanharam as interjeições. Nesse instante, o empregado de avental sussurrou algo no ouvido de Selma. Ela se levantou:

– O jantar está servido.

Estávamos tão entretidos com a troca de idéias que esquecemos o jantar. No entanto, ficou patente que não iríamos assistir a uma aula ou ouvir sermões. O repertório do casal não comportava prescrições. Que bom!

As saladas estavam dispostas à maneira americana num longo aparador. A anfitriã nos dispôs à mesa ao designar um lugar a cada qual. Sálvio se acomodou na cabeceira, tendo a esposa à direita e Luisa à esquerda. Formamos uma pequena fila para nos servir. As saladas eram sortidas e todas invariavelmente multicoloridas: folhas diversas, tomates, pepinos, aspargos, palmitos, beterrabas, kani, cebolinhas em conserva, batata palha. Os temperos ficavam à parte para que cada um preparasse seu prato a gosto.

Eu estava descontraído, apesar de intrigado com o assunto abordado. Quer dizer que o presidente pediu a Sálvio para falar sobre fraudes? E durante três dias inteiros? Eu estava ao lado de Luisa. Seu perfume, suave como uma flor noturna, me perturbou. Pela primeira vez percebi que ela havia pintado a boca com um batom tão neutro que dava apenas brilho aos lábios.

– Ninguém teve um surto de mau-caratismo – assegurou o professor, retomando uma idéia que havia ficado em suspenso. – As falhas morais foram mais um resultado do que uma causa.

A esposa fez questão de desdobrar:

– Para garantir seus empregos, os altos executivos tinham interesse em mostrar aos investidores que as empresas eram sólidas, lucrativas, promissoras. Para quê? Convencê-los a comprar ações! Então, repito: a idéia de um complô urdido por meia dúzia de espertalhões é uma tática diversionista. O problema real remete a algo mais profundo – à dinâmica organizacional.

– O professor já disse – reconheceu Letícia – que a Bolsa de Valores é vital nos Estados Unidos como fonte de captação de recursos. Mas houve movimentos subterrâneos, é isso?

A consultora manteve a interrogação:

– Embora o mercado de capitais funcione lá a pleno vapor e o preço das ações corresponda praticamente ao valor do negócio, há outros fatores propulsores nessa crise. Alguém sabe de algum motivo oculto?

Embora reticente, respondi por ter lido comentários a respeito:

– As opções de ações são bastante disseminadas nos Estados Unidos.

– Muito bem – reforçou o marido. – Não é comum no Brasil recompensar gestores e especialistas com a oportunidade de comprar ações da própria empresa a preços incentivados. Isso faz com que os detentores de portfólios tenham interesse em que as ações se valorizem.

Ele nos encarou:

– Não é verdade?

– Assim – concluiu Pedro com um sorriso esperto –, na hora de desovála-las, os homens metem uma boa grana no bolso!

Todos nós aprovamos a dedução lógica. A agenda oculta estava desvendada! Mas Selma esfriou nossos ânimos com um alerta seco:

– Devagar com o andor, gente. Estão faltando fatores!

Ficamos curiosos. Ela mastigou os alimentos e falou sem pressa:

– Duas coisas merecem consideração. A primeira é que a remuneração dos altos executivos estava vinculada ao preço das ações, donde a inclinação em maximizar os lucros. A segunda é que os próprios acionistas exigiam cada vez mais resultados de curto prazo. Tanto é que os balanços trimestrais se tornaram quase praxe.

– Ovos de serpente... – fustigou André.

– De fato, a mistura pode ser explosiva. E sabem por quê?

Enquanto nós ficávamos imaginando o que podia ser, Luisa tomou a dianteira:

– Existem investimentos que exigem prazos longos de maturação. Por exemplo, as inversões em pesquisa e desenvolvimento. Afinal de contas, inovações tecnológicas não são do tipo vapt-vupt!

– Muito bem pensado, Luisa! – estimulou a consultora.

Procurei raciocinar na mesma linha:

– Não fazer investimentos em produtos diferenciados pode condenar as empresas à estagnação, é isso? Anula dinamismo, vitalidade, capacidade de competir.

Letícia inferiu com propriedade:

– E a obrigação de apresentar resultados positivos a cada trimestre pode ser um convite à maquiagem dos balanços... Pode até levar à fraude!

A colega se virou para nós quatro.

– Nós sabemos o que é viver sob pressão permanente: tensão, estresse, sensação de falta de ar...

– Fale por você – brincou André. – Eu estou muito bem, obrigado!

Letícia esboçou meio sorriso com desdém.

– É a mesma coisa que estabelecer uma política agressiva de metas. O pessoal tende a aprontar: bola truques para satisfazer exigências.

Mais uma vez, Pedro estabeleceu um paralelo:

– Em nossa pátria querida, damos jeitinhos!

As faces dos nossos anfitriões brilharam. Era isso! As maquinações corporativas tinham também raízes em interesses menores. As peças do quebra-cabeça se encaixavam!

Houve uma breve pausa para organizar as evidências. Foi quando notei que a conversa havia eclipsado o delicado sabor das saladas. Luisa procurou recapitular:

– Se eu entendi bem, os altos gestores dispunham de boa margem de manobra e tinham todo o interesse em valorizar as ações que possuíam; queriam manter os cargos e incrementar seus rendimentos. Do lado dos acionistas havia pressões para que os resultados fossem sempre positivos, ainda que comprometessem a vitalidade das empresas no longo prazo. Quanto aos Conselhos de Administração, eram decorativos...

Joguei mais lenha na fogueira:

– Com seus interesses cruzados, as auditorias independentes e os grandes bancos acobertaram as manobras contábeis dos clientes...

– Bela salada! – observou André.

Selma abonou as paráfrases:

– Já viram circunstâncias mais propícias?

Certeiras na mira, as provocações intelectuais do casal iam direto ao miolo dos problemas: descreviam e explicavam os eventos. Estávamos diante de duas pessoas cultas e tão sintonizadas que tudo parecia espontâneo, ainda que certa preparação prévia não fosse improvável.

À semelhança do diálogo socrático, não havia improviso. Um feixe de perguntas cercava os temas discutidos e as respostas eram extraídas dos próprios interlocutores. Com qual propósito? Tirar lições de alcance geral. Procurei a designação técnica do processo, mas ela me escapava: queimava a minha língua e depois sumia. A intermitência me exasperou. Num estalo, porém, o conceito me veio à lembrança. Exclamei:

– É maiêutica!

Meus colegas não entenderam a expressão; fizeram cara de susto. Por duas vezes, no dia seguinte, tive que lhes explicar do que se tratava. Em contrapartida, Sálvio e sua esposa alongaram o olhar em minha direção e me brindaram com um sorriso encorajador.

– Sem falsa modéstia – concedeu o professor –, talvez seja um arremedo caipira disso!

E, sem mais, avançou na exposição:

– Vocês sabiam que a SOX obriga os presidentes e os diretores financeiros das corporações a assinar declarações que atestem a veracidade das informações apresentadas nos demonstrativos contábeis?

Balançamos a cabeça de forma afirmativa.

– E por quê? Para prevenir dados falsos ou omissões.

– Fecharam a saída pela tangente! – comentou André em meio a uma risada seca. – Os dirigentes não podem mais alegar que não entendem de balanços.

A consultora exultou:

– Bingo! Como fez Bernard Ebbers, o ex-presidente da WorldCom!

– Foi condenado a vinte e cinco anos de prisão – informou Luisa de forma burocrática.

– Nem podem dizer que foram apunhalados pelas costas! – reforcei.

Sálvio foi incisivo:

– Perfeito! A sox elimina saídas heterodoxas. Chancela o princípio da responsabilidade nas empresas: o gestor responde por tudo aquilo que ocorre em seu pedaço.

A esposa aperfeiçoou o raciocínio:

– A lei fecha o cerco. Com as restrições introduzidas, evita que os altos gestores se eximam daquilo que lhes cabe. Estende também as amarras a um bocado de profissionais. Vocês sabem a quem se aplica?

Um tanto quanto insegura, Luisa enumerou:

– Aos conselheiros, presidentes, diretores financeiros e demais diretores.

– Mas não só! – apontou a anfitriã. – As regras atingem os auditores, os analistas de mercado e até mesmo os advogados que tenham empresas de capital aberto como clientes.

Ficamos espantados com o alcance.

– Há mais. Os administradores não podem mais contrair empréstimos junto às empresas que dirigem. Ninguém mais pode prestar serviços de auditoria e de consultoria à mesma companhia. As auditorias externas só podem ser contratadas por dois anos. A adoção de códigos de ética tornou-se regra para coibir as más condutas.

– E quem controla tudo isso? – indagou Letícia.

Selma estava com a resposta engatilhada:

– Comitês de auditoria formados por membros dos conselhos de administração e compostos apenas por participantes independentes.

O marido reforçou:

– Até os advogados que prestam serviços às empresas são obrigados a informar violações relevantes a SEC. Olhe a novidade: os interesses públicos se sobrepõem aos interesses dos clientes, isto é, o sigilo profissional deixou de ser absoluto!

Nossas expressões foram de estupefação.

– Nada é deixado ao acaso – finalizou a esposa. – Tudo é disciplinado, sistematizado, monitorado.

– O custo deve ser alto – estimou Letícia em voz alta.

O professor concordou imediatamente:

– Embora existam vozes que afirmem que a lei ajuda a melhorar os controles e até reduza custos, muitas companhias procuram escapar das exigências e saem da Bolsa.

Durante a conversa, as saladas já haviam sido retiradas do aparador e substituídas por diversos outros pratos: suflê de queijo, frango assado fatiado, arroz branco, feijão e uma grande travessa de legumes. Nova fila havia se formado e todo mundo se serviu.

– E as sanções? – questionou Pedro. – Sem sanções, tudo fica lindo no papel, mas é pouco eficaz.

– Deve dar cadeia – supôs André.

– E dá mesmo – sustentou Selma. – Em caso de violação da lei, os diretores, auditores e consultores das empresas ficam sujeitos a penas que vão de dez a vinte anos de prisão e a multas de até cinco milhões de dólares.

Luisa então relatou uma situação como se lesse uma ficha de anotações:

– O fundador e presidente da Adelphia Communications, John Rigas, de oitenta anos, foi condenado a quinze anos de prisão. Seu filho, diretor financeiro da empresa, recebeu vinte anos. E ambos tiveram de indenizar os investidores com quase 1,3 bilhão de dólares.

Eu sublinhei:

– Opa! Você falou bilhão!

– Ouviu certo – confirmou a colega. – É bilhão mesmo!

A anfitriã se encarregou de nos informar a respeito do caso:

– Houve apropriação de recursos da empresa e gastos pessoais extravagantes.

Luisa estava com a corda toda:

– O diretor financeiro da Dynergy, James Olis, também foi condenado a vinte e quatro anos e o ex-presidente da Tyco, Dennis Koslowski, a vinte e cinco anos, juntamente com seu diretor financeiro. Os dois últimos ainda tiveram de restituir 134 milhões de dólares e de desembolsar multas milionárias!

Selma pormenorizou mais uma vez:

– O primeiro inflou as receitas; os segundos falsificaram documentos, fraudaram as contas e se apropriaram de cento e cinqüenta milhões de dólares!

Luisa deu seqüência ao caso num fôlego só:

– Koslowski virou símbolo da ganância corporativa. Imaginem que ele desembolsou seis mil dólares por uma cortina de banheiro! E gastou dois milhões por uma festa de aniversário da mulher na Sardenha, com parte do dinheiro pago pela empresa!

– Haja cara de pau! – exclamou a anfitriã.

As duas pareciam jogar pingue-pongue como se tivessem combinado a partida. Ao perceberem isso, caíram num riso solto. A alegria delas nos contagiou. Letícia fez então uma constatação:

– Olhando para o Brasil, aqui faltam mecanismos de controle.

– O país está mudando – declarou Sálvio com seriedade –, ainda que devagar. As condições históricas estão presentes e aos poucos as instituições vão respondendo a isso. Basta lembrar os avanços da governança corporativa nas empresas e o Novo Mercado na Bolsa.

Os semblantes incrédulos de Pedro e André não desanimaram o professor:

– Deixemos isso para outra hora, está bem? Hoje à noite vamos nos divertir. Que tal vermos um filme? Não estão muito cansados? Amanhã vocês poderão acordar tarde. Que tal oito horas?

Estávamos tão excitados que a idéia de um filme foi acolhida com entusiasmo. Comemos frutas de sobremesa e tomamos sorvete de creme. Fomos depois ao home theather, uma sala aparelhada com projetor e telão, e cujas paredes tinham revestimento acústico. Sentamos em sofás com prolongamentos para os pés. Eu tive a deliciosa sensação de estar num cruzeiro marítimo, daqueles que se vêem nas telas.

A película era o clássico *Glengarry Glen Ross* (*O Sucesso a Qualquer Preço*), de James Foley. O professor nos explicou que se tratava de uma peça teatral de David Mamet, laureada com o Prêmio Pulitzer. O roteiro adaptado era do próprio autor. Nossa colega Letícia, aficionada por cinema, já havia visto o filme e nos alertou que iríamos ficar na fossa. Belo preâmbulo!

Tudo se passava na filial de uma empresa imobiliária. Diante dos resultados pífios alcançados pelos corretores, a cúpula havia decidido tomar medidas enérgicas para reduzir o quadro. O roteiro nos levou ao porão das estratégias de sobrevivência, com uma primorosa interpretação dos atores.

No decorrer das cenas, a carpintaria dos personagens me impressionou. Não havia heróis ou vilões recortados ao velho gosto hollywoodiano, se não retratos densos, de corpo inteiro. Diante dos dilemas morais propostos, o filme guardava isenção, não descambava para o discurso edificante. As peripécias para salvar o emprego, porém, me deixaram um gosto amargo na boca.

Lembro-me de uma cena antológica em que o representante da matriz (Blake, papel de Alec Baldwin) espinafra os corretores com inaudita virulência. Começa atropelando os pequenos hábitos dos corretores tomando café ou fazendo chamadas à esposa para logo em seguida, sumariamente, demitir todo mundo! Um terremoto!

No controle da situação, Blake relatou que a matriz decidiu oferecer uma segunda chance aos demitidos e disse que achava isso lamentável, pois, afinal, um perdedor é sempre um perdedor. Como sujeito disciplinado, porém, ele ia cumprir a ordem recebida. Explicou então: os premiados serão os que mais venderem. O primeiro colocado ganhará um Cadillac; o segundo colocado receberá seis facas de churrasco... Detalhe: ambos manterão o emprego. Quanto aos dois que sobrarem, pé na bunda. É o destino dos fracassados?

A grita foi geral. Os corretores reclamaram que só recebiam fichas velhas de clientes que não queriam comprar! Um troço insano! A resposta de Blake veio contundente: venda não é loteria, é talento, brio, tino, paixão para fechar negócios. Alguém queria apostar que, nesse mesmíssimo minuto, ele saía dali e vendia para algum infeliz que não queria nada com nada? Silêncio sepulcral. Aí Blake bateu duro: fichas novas são para gente competente; clientes potenciais não podem ser desperdiçados com boiolas que choramingam nos bares ou no ombro da mulherzinha!

O pânico então se instalou. Dentre os quatro corretores, apenas um tinha condições de escapar da demissão (Roma, personagem de Al Pacino). Graças a quê? À lábia e à falta de escrúpulos. A vaga remanescente iria ser disputada pelos outros três. Daí para a frente, perverso como um bisturi, o roteiro dissecou as entranhas dos personagens numa seqüência de mesquinharias, torpezas e deslealdades – um esgoto a céu aberto.

Quando o filme terminou, ficamos inermes diante dos letreiros que rolavam ao som do jazz de Irving Berlin. Permanecemos anestesiados até o fim. Selma então se levantou:

– Está todo mundo com sono, não é?

Não esperou a resposta:

– Boa noite, gente. Durmam bem! Amanhã conversaremos.

Com os rostos anuviados, nossa despedida foi protocolar. O enredo já começava a nos assombrar...

Mas o dia tinha valido a pena. Apesar das inquietações que fervilhavam na minha cabeça, eu via o horizonte se deslocar à minha frente, célere como nos filmes de ficção científica. Uma cálida vibração pulsou dentro de mim.

III

2 O paralelo

Tudo o que é necessário para o triunfo do mal é que os homens de bem nada façam.

Edmund Burke

Eram oito e trinta quando tomamos o café-da-manhã numa grande mesa posta no jardim, ao lado do espaço coberto da churrasqueira. No balcão enfeitado por flores havia jarros de sucos de fruta, bandejas de frios, queijos, iogurtes, cereais, além de uma diversidade extraordinária de pães e dois bules, um de café outro de leite. Notei que os colegas ficaram tão extasiados quanto eu. Estavam a postos o caseiro, o homem de avental e sua esposa, a cozinheira da casa.

Selma perguntou com um sorriso na voz:

– Dormiram bem?

Todos nós elogiamos a noite de sono, um conforto para os nossos sentidos. Ao acordar, dei-me conta que o silêncio existe e que tem espessura. Percebi também o quanto vivo tenso, à espreita de imprevistos. Isso significa um desgaste insensível. A anfitriã esmerou-se em seu papel:

– Alguém aceita ovos quentes, fritos, mexidos? Uma omelete?

O professor foi a único a aceitar um ovo quente. Olhei para o casal com admiração. Exímios na arte de receber, ambos faziam com que os convidados se sentissem à vontade. Eu estava como que descomprimido. Foi quando Sálvio indagou em tom anódino:

– Gostaram da trama?

Íamos ser questionados, fazia parte da agenda. Voltei a ficar alerta e me culpei de não ter tido a idéia de trocar algumas impressões com os colegas. Custava ser previdente? Antes de respondermos, o professor foi mais específico:

– O que vocês acharam do personagem Shelley, um dos quatro corretores ameaçados de perder o emprego?

Perguntei:

– O personagem desempenhado por Jack Lemmon, não é?

O professor aquiesceu com a cabeça.

Instantaneamente, a situação me veio à memória: a filha de Shelley no hospital em situação de risco e as contas a pagar; a fase de maré baixa da filial; a iminente possibilidade de demissão; e, sem dúvida, a tentativa de sensibilizar o gerente administrativo John (personagem de Kevin Spacey) quanto à obrigação de vender a clientes que não podiam ou não tinham interesse em comprar terrenos! A cena me deixou forte impressão.

O corretor Shelley ponderava junto a John, seu gerente: o que adianta visitar gente sem recurso ou desinteressada? Para que insistir nos dando fichas velhas de pseudoclientes? Já cansamos de falar com eles! E o pior de tudo é que querem escolher os melhores dentre nós fazendo uma gincana! Brincadeira...

Ao final, como se tivesse demonstrado um teorema, Shelley exigiu duas fichas novas. Foi o bastante para que a conversa descambasse para o bate-boca. O gerente se agarrou à norma como a uma bóia salva-vidas. Martelou sem piedade: são duas fichas velhas por dia para quem nada vendeu; você já recebeu a quota!

O corretor se insurgiu: não pode estar falando sério; não vê as diferenças? Sempre vendi mais do que os outros! Vai negar? John rebateu sem compaixão: cifras não mentem; há muito tempo que você está por baixo. E ele comparou os desempenhos dos corretores, para o desespero de Shelley. Acossado, este perdeu as estribeiras. Seguir uma regra estúpida numa hora dessas? Desempregar um colega que passa por uma fase má? Não dá para acreditar! John fez ouvidos moucos.

De súbito, o corretor mudou de tática. Deixou as bravatas de lado e amenizou o tom. Apelou para os bons sentimentos do outro, procurou amolecê-lo. Nada comoveu o gerente: nem as lembranças dos tempos áureos em que compartilharam prêmios, nem as agruras do presente, nem a cartada da demissão voluntária que Shelley arriscou.

John insistiu em mostrar que tinha as mãos amarradas, que as decisões estavam fora de sua alçada. Lamentou o ponto a que a situação chegou. Por fim, à míngua de argumentos, dirigiu-se para a porta e, num movimento seco, apagou as luzes do escritório. Uma barulhenta composição de metrô sacudiu o assoalho numa rápida seqüência de clarões e sombras. Corte cinematográfico.

A cena seguinte transcorreu nos fundos do escritório. Caía uma chuva torrencial. Corajosamente refeito, Shelley contra-atacou. Propôs uma barganha: dou dez por cento! Do quê? – perguntou John. Da comissão, ora! Basta que você me dê duas fichas novas.

Debaixo do guarda-chuva, o olhar perdido na penumbra, o gerente ouviu sem negacear. Começou nova partida. A hesitação foi interminável; bom sinal para o corretor. Então ocorreu o inesperado; John disparou: vinte por cento! O preço da traição!

Desconcertado, encharcado, Shelley acusou o golpe. Mas logo se recompôs; pareceu assentir à contra-oferta. Era um velho lobo do mar. O gerente perscrutou seu semblante e repicou: mais cinqüenta dólares por ficha! Lance imprevisível. Aí o sorriso fixo do corretor se apagou. Recuou um passo e ficou inerte no meio do aguaceiro. John então avaliou seu estado de prostração e agiu com vagar: abriu a porta do carro, se acomodou, ajeitou o espelho retrovisor e acionou a chave de ignição.

Ainda que estonteado, Shelley não se rendeu. Num movimento repentino, contornou o carro, foi para o lado do passageiro, bateu no vidro, fez cara de pedinte e aguardou pacientemente que a porta lhe fosse aberta. Em seguida, sentou com o casaco aguacento e argumentou: já não concordamos quanto ao principal? Para que esses cem dólares a mais? John se quedou impávido.

O corretor mediu as forças com o olhar fixo e tirou sua conclusão: então mordeu os lábios, contorceu os dedos, se encolheu como um cão acuado e capitulou. Disse em voz de falsete: bons incentivos viabilizam os negócios, não é mesmo? Que seja! Vamos nessa, homem!

O gerente mal mexeu as pálpebras. Imerso em seu sonho de salvar o emprego, Shelley não se deu conta do que estava acontecendo: viu consentimento onde havia manha. Para ele, o negócio estava fechado. Aí, com voz firme, pediu duas fichas novas. John permanecia impassível. O corretor esticou os lábios e indagou: arre, o que falta? O gerente revirou os olhos expressivamente.

Shelley então caiu em si: com a breca, são os cem dólares que ele quer! Sobressaltado, jurou que pagaria na primeiríssima hora, logo após o fechamento da venda. O gerente fez que não, sem nada dizer. O que pensar? Que o pagamento teria que ser antecipado, agora, em espécie! Suprema crueldade!

Suspenso entre a revolta e a humilhação, o corretor não se conteve: soltou uma golfada de imprecações contra a firma; extravasou raiva, frustração, impotência, inconformidade, decepção, amargura de viver! John apenas lançou um olhar glacial e novamente tentou dar a partida.

Ensopado, abatido, ofegante, Shelley rogou um tempo, esticou a perna e, num gesto de desesperança, meteu a mão no bolso: tirou algumas notas amassadas, mostrou o quão pouco lhe restava, muito aquém do montante necessário. E falou que precisava de dinheiro para jantar. Por fim, ofereceu trinta dólares.

John, irredutível, deu sinais de exasperação. Foi quando Shelley desabou. Disse com voz exausta que ia apanhar a carteira no escritório. Saiu do carro. Blecaute.

Era sobre isso que íamos ser inquiridos. Selma, sem nos dar trégua, fustigou:

– O que vocês acham que aconteceu naquela cena das fichas novas entre o corretor Shelley e o seu gerente John?

– Houve tentativa de suborno e, num contragolpe, uma extorsão – ajuizou Luisa.

– Foi um ato de corrupção – asseverou Letícia.

Pedro discordou:

– Não desde o início! Se vocês olharem direito, não foi uma cena só, foram duas! A que se passou no escritório e a que ocorreu lá fora, nos fundos.

A leitura do colega fazia todo o sentido; bastava relembrar a seqüência.

– A primeira cena – explicou Pedro – retrata a conformidade. Normas são feitas para serem obedecidas e o gerente se moveu nos exatos limites de sua função. Mostrou as amarras: as atribuições da gerência, a política a seguir, o dever de lealdade à empresa. Vocês concordam? Vamos supor que a cena seguinte não existisse, teríamos assistido a quê? A uma aula sobre...

Interrompeu a fala, levantou a cabeça com olhos de interrogação e, diante de nosso silêncio, engrenou a seqüência:

– *Compliance*! Trocando em miúdos: teríamos visto um comercial... Bom funcionário cumpre as exigências da empresa, observa os procedimentos em vigor e atende às expectativas dos superiores. Estou certo ou não?

O casal redobrou a atenção.

– A corrupção só aparece no segundo momento. Golpe teatral, turma!

– Corrupção por quê? – indagou a consultora.

– Ora – retrucou Pedro –, porque ambos desrespeitaram a política da empresa e o fizeram em proveito próprio!

Luisa se apressou a corroborar:

– Quando o gerente dobrou a oferta inicial, ele abusou das prerrogativas do cargo. E mais: cobrou um adicional por ficha nova!

– Definiu seu preço! – comentei. – Aliás, os dois prevaricaram.

Letícia se juntou a nós:

– Sim, ao ditar as regras de jogo, o gerente se tornou parceiro da falcatrua!

André fez questão de atalhar nossa unanimidade:

– Vamos com calma, gente! Para que tanta dureza?

Satirizei:

– Chegou o defensor dos enjeitados!

André deu de ombros.

– Os fatos merecem respeito, só isso. Shelley estava defendendo o emprego ou será que não? Tinha uma filha internada, não esqueçam. Ligou para o hospital, angustiado: havia uma conta a pagar. Não sabemos se a moça corria perigo de vida. Mas a coisa pareceu séria e, pela conversa, ela não ia ser atendida sem pagamento... Custa ser compreensivo?

Ficamos estáticos. Letícia era a única a menear a cabeça com impaciência.

– O que foi? – perguntou André olhando diretamente para ela. – Vai ver que estou inventando!

Letícia retrucou:

– Não está inventando, não. Está sofismando! Você quer justificar...

André ficou irritado:

– Não estou justificando nada e vou dizer por quê. Não dá para ser simplista e ver as coisas com cores fortes, como pares opostos: pretas/brancas, luzes/sombras, oito/oitenta, sim/não. Isso é maniqueísmo. A realidade não é dicotômica nem absoluta, tem camadas variadas de significados. Esse negócio de mocinho e bandido só tem sentido analítico. Todo fenômeno real é contraditório, tem densidade, facetas múltiplas. Há complexidade no pedaço!

Na boca de um engenheiro, o discurso era inconcebível. André costumava nos apanhar de surpresa, mas essa análise ia além de suas ironias. Ele se deu conta disso e aproveitou o fato de estarmos com a guarda baixa.

– Eu tive um professor de história que me ensinou a desconfiar dos dogmas que deixam as pessoas cegas. Examinava os fatos e insistia em mostrar matizes, resgatar contrastes, suscitar dúvidas. Pensar para ele era um exercício de humildade intelectual. Fazia questão de nos alertar contra as seitas e os fanatismos que adoram uns autos-de-fé. Dizia que para caçar bruxas e acender fogueiras bastam cabeças feitas e bodes expiatórios.

Levantou a fronte em desafio, mas sem soberba, feliz de ver que estávamos todos meditativos.

– Dar fichas boas somente a quem consegue vender? Pura sacanagem! A imobiliária queria que seus corretores fizessem milagre, é isso? Idéia de jerico!

Seu olhar passeou pelos nossos rostos, um após o outro.

– A empresa conseguiu o quê? Que os corretores chutassem o pau da barraca! Lógico: iam ser degolados sem mais? Tiveram que se virar; tentaram sobreviver!

Letícia estava indignada e procurou desfechar um golpe fatal:

– Se entendi bem, quer dizer que dependendo da hora a moralidade é descartável? É isso mesmo?

– Não apele, Letícia! Vou ser bastante direto: em circunstâncias extremas, nada é mais importante do que os interesses pessoais!

Ao sair de seu mutismo, o professor pediu serenidade:

– Calma, gente!

Os colegas recolheram as garras. Aí Sálvio ponderou:

– Vamos dissecar o desafio. Belo por sinal! André tem razão quanto à indigência da diretiva: esse negócio de forçar os corretores a vender a quem não quer ou não pode comprar, e fazer disso o método para escolher quem será ou não demitido, leva os corretores a apelar. Esse teste de resistência destruiu a auto-estima deles e os fez cometer disparates. Posso dizer que a firma errou; ela não avaliou as conseqüências da medida.

Deu um tempo e, em seguida, inverteu a abordagem:

– O problema que merece reflexão é outro: faz sentido que alguém defenda os próprios interesses sem levar em conta os interesses das demais pessoas? É justo satisfazer necessidades pessoais à custa dos outros?

Sabíamos quase intuitivamente que a idéia deveria ser rechaçada, mas faltava-nos clareza. Em quais circunstâncias prevalecem nossos interesses? O professor percebeu que estávamos conjecturando e continuou nos atiçando:

– Pergunto: quando é que os interesses particulares são legítimos e quando não o são? Eis um tema candente que eu gostaria de tratar mais adiante. Mas afirmo desde já: a defesa dos interesses pessoais é saudável; digo mais, indispensável. Todavia, em quais condições? Qual é a linha divisória entre os interesses pessoais legítimos e os que não o são? Em outras palavras, qual é a relação entre os interesses pessoais e os interesses dos outros? Vivemos sozinhos no mundo?

Estávamos aturdidos. Ele sorriu satisfeito.

– A discussão será feita em seu devido tempo.

Ficamos desapontados. Sálvio levantou os dois braços para pedir paciência.

– Há uma coisa inadiável que devemos avaliar. Diante de uma norma inadequada, mas que esteja em vigor, como agir? Ela deve ser seguida ou pode ser desrespeitada? O que vocês acham?

Selma rotulou a questão:

– É um tema geral, com especial interesse para a área de *compliance*.

Comentei:

– Todo mundo sabe que a vida em sociedade só se viabiliza se houver um mínimo de disciplina.

André rebateu taxativo:

– Vocês vão me desculpar, não quero bancar o chato. Mas, diante da tirania ou da opressão – e isso na melhor tradição liberal –, em face de regras injustas, a rebelião se legitima!

O colega continuava a nos surpreender.

– Esse raciocínio seduz, sem dúvida – julgou a consultora. – E tem fundamento. Mas corremos o risco de derrapar...

André fechou a cara. A anfitriã estava muito segura de si e prosseguiu.

– Eu me explico. A injustiça tem que afetar a coletividade como um todo. Idiossincrasias não valem! Se não, toda vez que o suposto interesse de alguém for ferido, as transgressões seriam justificadas... Onde já se viu! É o caso do corretor Shelley.

Olhou insistentemente para todos nós.

– Ora, vamos convir. A análise não pode se prender ao plano individual: tanto a natureza da tirania como a das normas legais e morais é coletiva.

– Mas a proibição de dar fichas novas afetou todos os corretores – protestou André. – Tem um caráter coletivo ou não?

– Sim, com alguns senões – ponderou Selma. – Não esqueça que Shelley se considerava superior aos demais colegas; só advogou em benefício próprio e não protestou em nome dos outros. O que queria de fato? Corrigir a injustiça que afetava o grupo todo? De maneira alguma! Queria apenas salvar a própria pele; desejou uma solução isolada.

– Além do mais – assinalou o professor –, ditadura é uma coisa, regulamentações empresariais são coisas diferentes. A começar pela existência de um contrato livremente consentido entre empregador e empregado.

André se moveu na cadeira, incomodado. Tive a impressão – mais tarde confirmada em conversa paralela – que ele ficou com vontade de dizer que as empresas exercem um poder igualmente asfixiante, para não dizer despótico. Que, embora o contrato fosse livre do ponto de vista formal, a situação era assimétrica: o trabalhador assina qualquer contrato que aparecer, uma vez que precisa do emprego para sobreviver. Mas o colega foi sábio o bastante para não se manifestar. Não queria parecer contestador, coisa que ele não era. Quanto a nós outros, ficamos prudentemente calados. Selma não fugiu da polêmica e pegou o touro pelos chifres:

– Em situações extremas, dá para pedir às pessoas que se dobrem a exigências arbitrárias? Não, seria um abuso. Parece ser o caso dos corretores na imobiliária. Acho válido questionar toda regra que estiver em desacordo com a realidade, propor que se repensem ou que se retifiquem políticas ou normas obsoletas.

Ela avaliou nossas reações e logo escandiu as palavras:

– Só que aí entra o detalhe crítico: o questionamento deve ser feito *antes* de agir. Não dá para dar um jeitinho por conta própria sem nunca ter feito objeções! Não dá para transgredir as normas pura e simplesmente! Uma empresa não é a casa da Mãe Joana e o infrator deve saber que assume riscos e pode pagar caro por isso.

O marido trouxe mais água ao moinho:

– Nas empresas, como em qualquer outro lugar, certas regras de jogo devem ser respeitadas. Admito, porém, que um fórum ou algo que o valha seja indispensável.

Tomei coragem e indaguei:

– Esse espaço existe em nossa companhia?

Toquei num nervo sensível. Ninguém desconhecia a forma autoritária de administrar de nossa empresa. O professor respondeu com diplomacia:

– Pedir esclarecimentos ao superior hierárquico ou levantar dúvidas são providências bem-vindas. Isso existe.

Viu interrogações em nossas faces.

– Não se trata de questionar a autoridade ou de pôr em xeque a hierarquia. Poucas empresas aceitam um diálogo verdadeiro, sei disso. Mas não há mal algum em apontar inadequações. Agora, dar opiniões para saná-las é outra história, depende da boa disposição da Direção.

Finalmente, deixou de ser evasivo:

– Em nossa companhia, há um canal que garante o anonimato para quem queira formular críticas ou sugestões.

Pedro quis se certificar:

– Aquela linha que distorce a voz como a do Pato Donald, não é? Cheguei a visitar a área que cuida disso.

Todos nós lembramos de ter ouvido falar a respeito, embora não tenhamos dado grande importância ao fato, já que poucos ou quase ninguém havia acionado o dispositivo. Sálvio fez um sinal de concordância.

– Toda e qualquer interpelação chega ao Comitê de Auditoria ou até mesmo à Diretoria Executiva. E recebe tratamento justo, podem ter certeza. Ela é necessariamente respondida.

A esposa elucidou:

– Não sei se vocês sabem, mas Sálvio é o responsável pela área de Controles Internos. Até mais ver, administrar essas questões é função dele.

Fizemos cara de surpresa.

– Não sou um bicho-papão, não se assustem – riu o professor. – A área opera como uma primeira linha de defesa, a Auditoria fica na retaguarda. A missão conjunta é gerir os riscos, garantir a integridade da companhia. Ou mais especificamente, dos clientes, dos acionistas, dos funcionários.

Refletiu um pouco.

– Além do mais, eu discordo das formas convencionais de tratar essas questões. As políticas e os procedimentos não podem ser simplesmente impositivos. Os funcionários merecem saber os porquês; é uma questão de inteligência.

Percebeu nossa incredulidade.

– Sei – não pensem que não! – que as empresas preferem aqueles que dizem amém. Persuadir os outros dá muito trabalho, claro. Mas vale a pena! Sabem por quê? Porque poupa um bocado de energia; previne transgressões e sabotagens.

Procurei o fundamento da idéia:

– Por causa da legitimação, é isso? Diretrizes assimiladas dispensam vigias?

Sálvio estendeu o braço para apertar meu ombro num gesto de louvor. E depois, virando-se para todos nós:

– Gente, vocês são ótimos!

O ambiente se desanuviou. Selma abriu seu claro sorriso e procurou trazer a conversa para seu leito original.

– Desviamos um pouco da rota. Estamos falando do filme. A imobiliária errou, estamos de acordo. E, naquele ambiente opressivo, não existia canal de diálogo. Agora, cá entre nós, vocês acham que algum corretor queria debater o que quer que fosse? Os corretores só pensavam em si mesmos e mais ninguém! O que não elimina um fato decisivo: o acordo entre Shelley e o gerente prejudicou alguém, sim ou não? Se a resposta for positiva, aqueles dois prejudicaram quem?

Pedro não pensou muito para afirmar:

– Prejudicaram os demais colegas.

– Prejudicaram a empresa – argüiu Letícia.

A consultora não se satisfez com as duas réplicas; ela queria que explicassem.

– Pedro, diga por que os dois foram desleais para com os colegas.

– Se fechassem o acordo, um único corretor (Shelley) receberia fichas novas e os outros não. Estaria havendo favorecimento.

– E você, Letícia, os dois foram desleais para com a empresa, por quê?

– Porque alteraram por sua conta as regras do jogo. A empresa queria peneirar a filial, descobrir os dois melhores corretores. Optou pela competição: quem vendesse mais venceria. Mas, para isso, todos deveriam estar em igualdade de condições.

André saiu de seu mutismo e soltou a língua afiada:

– Que condições iguais, cara pálida? As condições eram absolutamente desiguais, isso sim! Quer ver? O corretor pilantra, o tal de Roma, já estava com a situação garantida! As fichas dele eram sempre as boas! E por que será? Porque embromava, passava a perna, embrulhava os otários e, em conseqüência, sempre tinha acesso a clientes novos!

– É isso mesmo! – ecoou Pedro. – Tinha caradura para dar e vender!

André insistiu, fitando a colega:

– Não vê que a competição estava viciada, Letícia? O pessoal não teve saída: apelou para o vale-tudo. Nada mais óbvio!

A lógica do argumento não demoveu Letícia:

– Faz sentido, concordo. Mas sabe o que me lembra? Aquela análise chinfrim sobre a criminalidade. Sendo a sociedade desigual, os delinqüentes não podem ser culpados. Não tiveram oportunidades, suas condições objetivas são injustas, as "estruturas" estão corrompidas e outros lero-leros do gênero. Se assim fosse, todos os miseráveis, indigentes, pobres ou excluídos desse mundo cometeriam crimes! A lengalenga morde o próprio rabo. Todo mundo faz escolhas, André, não me diga que não!

Pedro vacilou:

– Letícia tem razão. Esse negócio de culpas coletivas desabriga os indivíduos de assumir as próprias responsabilidades.

A colega continuava com o olho duro e desafiou André:

– Eu lhe pergunto: houve ou não deslealdade por parte do corretor Shelley e do gerente John?

O outro pensou um pouco, relutou e, finalmente, assentiu a contragosto:

– Admito, e daí?

Letícia então soltou os cachorros:

– Quando o barco afunda, os ratos são os primeiros a se safar! Ninguém mais respeita o que quer que seja, é cada um por si e Deus por todos, é o "salve-se quem puder"! É isso ou não?

André, surpreendido, sorriu para a colega com ar vitorioso e, abrindo os dois braços, exclamou:

– Mas não é que você chegou aonde eu queria chegar?! Foi o que eu disse!

E ampliou o escopo:

– Todos se nivelaram na safadeza, todos eram ratos, essa que é a verdade! Não acham? Os três corretores espertalhões, o corretor cafajeste, o gerente patife e a própria empresa sem-vergonha!

Letícia sentiu que tinha se precipitado ou, quem sabe, tinha sido vítima de algum mal-entendido. A análise que havia feito se restringia ao acordo entre o corretor e o gerente; ela queria mostrar que agiram incorretamente. O fato de ninguém prestar naquela empresa não justificava coisa alguma. A moralidade não podia ficar à mercê de interesses ocasionais. André quis confundir!

Ficamos esperando o desdobramento até que André acometeu num fôlego só:

– Vocês me olham como se eu visse fantasmas! Não vejo, não! Acorde, minha gente! O gerente não só abusou de sua posição, mas repassou a Shelley uma ficha que era de um casal de loucos... Sim, porque o que foi combinado no carro aconteceu!

Fizemos mímicas de desagrado.

– Vocês lembram da situação ou não? Shelley fez uma venda naquela noite com fichas dadas pelo gerente, só que ela não valeu! E por quê? Porque os compradores eram loucos e não tinham dinheiro! Não tinham como honrar a própria assinatura! A coisa toda foi fajuta! Pura armação! Ao fingir dar fichas boas, John enganou o comparsa para ganhar uns trocados! Cem dólares pelas duas fichas!

André havia refrescado nossa memória e estava certo.

– Concomitantemente, alguém concebeu uma trama para furtar as fichas novas e repassá-las a uma empresa concorrente. Quem foi? Moss, o corretor ressentido! E quem ele chantageou para que cometesse o delito? O outro corretor, seu colega George, uma figura patética!

Estávamos aturdidos. André, ao contrário, estava com a corda toda:

– Mais ainda – e este fato não pode ser esquecido –, que tipo de sujeito era o corretor Roma? Um reles aproveitador, um enganador, o trapaceiro-mor do pedaço! Basta ver o desespero do cliente que ele ludibriou!

Ninguém discordou.

– O próprio Shelley, esse indivíduo que nos comove por causa da filha doente, quem é?

Fez suspense.

– O ladrão das fichas! O próprio! Antes que George fosse ao escritório do gerente, ele limpou o armário.

Francamente, o quadro não poderia ser mais deprimente.

– E, por último, a imobiliária, essa empresa que tem lá suas razões para depurar a filial, o que se pode esperar dela? Nada! Promoveu uma competição sórdida e despachou Blake, seu emissário troglodita, para fazer o trabalho sujo!

Estávamos pasmos.

– Blake, minha gente, um pulha assumido, o arquétipo do vencedor na luta pela existência! Um darwinista social!

Levamos um choque. Não só pela pertinência das conclusões, mas porque a adjetivação que o colega usou nos atingiu no plexo solar. Sentimos o baque e, numa reação de defesa, abaixamos os olhos, inclinamos a cabeça à procura de feridas para lamber.

Tínhamos consciência da arrogância que acomete os trainees (nós incluídos!), só porque sobrevivem a uma seleção insana. E sabíamos do perigo que nos espreitava: o de calçar colante de super-homem, andar mascarado, fazer pouco dos esforços alheios, sentir-se superior a todos os demais. Repetidas vezes trocamos idéias a respeito. Até pensamos que um pouco de humildade poderia reduzir a animosidade que existia contra nós. Nada fizemos, porém. Eram demandas em demasia, ameaças por todo os lados, pressa para que saísse logo a efetivação. Essa conversa que estávamos tendo parecia um sinal: chegou a hora de levarmos as advertências a sério; tínhamos de tomar alguma providência. Ora, como mudar de água para o vinho?

André respirou fundo, enquanto avaliava o efeito de suas palavras. E sublinhou:

– O que vocês querem mais? Que eu concorde que houve deslealdades por parte de dois pulhas? Claro que houve, mas não só deles! Nessa palhaçada toda quem sobrou? Ninguém! Não se iludam: nenhum deles valia um tostão furado! Corolário: onde ficou a moralidade? Vamos, digam!

O casal de anfitriões ficou auscultando nossos semblantes estremecidos. Não sabia que havíamos conversado sobre a "lei da selva" em economias competitivas, sobre a sobrevivência dos mais aptos e a "seleção natural" na sociedade moderna... Mas André ousou nos comparar ao Blake – aquela figura prepotente, abusada – e o fez de forma crua. Ergueu um enorme espelho e nos forçou a nos mirar nele!

Engoli a indignação, fechei os olhos e mergulhei na lembrança de nossa trajetória na empresa. Uma seqüência alucinante de situações cruzou à minha frente; senti um frio no estômago. O colega tinha razão: que paralelo! Em nossa marcha cega, a quem tentávamos imitar? Os diretores, esses tratores insensíveis, nossos Blakes desvairados!

Ficamos quietos por um bom tempo. André havia lancetado um tumor. Doía muito. Precisávamos urgentemente de qualquer coisa que nos aliviasse, nem que fosse uma distração. A consultora quebrou o silêncio depois de uma pausa interminável:

– Já lhes ocorreu que possa haver um complicador a mais nisso tudo?

Estávamos tão transtornados que não tínhamos disposição para mais nada. Queríamos um respiro, uma folga, uma trégua.

– É importante ter maturidade – ela insistiu – para lidar com assuntos delicados, vocês não acham? De fato, naquela imobiliária, todos erraram, a começar pela direção dela.

Continuávamos apalermados. Contrariada, Selma então consultou o marido com o olhar até que este, resoluto, indagou:

– Já que falamos em corrupção nas empresas, cabe perguntar-se: como será que elas administram o fenômeno? Como os acionistas controlam negócios por intermédio de outras pessoas? Alguém sabe o que é a teoria da agência?

Acordei muito lentamente da minha divagação. Não queria ser indelicado. Estávamos a trabalho, não em sessão de terapia. Numa reação quase mecânica – era o preço que eu pagava por gostar de sociologia –, especifiquei sem atropelo:

– Conheço as bases da teoria. A idéia é que o titular da propriedade (o chamado "principal") delega a seu procurador (o "agente") a função de administrar seu negócio.

– Troquemos "agente" por "gestor" – propôs Sálvio – e "principal" por "acionista", o que dá na mesma. O que acontece?

Devolvi:

– Nem sempre os interesses dos gestores estão alinhados com os dos acionistas.

– E por quê?

A pergunta não era nada anódina e, para mim, evocava o grande drama do século 20, uma história que eu havia estudado com afinco nas minhas horas vagas.

– Embora detentores de cargos de confiança, os gestores são assalariados, tanto quanto os trabalhadores. E, à medida que não são proprietários dos meios de produção, eles desenvolvem interesses próprios. Estabelecida essa diferenciação, vemos que existem bases estruturais para que os gestores se contraponham aos acionistas. De maneira que, ao lado da clássica contradição entre capitalistas e trabalhadores, é possível identificar uma nova contradição entre empresários e gestores.

Meus colegas ficaram à espera, sem saber ao certo onde eu ia chegar.

– O sociólogo alemão Robert Michels fundamentou a gênese dessa nova classe social quando desvendou o drama que atinge toda e qualquer organização. A começar pelos sindicatos e pelos partidos políticos, cujas lideranças se profissionalizam.

O professor abriu um largo sorriso, enquanto Selma me incentivou:

– Vá em frente, Leo!

Senti-me livre de travas, arrastado por uma enxurrada de idéias:

– Michels batizou o fenômeno de "lei de ferro" das oligarquias. Dissecou as burocracias. Concluiu que elas tendem inexoravelmente a gerar gestores que se descolam dos representados e que, em paralelo, anseiam usurpar o poder. Por que será? Porque, ao fazer da política seu ganha-pão, eles maximizam os meios e minimizam os fins!

– Milovan Djilas, um ex-vice-presidente iugoslavo – informou a consultora –, batizou essa nova classe de *nomenklatura* e foi aprisionado por isso. Antes dele, James Burnham já havia publicado um livro nos Estados Unidos sobre a revolução dos gerentes. Sábio precursor!

Acenei com a cabeça, concordando com a intervenção, pois ambas as análises faziam parte do mesmo universo de preocupações teóricas. Sálvio, entretanto, estava empenhado em me instigar:

– E daí, Leo, você deduziu que Marx errou ao atribuir aos trabalhadores o papel messiânico de liquidar o capitalismo?

Pela entonação da voz, interpretei a observação como uma afirmação:

– Deduzi! A revolução soviética, como também a fascista e a nazista foram revoluções de gestores. Essa classe surgiu no bojo do processo capitalista e nunca foi cogitada por Marx. É produto do crescimento das empresas e da necessidade dos donos de dispor de um estado-maior que administre o processo de produção.

– Você acha que no atual capitalismo social, com feições socialdemocratas, os gestores continuam exercendo o mando?

– Sim!

– Quer dizer que, a despeito da participação dos trabalhadores em decisões técnicas, nada muda?

– Não!

– Nem com a participação nos resultados e nos lucros?

Gritei obstinado e triunfante:

– Nem isso altera o quadro!

O professor fez uma mímica de quem paga para ver.

– E vou dizer por quê – desafiei.

Percebi que meus colegas exigiam alguma explicação convincente da minha parte. Argumentei:

– Os trabalhadores permanecem assalariados e sujeitos à hierarquia. Perdura a gestão heterônoma. Quando muito, a Revolução Digital faculta a formação de equipes semi-autônomas.

– Então? – cutucou a consultora.

– A gestão participativa, quando ocorre, não muda o essencial. Os gestores continuam sendo os olhos e os ouvidos dos acionistas; mandam por delegação. Mas em troca do quê? Não só do poder (esse afrodisíaco), não só do prestígio (esse encantamento), mas principalmente por causa dos rendimentos diferenciados (recebem muito mais!). E, ao se apropriarem de parte do valor gerado, se tornam sócios menores.

Para meus ouvintes, as peças do quebra-cabeça começavam a se encaixar. O professor levantou as sobrancelhas, admirado, e decidiu redirecionar a linha do raciocínio:

– Será que isso tudo torna os acionistas vulneráveis? Os gestores poderiam eventualmente prejudicar seus próprios patrocinadores?

Não relutei:

– Estou convencido de que sim. Os gestores tramam o tempo todo e podem desencadear um golpe de Estado nas empresas.

– Você acha? – provocou Sálvio. – Poderiam transformar a propriedade capitalista, de caráter privado, em propriedade corporativa? Assim como o é a propriedade da Igreja, dos sindicatos, das associações, das fundações?

À luz das experiências históricas, concordei com esse perigo potencial.

– Perfeitamente viável. Podem trair seus patrões e apoderar-se não só dos excedentes econômicos, mas também dos meios de produção! Não é por acaso que cometem tantas fraudes...

– Então, para assegurar o bom uso dos bens que confiaram aos gestores, o que fazem os acionistas? Contratam um terceiro, não é isso?

Não hesitei:

– Sim, o auditor, figura independente.

– Para quê?

Ele não me deixou responder.

– Para ouvir o balanço das atividades dos agentes e atestar sua validade.

Estávamos revolvendo as entranhas das organizações e Luisa, meditando em seu canto, ruminava algumas inferências. Decidiu emitir uma opinião:

– Esta idéia é curiosa: se as ações dos agentes, quer dizer, dos gestores, não são confiáveis para a defesa dos melhores interesses dos acionistas, por que seriam os auditores particularmente confiáveis, se eles também são agentes?

– Que beleza! – encantou-se Selma. – É a famosa pergunta de Juvenal nas Sátiras (século 1°, para sua informação): "*Quis custodiet ipsos custodes?*", ou seja, "Quem vigiará os próprios vigias?".

– Os auditores não devem lealdade aos acionistas? – indagou Pedro.–

Em tese, sim – raciocinou André –, mas quem os contrata de fato? Os gestores! Quem paga? Os próprios! Bela armadilha!

Fez uma pausa tática.

– Os auditores, assim, não tendem a favorecer quem deveriam justamente fiscalizar?

Letícia não perdeu o bonde:

– Faz muito sentido, André, muito sentido. É bem possível que os auditores reconheçam nos gestores a fonte efetiva da autoridade. Afinal de contas, estão subordinados a eles! É uma questão prática. Dá então para concluir: isso não contamina os pareceres que emitem?

Ninguém se atreveu a rechaçar o risco apontado. Foi quando o professor discorreu com vagar:

– Esses problemas põem em xeque a própria existência da auditoria. São assuntos que perturbam. Luisa nos alertou, André chamou corretamente nossa atenção e Letícia tirou a devida conclusão. O que fazer? Precisamos de respostas convincentes.

Ficamos atentos, no aguardo de um desfecho. Ele não se fez esperar.

– A primeira é que sem independência não há auditoria que se sustente. Se ela não for independente, para que serve? A segunda é que se a auditoria não for imparcial, inapelavelmente imparcial, ela fica vulnerável a toda sorte de crítica. Se houver alguma dúvida, quem confiará em seu trabalho? Eis os dois pilares da profissão: a independência como chave da identidade, a imparcialidade como miolo da atuação.

Ele esperou uma reação nossa. Como permanecemos calados, continuou:

– Caso não existissem as duas salvaguardas, será que os auditores perderiam sua razão de ser?

Ficara absolutamente evidente que sim.

– Eles deixariam de gerar confiança, não seriam mais guardiões do valor dos acionistas; não reduziriam mais a incerteza que as operações corporativas implicam.

O paralelo

A esposa fez então uma comparação bastante útil:

– Há outra categoria ocupacional que padece do mesmo sufoco: a magistratura. Ela depende de isenção, eqüidistância e credibilidade, e isso exige dos magistrados um sacerdócio acima de qualquer suspeita.

Ninguém bebia ou mastigava há algum tempo. Tanto é que o caseiro e a cozinheira haviam sumido de trás do balcão da churrasqueira. Estávamos reunidos em torno da mesa, confortavelmente sentados, e a conversa nos envolvia plenamente. O sol brincava de esconde-esconde entre as nuvens erráticas. A vista do jardim, com as sombras de suas árvores frutíferas, era um convite ameno ao debate. O professor deu um fecho à discussão:

– Este tema é, sem dúvida, instigante. Aliás, foi ótimo termos tocado no assunto; acredito que avançamos bem na matéria. Vamos parar um pouco, o que vocês acham?

A sugestão parecia ideal, pois precisávamos espairecer. Imaginei por minha conta que isso fazia parte do roteiro e também notei que a conversa nos deixou mais seguros, mais confiantes no próprio preparo. Além do mais, era evidente que admirávamos o modo inteligente como o casal conduzia o processo. Olhei então o gramado de um verde reluzente e experimentei uma súbita sensação de aconchego. A voz de Sálvio ainda ecoou:

– Que tal um passeio no condomínio, antes que o sol fique alto demais? Poderíamos nos encontrar na sala daqui a uns quinze minutos, o que acham?

Selma não aceitou o convite do professor:

– Vão me desculpar, mas não vou acompanhá-los. – E falando com ironia: – Meus deveres de dona de casa clamam por mim!

Fez um sinal em direção ao marido como se indicasse que ele, olímpico, conseguia furtar-se a esse tipo de obrigações. Cúmplices, as moças ensaiaram uma mímica de reprovação, enquanto que nós, rapazes, sorrimos desajeitados. Afinal, queiramos ou não, mesmo após a emancipação feminina das últimas décadas, o velho machismo se traveste com as mais diversas roupagens. Fomos para os quartos escovar os dentes e trocar os jeans por shorts. De resto, camisetas e tênis já formavam uma ótima combinação para um passeio matinal.

Caminhamos durante mais de uma hora, acompanhados pelos dois labradores folgazões que andavam soltos, sem guia. E os inveterados curiosos não pouparam uma casa sequer sem farejar os jardins.

Sálvio nos levou até um conjunto esportivo com quadras de tênis de saibro. Visitamos as instalações e depois voltamos. Os comentários versaram sobre a antiguidade do condomínio, a quietude reinante, a abundância dos pássaros e esse verde variegado a perder de vista.

Nas alamedas frondosas que percorremos, algumas ilhas de sombra e frescor se alternavam com imensos vazios de sol forte. A tranqüilidade só era perturbada por motos ou carros esporádicos que passavam devagar, e por casais que passeavam com carrinhos de criança ou, disciplinadamente, faziam jogging. De ambos os lados erguiam-se mansões dos mais variados estilos: campestres, urbanas, coloniais, art nouveau, de inspiração norte-americana e européia, ecléticas ou pós-modernas. Um festival arquitetônico! Algumas casas pareciam feitas para servir de cartão postal e todas estavam invariavelmente cercadas por áreas ajardinadas e bem cuidadas. Vez ou outra, em meio às árvores, sobressaíam canteiros de flores multicoloridas.

Que diferença em relação ao tom cinza de São Paulo, aquele céu fragmentado entre prédios! Respirei seguidamente a plenos pulmões e me deixei invadir pelo lirismo do verde e do ar puro. Senti que a beleza da vida podia ser fisicamente experimentada!

|||

3 O cerne

O caminho para construir uma boa reputação é dedicar-se a ser o que se quer aparentar.

Sócrates

Na volta do passeio, Selma nos convidou a sentar à beira da piscina e dar um mergulho. Disse que refrescos nos aguardavam. Luisa estava sem maiô (não imaginou que iríamos ter essa folga), mas foi salva por Letícia, que adorava nadar e veio duplamente prevenida.

Quando nos encontramos sob os enormes guarda-sóis, percebemos que jamais havíamos estado juntos numa praia – só conhecíamos as meninas vestidas com a roupa austera do escritório. Foi um deslumbre ver Letícia esguia, esplêndida, dourada pelo sol. Era tão bem proporcionada que parecia uma ninfa de sonho! Ficamos visivelmente intimidados. E isso fez com que só olhássemos para ela de esguelha.

Luisa, em contrapartida, parecia ser a irmã intelectual de todos nós. Era uma morena algo roliça cujo charme físico se resumia à meiguice do sorriso e ao olhar recatado. André e eu exibíamos uma brancura de paulistanos saídos do trabalho. Contrastávamos com a pele bronzeada de Pedro, grandalhão e musculoso, amante do mar e da boa mesa. Isso não nos incomodou, porque não fazíamos má figura junto às meninas.

Sálvio não tardou a se juntar a nós. Acercou-se da piscina, acelerou o passo, gritou um "vamos lá!" e pulou diretamente na água fresca. Não resistimos ao incentivo e o seguimos, um após o outro. O choque térmico nos fez urrar! De tanto nos debater, não demoramos a nos adaptar à temperatura. Começamos então a jogar água uns nos outros e André borrifou o rosto de Letícia. Esta retribuiu prontamente e o fez com gritos agudos de criança. Foi o suficiente para reaproximá-la da turma, ainda que sua exuberante feminilidade nos perturbasse.

Esbarrei em Luisa numa brincadeira qualquer e ela, ao se voltar bruscamente para mim, ficou enredada em meus braços. Senti sua pele elástica e aveludada. O movimento foi rápido, mas ela me fitou de muito perto e, imprudentemente, olhou para minha boca – sinal inconfundível de atração. Fiquei confuso e mordi os lábios como um adolescente. Presumi que ela se deu conta de meu embaraço porque, num suave desgarre, ela se esgueirou para longe como se dissesse: "somos amigos, não somos?".

Foram uns quarenta minutos de folia inocente. Depois deitamos nas espreguiçadeiras espalhadas pelo deque que prolongava a piscina. O banho de sol foi revigorante, embora André e eu tenhamos ficado pouco para não sofrer aquela vermelhidão dolorida dos imprevidentes. Fomos então nos abrigar num canto sombreado. Nele havia um barril metálico repleto de cubos de gelo e garrafas de água mineral, além de refrigerantes, cervejas e sucos acondicionados em embalagens cartonadas. Nesse intervalo, a anfitriã apareceu vestida com uma saída-de-praia estampada com discretos motivos florais. Sentou-se ao nosso lado sob o guarda-sol e insistiu:

– Não façam cerimônia. Sirvam-se à vontade!

Nessa altura, o professor saiu da água, vestiu um roupão imaculado e fez um gesto para que todos se aproximassem. Sentamos todos nas confortáveis poltronas brancas que estavam dispostas em círculo. Em cada assento havia uma toalha limpa enrolada em cilindro. Enquanto a gente se secava, o anfitrião operou um controle remoto e o ambiente foi inundado pelo som mágico de uma antologia dos melhores tangos de Astor Piazzola. Os acordes e as extraordinárias cadências sonoras embalaram nossa conversa. Sálvio começou a falar sem que tivéssemos tido tempo de nos acomodar:

– Vamos desdobrar a conversa que mantivemos ontem. Quero retomar o fio da meada, voltar à crise das corporações nos anos 2001-2002. Penso que não esgotamos o assunto. Não falamos, por exemplo, dos auditores da WorldCom, responsável pela maior fraude contábil dos Estados Unidos. Alguém lembra qual foi a firma de auditoria?

Todos os olhares se voltaram para Luisa, que fulminou:

– A Arthur Andersen! A mesma da Enron!

Efusiva, a esposa a cumprimentou:

– Não perde uma!

O professor arrematou:

– À época, a Arthur Andersen compunha o quinteto das maiores auditorias independentes do mundo. E, pelo que se sabe, não atuou nem com independência nem com imparcialidade, os dois preceitos que abordamos há pouco.

– Não somente ela, diga-se de passagem – defendeu Luisa.

A colega foi logo imitada por André, como sempre desenvolto:

– Só que ela foi pega com a mão na cumbuca!

Embalado, encadeei:

– Vocês sabiam que, quando os primeiros rumores sobre a Enron começaram a correr, a Andersen despachou uma equipe de funcionários para fuçar nos computadores e apagar um monte de arquivos?

Embora não devesse ser novidade para os colegas, o interesse despertado me fez continuar.

– Fizeram a triagem e descartaram milhares de registros; eliminaram dezenas de milhares de correios eletrônicos... E nas máquinas de picotar papel, destruíram duas toneladas de documentos!

– Vai ver que queriam despistar futuros investigadores – opinou André.

– Óbvio, sumiram com o que era comprometedor – confirmou Luisa. – Só que, três anos depois, o Supremo Tribunal dos Estados Unidos revogou a condenação criminal que pesava contra a firma.

Franzi o cenho, mas a colega não deixou pairar dúvida:

– Uma tecnicalidade jurídica safou a Andersen: quando o fato ocorreu, a destruição dos registros ainda era legal.

Letícia aproveitou a deixa para espicaçar:

– Seu maior pecado foi ter deixado impressões digitais!

– Onde? – provocou Pedro, dando-lhe trela.

– Na nota fiscal que ela emitiu de quinhentos e sessenta mil dólares... Foram tantas as horas técnicas que a Arthur Andersen decidiu cobrá-las!

André exclamou:

– Haja cara-de-pau!

Atestei:

– O promotor encarregado do inquérito apreendeu a nota fiscal e praticamente intimou o representante da Andersen a confessar.

– A empresa fazia parte do esquema! – zombou André.

– Você tem como provar isso? – argüiu Pedro.

– Tenho! A Andersen prestou serviços de auditoria à Enron durante dezesseis anos. O que você acha? Que auditores desse naipe jamais desconfiaram de nada? Só se fossem cegos e burros!

– Foram cúmplices na certa – reforçou Luisa.

Pedro não se conformou:

– Inferência não é prova...

Eu não quis atiçar a polêmica. Simplesmente procurei avançar no raciocínio:

– O importante é que a Andersen jogou sua reputação profissional no lixo. E isso a liquidou! Divulgado o fato, o negócio foi pelos ares.

– Não foi porque foi impedida de realizar auditorias públicas? – auscultou Pedro sem muita convicção.

– Também – respondi. – Mas essa foi a pá de cal, não o estopim. Basta ver a seqüência dos fatos.

Todos ficaram à espera de uma explicação.

– Os clientes minguaram antes de a empresa deixar de operar com o setor público. O que mata um prestador de serviços, vocês têm idéia?

Esperei quase nada e emendei:

– Perder a credibilidade! Os clientes evaporam! Depois daquele escândalo, quem iria contratá-la? Você associaria sua empresa a uma auditoria com nome sujo? Jamais!

Ajuizado, Pedro concordou:

– É mesmo: quem acreditaria no atestado de regularidade de um balanço assinado pela Arthur Andersen?

Luisa enriqueceu o caso:

– E lá se foram oitenta e cinco mil funcionários, 9,3 bilhões de dólares de faturamento, décadas de construção de uma marca, dezenas de escritórios espalhados pelo mundo.

– O episódio foi tão grave – ratificou Selma – que pôs em risco o sistema da livre-iniciativa.

Pelas nossas reações, compreendeu que uma mediação se impunha:

– Sálvio já nos alertou sobre isso, lembram?

O professor fez a conexão:

– Os escândalos colocaram em xeque a razão de ser do mercado de capitais. Quem iria investir em empresas cujas demonstrações financeiras não são confiáveis?

– Foi a razão de ser da SOX – complementou a esposa. – A lei procurou restaurar a confiança perdida no mercado de ações.

A avaliação não poderia ter sido mais precisa. Inesperadamente, porém, a anfitriã encarou as duas moças e propôs:

– Alguém aceita suco de acerola?

Ambas aderiram com prazer. Brinquei:

– É privilégio de clube fechado?

– É claro que não! – protestou Selma. – Está aberto a rapazes saudáveis. Vocês aceitam?

Fizemos que sim. Ela então pegou o telefone portátil que estava solto na mesa de centro, ligou para a cozinha e pediu suco para todo mundo. Sálvio retomou a palavra:

– Eu queria ressaltar uma faceta apontada pelo Leo. A questão da publicidade dos fatos, ou melhor, da transparência.

Olhou para todos nós.

– O termo se mantém em moda. Mas o que é ser transparente? É dizer a verdade nas questões que afetam os públicos de interesse. É transmitir mensagens compreensivas, relevantes, oportunas, confiáveis, comparáveis. É franquear, revelar, tornar visíveis decisões e ações. Em resumo, é expor-se ao crivo público. A democracia, por exemplo, é uma tentativa explícita de tornar o poder visível a todos; funciona como esforço deliberado para reduzir ao mínimo a esfera do poder invisível, a arma maior dos despotismos. A mídia é a arma da cidadania para obter essa visibilidade.

– Na maior parte das vezes – ressaltou a esposa –, o exercício do poder se realiza em segredo. Não se divulgam manobras e acertos de bastidores, manipulações e favorecimentos, cooptações ou intrigas, infinitos arranjos escusos. A vigilância democrática põe isso a nu.

Mais uma vez as observações do casal calavam fundo em mim. Num relance entendi que, nas empresas, os controles e os canais de transmissão das infrações operam como dispositivos de escuta de mão dupla: dos "de cima" assim como dos "de baixo", desde que estes saibam aproveitá-los. Selma explanou:

– Transparência e prestação de contas – *accountability*, dizem os norte-americanos. Se você não assumir a responsabilidade pelo que faz, crescem os riscos de sofrer prejuízos. Por quê? A cobertura global e em tempo real da mídia torna inevitável a visibilidade das empresas e, assim, sua vulnerabilidade. Alguns estudiosos chegam a dizer que, hoje em dia, as empresas estão desnudadas.

– Basta ver o papel que os blogs desempenham na Internet – apoiou Pedro. – Eles põem em xeque os veículos de comunicação convencionais e fazem estremecer governos e empresas!

– Não exagere, companheiro! – ponderei.

O grandalhão não se deu por achado:

– Cito um caso só. Um jornalista americano comprou um laptop da Dell em 2005 e, ao se deparar com um defeito, reclamou várias vezes sem sucesso. Pôs então o caso num blog chamado Dell Hell! Seis meses depois, o maior fabricante de computadores do mundo amargou a insatisfação de sete milhões de consumidores: uma avalanche de reclamações!

– Pedro tocou num tema riquíssimo – observou o professor. – Assim como as pesquisas de opinião on-line ou os sites de leilões, os blogs expressam a passagem de uma comunicação de massa (*mass media*) para uma comunicação pessoal interativa (*personal media*).

Ficamos ruminando as idéias, até que Luisa retomou o fio da meada:

– Eu li que, depois de quase três anos de operação, a companhia aérea canadense de baixo custo, Jetsgo, sofreu vários acidentes. Isso ocorreu num curto espaço de tempo. Por displicência ou por cálculo, não se sabe, ela preferiu se isentar da responsabilidade. A mídia repercutiu os fatos e uma investigação federal foi instaurada no início de 2005. Vocês sabem qual foi o resultado?

Fez mistério.

– Descobriram que, para subsidiar as passagens – algumas de um único dólar! –, a companhia deixava seus pilotos exaustos de tanto trabalhar e, pior, economizava na manutenção dos aviões! Publicadas as denúncias, a companhia encerrou as operações.

Nessa altura, a dedução de André foi decisiva:

– Não se brinca com a razão de ser do negócio! A suspeita de que os vôos não eram seguros deve ter espantado os passageiros. Tenho certeza. E isso acabou com a Jetsgo!

E, depois de refletir um instante, complementou:

– Peguemos uma indústria de cerveja. Caso fosse acusada de sonegar imposto, o que vocês acham que aconteceria? Fecharia?

Balançou a cabeça de um lado para o outro, sem deixar de nos observar e respondeu:

– Claro que não! Quando muito sua imagem ficaria manchada, mas ela não acabaria. Então, o que pode destruí-la?

Nós nos entreolhamos. André nos deu um bom tempo e depois concluiu com um sorriso de triunfo:

– Água contaminada! Se usasse água contaminada costumeiramente. Algo sistemático, não ocasional. Entenderam?

A idéia pareceu clarividente. André fez a dedução:

– Baque fatal! Posta a saúde do consumidor em risco, o elo de confiança se quebra!

Ficamos impressionados.

– Admirável, meu caro André! – louvou o professor.

Deu um estalo com a língua do jeito que lhe era peculiar.

– Você tocou numa questão-chave: qual é o nervo do negócio? Que fato pode desmantelar o edifício todo?

Nossa curiosidade ficou atiçada.

– Vou usar o exemplo do André. Se uma indústria de cerveja for acusada de sonegação fiscal, evasão de divisas, lavagem de dinheiro, falsificação de documentos, corrupção de funcionários públicos, formação de quadrilha...

– Caso da Schincariol em 2005! – glosou Luisa.

– Seria o bastante para feri-la de morte? – perguntou Sálvio.

Eu fiz uma careta de dúvida. Ele subscreveu:

– Eu também acho que não. São males banalizados no Brasil. André concluiu que se uma indústria de bebidas ou, por extensão, uma indústria alimentícia não cuidar da sanidade de seus produtos, ela afunda. Perfeito. Mas por quê?

Ficamos na expectativa.

– Cometido um abuso que não possa ser tolerado pelos consumidores, a empresa não conseguirá controlar a indignação deles. Ninguém quer ver sua saúde deliberadamente comprometida.

Luisa, de seu jeito aplicado, deduziu:

– Generalizando o caso da Jetsgo, eu diria então que a segurança dos vôos é o ponto fraco das companhias aéreas. Descuidar da manutenção das aeronaves é dinamite pura!

Refletiu um instante.

– E as auditorias independentes? O ponto fraco é a sua fidedignidade, não é isso?

– Sim, senhora! – confirmou André. – Cometido um abuso intolerável (vou usar as palavras exatas do professor), atingido o ponto nevrálgico, a indignação dos usuários fica fora de controle. Daí para a frente, a crise de confiança se instala e os negócios se tornam inviáveis.

Juntei-me ao coro, reagindo intuitivamente:

– O calcanhar-de-aquiles dos bancos deve ser a honestidade no manejo dos recursos dos clientes...

Letícia me acompanhou quase no ato:

– Claro! O que apavoraria correntistas e investidores? – Esperou um segundo e respondeu: – Suspeitar que a grana deles esteja sumindo!

Pedro metralhou:

– A razão de ser dos profissionais liberais é sua competência técnica; a dos laboratórios de medicina diagnóstica é a perfeição dos laudos que emitem. Não acham? Posto isso em xeque, babau!

– Placebos ou remédios ineficazes arruínam a indústria farmacêutica – raciocinou Luisa.

Nesse momento apareceram o caseiro e a cozinheira carregando duas grandes bandejas. A primeira delas trazia copos e duas jarras de suco de acerola gelada; a segunda, travessas com torradas e cumbucas de patês, azeitonas, cebolinhas em conserva e cubos de diferentes tipos de queijos. Os petiscos foram dispostos com esmero na mesa de centro. Não tardamos em nos servir enquanto conversávamos. André então voltou à carga:

– Eu queria explorar um pouco mais o tema. Posso?

O casal de anfitriões ficou encantado.

– Para as escolas, a pedra de toque está na validade dos diplomas que conferem – embora eu creia que deva ser o compromisso com a aprendizagem dos alunos; se não, vira venda de certificados. Para os pesquisadores, a falha na armadura está em sua retidão. Vejam como acabam os que falsificam dados de pesquisa ou plagiam obras. Para os juízes esportivos, a chave está em sua isenção. Sem ela os jogos de futebol viram simulações fajutas, como as lutas livres na televisão. Para o varejo, a nervura está em realizar transações de boa-fé: os produtos vendidos prestam ou não prestam? Quem quer ser fraudado? E para os institutos de pesquisa de mercado, o que seria? Usar as informações colhidas com exclusividade. Qual é o risco envolvido? As pessoas se negarem a dar entrevistas ou as empresas deixarem de contratar serviços se houver vazamento do sigilo.

A desenvoltura de André nos fez suspeitar de que ele havia provocado a discussão com tudo isso em mente. O rapaz era um assombro! Selma ampliou o leque das organizações em análise:

– E o terceiro setor, que vive de doações? O que inviabilizaria uma organização não-governamental?

Titubeamos. A consultora se divertiu com nossa hesitação:

– Pôr em xeque sua respeitabilidade!

Ficamos em dúvida.

– Pensem bem: um indivíduo doa tempo ou recursos como voluntário por quê? Porque acredita na boa causa que a ONG defende; imagina que ela fará uso correto de suas contribuições. Se a chama da admiração se apagar, os fundamentos da organização são destruídos. Suponha uma ONG envolvida em malversação de fundos, ou uma ONG incompetente do ponto de vista administrativo, o que aconteceria?

Balançamos os queixos, antecipadamente de acordo.

– As fontes de financiamento poderiam secar, não é verdade? E rápido! Algum doador continuaria dando gás a gente perdulária ou a larápios camuflados em bons samaritanos?

O professor então repetiu seu argumento a respeito da gravidade dos riscos incorridos:

– Quando a quebra da relação de confiança se dá por causa de um abuso sério, não há como controlar a indignação dos públicos e, em decorrência, os negócios desmoronam.

A esposa dele procurou nos instigar mais ainda:

– Eu queria chamar a atenção para um aspecto sensível dos escândalos corporativos. Aquela crise dos mercados acionários em 2001-2002 implicou sofrimentos pessoais. A Enron, por exemplo, perdeu sessenta e oito bilhões em valor de mercado. Poupanças, economias de uma vida inteira, aposentadorias preciosas viraram pó. Uma verdadeira calamidade pública! Vale a pena pensar nisso, não vale?

Luisa sintonizou na hora:

– A Enron demitiu cinco mil funcionários e o fundo de pensão dos empregados perdeu oitocentos milhões de dólares. Resta um consolo apenas: um dos ex-presidentes (o fundador morreu antes do julgamento final) acabou condenado a vinte e quatro anos de cadeia.

Selma seguiu avante:

– Li uma declaração de um Country Manager Partner da Andersen em 1999, ou seja, três anos antes do colapso da firma. Ele disse que se um dia a Arthur Andersen perdesse a confiança do público, ela estaria fora dos negócios. O que era este sujeito: um vidente, um astrólogo, um cartomante? Claro que não! Desconfiava que a empresa estivesse brincando com nitroglicerina.

Letícia se lembrou das observações que já tinham sido feitas:

– Claro, desconfiava das falhas na "muralha da China" entre as divisões de consultoria e de auditoria.

– É isso mesmo – confirmou a anfitriã. – Aliás, em termos de risco de reputação, o exemplo é clássico.

Passou a mão no cabelo como se quisesse acentuar o que ia ser dito:

– São situações semelhantes à queda de um vaso de cristal. Ainda que permaneça inteiro, restará sempre a trinca. Marca indelével!

Entusiasmado, André descambou para o deboche:

– É como ser apanhado pela namorada em flagrante delito com a melhor amiga dela!

Ninguém conseguiu segurar os risos; o jeitão sem-cerimônia de André era irresistível. O professor esperou que a alegria arrefecesse para observar:

– Muitos funcionários consideram que os escândalos das empresas não os afetam. Alegam que nada têm a ver com isso, porque não são dirigentes, não tomaram as decisões que levaram à derrocada, são bagrinhos... Em minhas palestras eu mostro que as imagens dos colaboradores e das empresas são inseparáveis: a lama em que se metem é a mesma! Ninguém sai ileso de um escândalo; a mácula fica impressa na testa de todos. As pessoas acabam sendo discriminadas, têm dificuldade para arrumar emprego, precisam se explicar o tempo todo e agüentam chacotas a torto e a direito. Em breve, cai sua "cotação de mercado".

Pedro comentou:

– A não ser que omitam o fato no currículo!

– E se alguém descobre? – atalhou Luisa.

Na hora, o colega reconheceu a gafe e levantou o polegar da mão direita.

– Imaginem então quando os próprios executivos se metem em confusões! – escarneceu André. – Aí, sem chance! Foi o caso da Volkswagen em 2005, com altos gestores da matriz alemã!

Nem todos lembravam a situação.

– Usaram dinheiro da companhia para fins impróprios. Acabaram demitidos!

Letícia não se conteve:

– Um deles mantinha uma amante brasileira. É isso?

André acenou afirmativamente e a colega informou:

– A Volks até patrocinava um programa de televisão comandado por ela!

– Da alcova ao palco! – bradou o outro. – Uma trajetória e tanto!

Pedro se juntou ao coro:

– E aquelas noitadas de sindicalistas com acompanhantes?

– Não somente eles! – aduziu André. – As confraternizações com os executivos em visita à subsidiária brasileira comportavam jantares em churrascarias e esticadas em boates!

Ficamos uns momentos relaxados, sem nos manifestar, até que Selma comentou:

– Concordo com Sálvio: é difícil escapar de um escândalo. Mas seria possível administrar o rescaldo? O presidente que assumiu a Tyco International em 2002, depois das fraudes contábeis, se deparou com uma empresa quase falida e totalmente desacreditada. O que fez? Demitiu duzentos e noventa dos trezentos executivos! Logo em seguida – golpe de mestre – dispensou a própria diretoria que o contratou! Disse que era para resgatar a credibilidade perdida junto aos investidores.

– Como dá para ver, os executivos não estão a salvo – saudou Sálvio.

– Nem os funcionários! – sublinhou a esposa. – Há um caso brasileiro exemplar, aliás: o da TV Cidade, que pertencia aos grupos Sílvio Santos, Bandeirantes, Diários Associados, além de dois fundos de investimento. Custo do empreendimento? Milionário. Em 2003, quatro anos depois da inauguração, a empresa foi declarada insolvente. Alguém soube disso?

Ninguém tinha ouvido falar.

– O novo presidente descobriu contratos fictícios com fornecedores, serviços de manutenção superfaturados, aquisições simuladas de ativos, clientes desviados para provedores clandestinos e duzentos milhões de reais de dívida – um cardápio completo de falcatruas! Diante de tanta podridão, o que ele fez? Uma revolução: dispensou *todos* os funcionários e substituiu *todos* os fornecedores!

O professor esfregou lentamente uma mão na outra e decidiu ampliar a perspectiva:

– Como vocês vêem, as empresas correm diversos tipos de riscos. Vamos listar alguns deles, deixando de lado os desastres naturais que são clássicos e o risco-país que indica o grau de confiança dos investidores externos. Tudo bem?

Ficamos em silêncio, até que Letícia enumerou as grandes rubricas:

– Riscos operacionais, de crédito, de mercado. É isso?

– E de reputação – completou Luisa.

– Quem quer dar exemplos? – solicitou Sálvio.

Eu me habilitei, embora hesitasse um pouco:

– Entre os operacionais, há as fraudes internas e externas, os processos trabalhistas, os erros não intencionais...

André veio logo em meu auxílio:

– Os danos aos ativos físicos, as falhas em tecnologia da informação ou no gerenciamento de processos... E assim por diante!

O professor dava sinais de aprovação após cada ilustração. Eu apelei para uma das duas colegas:

– É tua vez, Letícia!

Foi Luisa, no entanto, quem respondeu ao chamado:

– Na questão do crédito, há o problema da inadimplência, da degradação das garantias disponíveis, da impossibilidade de compensação...

– E da concentração em determinados clientes, segmentos ou áreas – completou Letícia.

Selma estava simplesmente maravilhada. Pedro se manifestou:

– Não posso ficar de fora, eu também fiz minha lição de casa! Entre os riscos de mercado, cara economista...

Olhou para Letícia.

– Eu também sou economista! – disse Sálvio no embalo.

Ninguém ficou surpreso, embora ele parecesse engenheiro, como boa parte da cúpula da companhia. Pedro não se intimidou:

– Dá para citar a questão da liquidez, da oscilação nas taxas cambiais, do descasamento nas taxas de juros...

A colega provocada então rivalizou:

– Além da desvalorização da carteira de commodities e da variação na carteira de ações.

Sálvio parecia satisfeito. Foi quando Pedro o consultou:

– Antes de encerrar o assunto, professor, eu queria decifrar um pequeno enigma. Posso?

O anfitrião ficou curioso e assentiu com um aceno da cabeça.

– Por que o senhor fez a pergunta sobre riscos?

Demos pequenas risadas. Letícia encadeou sua fala no meio delas:

– Vou responder no lugar do professor! As empresas dispõem de ativos intangíveis. Sem a análise dos efeitos que as decisões geram, um patrimônio valioso pode ser afetado. É esta a conclusão? Sem credibilidade no mercado, a empresa fica ao léu?

– Irretocável! – felicitou Sálvio. – Adivinhou meu pensamento!

Não só para Letícia, mas para todos nós foi uma glória! O professor avançou em seu raciocínio:

– Danos à reputação podem reduzir o valor da marca ou inviabilizar o negócio, como aconteceu com a Andersen e tantas outras companhias. O risco de reputação afeta o ativo mais valioso que se tem!

– Ninguém lança impunemente farofa no ventilador! – zombou André. – Estamos sintonizados, professor?

– Estamos, sim, caro colega! – disse o outro com ironia.

A consultora tomou a palavra para consolidar nossas reflexões:

– Falhas críticas alteram destinos. Eu queria aproveitar a deixa e relatar alguns casos brasileiros. O que acham?

– Ótimo! – ecoou Letícia.

– Em 1994, o embaixador Rubens Ricupero era ministro da Fazenda do presidente Itamar Franco e, durante cinco meses, foi o responsável pela implantação do Plano Real. No intervalo de uma entrevista à Rede Globo, trocou impressões com seu interlocutor.

Nenhum de nós se mexeu; continuávamos no escuro.

– Não sabia que um canal de serviço estava transmitindo a conversa. Num dado momento, deixou escapar: "O que é bom, a gente fatura, o que é ruim, esconde". Estava se referindo à situação econômica. O comentário foi captado pela antena parabólica de um telespectador. Este gravou a fala e repassou a fita à *Folha de S.Paulo*...

André soltou:

– Xi! Danou-se!

– A divulgação do episódio foi desastrosa. Ricupero teve de se demitir! Para a opinião pública, a máscara do governo caiu: a falta de escrúpulos do ministro da Fazenda assinalava que todas as armas seriam usadas para favorecer a candidatura de Fernando Henrique Cardoso à presidência da República. Conseqüência: a carreira de um brilhante servidor foi prejudicada. Mais tarde,

Ricupero secretariou a UNCTAD, o que não é pouco dizer. Mas foi um prêmio de consolação, porque a entidade é considerada um patinho feio.

Selma esperou que refletíssemos um pouco e depois reforçou a compreensão das implicações:

– Pensem no seguinte: você faz um excelente trabalho durante um bom tempo e, de repente, pumba! Um único descuido põe tudo a perder! A lâmina mortal penetra pela falha da armadura!

Letícia ficou entusiasmada com o insight e contou:

– Isso me fez recordar a campanha presidencial de 2002 com Lula liderando as pesquisas de intenção de voto. Aí surgiu a pré-candidatura de Roseana Sarney, governadora do Maranhão. Foi no primeiro trimestre. Vocês lembram, não?

– Ela estava em segundo lugar nas preferências dos eleitores – subscrevi.

– Até que a Polícia Federal baixou na sede da empresa do marido, Jorge Murad.

Luisa corrigiu:

– A empresa Lunus pertencia aos dois.

– Você tem razão. O marido era o homem forte do governo maranhense, o gerente de planejamento. Ele cuidava dos recursos orçamentários e da coordenação dos escritórios regionais que tocavam os projetos mais importantes. A polícia descobriu um milhão trezentos e quarenta mil reais, guardados em dois cofres. A foto do dinheiro vazou para a imprensa. Pilhas de cédulas de cinqüenta reais alinhadas na mesa!

A história estava gravada em nossa memória.

– A repercussão foi de arrasar! Murad deu sete versões. Uma das últimas foi a de que os recursos se destinavam à campanha presidencial. Não pegou. Permaneceu uma dúvida venenosa: recursos antecipados, doações ilegais, dinheiro de corrupção? Roseana despencou nas pesquisas e teve de desistir da candidatura à presidência da República!

– Bem lembrado! – cumprimentou a consultora. – Eis um evento crítico.

Não resisti:

– Já que falamos de fotos incriminadoras, que tal citar a propina paga a Severino Cavalcanti, o rei do baixo clero e presidente da Câmara dos Deputados em 2005? Bastou que o dono do restaurante da Câmara (um empresário que se dizia achacado) divulgasse a cópia ampliada do cheque e – tchau! – Severino deixou de comparecer às sessões da Câmara! Renunciou não só ao cargo de presidente, mas também ao mandato de deputado federal! Pitoresco, não é?

– Deplorável – emendou Luisa.

André se animou:

– Que tal os dólares na cueca de um assessor do irmão do presidente do Partido dos Trabalhadores, José Genoíno? Foram cem mil dólares, além de mais de duzentos mil reais, apreendidos no aeroporto de São Paulo quando o sujeito embarcava para Fortaleza. Divulgado o fato, José Genoíno alegou nada ter a ver com o irmão, líder do PT na Assembléia Legislativa do Ceará. Não convenceu. Renunciou à presidência do partido no mesmo dia!

– Não posso faltar a esta festa de lembranças! – interveio Pedro. – Há um fato que entrou no folclore brasileiro, para não dizer na história. É o caso do deputado Roberto Jefferson, presidente do PTB, quando depôs no Conselho de Ética da Câmara. Isso também ocorreu no *anno dominus* 2005. Ao acusar José Dirceu, Chefe da Casa Civil e braço direito do presidente Lula, de ser o mentor do "mensalão" (aquela compra de deputados para dar sustentação ao governo), Jefferson soltou uma frase memorável: "Sai daí, Zé. Sai daí rapidinho!". Dois dias depois, José Dirceu, o construtor da vitória de Lula à presidência da República, se demitiu!

Luisa sublinhou:

– E ambos tiveram os mandatos cassados. Só que nos Estados Unidos, a coisa é diferente: não se limita à renúncia ou à perda da representação. O deputado republicano Randy "Duke" Cunningham foi condenado a oito anos de cadeia em 2006 por aceitar propina!

Lembrei:

– O segundo homem forte do governo Lula, o poderoso ministro da Fazenda Antonio Palocci, foi defenestrado em 2006 após ser acusado de ser o mandante da quebra do sigilo bancário de um caseiro. Este denunciou tê-lo visto várias vezes numa casa de lobistas (ex-auxiliares dele na prefeitura de Ribeirão Preto) e na qual se promoviam encontros com prostitutas.

Sálvio demonstrava visível satisfação:

– Vocês captaram bem o quão sensível é a questão da reputação. Mas eu queria ampliar o quadro, avançar mais, apreciar algumas implicações.

Ficamos no aguardo de sua manifestação.

– Vocês têm idéia de como dimensionar o valor de uma empresa?

Nós íamos responder, quando ele nos interrompeu com um gesto.

– Tenho certeza de que sabem. Porém, na linha do que disse Letícia, eu queria destacar um aspecto relevante. Quero distinguir o valor dos dois tipos de ativos: os tangíveis e os intangíveis. Comecemos por verificar o que compõem os ativos tangíveis ou materiais.

Luisa respondeu celeremente:

– Terrenos, prédios, instalações, equipamentos, matérias-primas, estoques, recursos financeiros e até o montante das faturas emitidas.

O professor endossou e complementou:

– Quer dizer o capital físico e o capital financeiro. Perfeito. Agora, vocês sabiam que nos dias atuais isso representa a parte menor do valor de uma empresa? Porque a parte maior fica com os ativos intangíveis. Em alguns casos seu peso ultrapassa os setenta por cento!

Observou a repercussão do que disse e pareceu satisfeito.

– Agora, vocês têm noção de como se compõem os ativos intangíveis, quer dizer, simbólicos, imateriais?

Sem nenhum titubeio, Luisa disparou:

– O capital intelectual em primeiro lugar. Quer dizer, as habilidades técnicas dos funcionários, a competência gerencial, as tecnologias disponíveis, a inteligência organizacional...

– Não esqueça a capacidade de inovação – acrescentou Letícia –. O esforço de pesquisa e desenvolvimento, a propriedade intelectual das patentes...

Pedro não quis ficar para trás:

– Em segundo lugar, há o capítulo dos relacionamentos mantidos pela empresa: sua base de clientes, a retenção da carteira (ou a lealdade desses clientes ao longo do tempo), as parcerias estabelecidas com os fornecedores que garantem não só o respeito aos prazos, mas também a conformidade às especificações técnicas.

– E as alianças com o terceiro setor? – anotou Selma. – Não menosprezem esse fator! Porque projetos de responsabilidade social empresarial e maturidade em governança corporativa fazem parte daquilo que os americanos chamam de *goodwill* ou boa vontade dos públicos de interesse. Isso é coisa que se conquista a duras penas.

Eu quis dar o fecho:

– Em terceiro lugar, temos as marcas ou *brand equity*, novamente em inglês.

Sálvio procurou resumir:

– Tanto o relacionamento com os públicos de interesse quanto as marcas fazem parte do quê?

Ficou aguardando a resposta. Nós trocamos olhares entre nós, sem que ninguém se manifestasse. Aí o professor esclareceu:

– O capital de reputação! Assim, os ativos intangíveis são constituídos por duas coisas: o capital intelectual e o capital de reputação. De modo que abalar a reputação empresarial pode ser catastrófico ou, no mínimo, dilapidar parte expressiva dos ativos.

Letícia então raciocinou, dando novo ponto de inflexão à conversa:

– Será que as empresas não poderiam conviver com uma lenta crise de reputação? Afinal, nem sempre as situações são cataclísmicas, não é? O conceito das empresas junto à opinião pública não poderia ser minado de forma paulatina?

– Interessante idéia – incentivou Sálvio.

– Não digo isso apenas por causa das empresas cuja imagem foi abalada, mas ainda sobrevivem (caso da Parmalat, por exemplo). Falo de setores excluídos dos índices mundiais de sustentabilidade corporativa – como o Dow Jones Sustainability Index –, justamente porque sua imagem está desgastada.

– Quais setores?– exigiu Pedro.

A colega não se deu por achada e desfiou com firmeza:

– Fabricantes de armamentos, indústrias de cigarros e de bebidas alcoólicas, empresas que lidam com jogos de azar. E, recentemente, redes de fast-food. As comidas delas seriam causa da obesidade...

Assentimos de bom grado. Letícia foi em frente:

– Como reagem ao rótulo de politicamente incorretas? Algumas chegam a renegar a própria tradição: diversificam a linha de produtos, tiram itens do cardápio, propõem opções mais leves. O McDonald's fez isso: ofereceu frango grelhado, iogurtes, saladas, frutas, água mineral e até água de coco!

A consultora corroborou:

– Tarefa crítica essa de administrar o patrimônio intangível. É o caso da Coca-Cola. Sua marca é a mais valiosa do mundo e foi avaliada em sessenta e sete bilhões de dólares em 2006. Ora, quanto isso representa no negócio como um todo? Mais de sessenta e sete por cento!

A moça sorriu animada:

– Não dá para cochilar, não é verdade? Isso explica por que o McDonald's tira de linha itens extragrandes.

– Alto lá! – gritou André. – A rede manteve firme e forte um hambúrguer chamado Double Quarter Pounder with Cheese, de setecentos e quarenta calorias!

– Onde viu isso? – protestou Letícia.

– Nos Estados Unidos! O Burger King também lançou um sanduíche hipercalórico! O tal de...

Hesitou à procura do nome.

– Como é mesmo que chama aquela coisa?

Pedro entrou em cena, lambendo os beiços:

– *Enormous Omelet*! Uma monstruosidade com lingüiça, dois omeletes, bacon e queijo! Haja gordura! Umas setecentos e sessenta calorias!

A colega não ficou impressionada e rebateu:

– São exceções à regra, desvios menores na política geral.

André torceu o nariz, mas não a interrompeu. Letícia seguiu avante com galhardia:

– As empresas não desprezam nichos de mercado, só isso. A pressão da opinião pública sopra em qual sentido? O da comida saudável! Visitem os sites das redes de fast-food; vocês vão ficar impressionados. Tem dicas de nutricionistas, dietas balanceadas e até orientações para um consumo adequado... De quê? De seus produtos mais tradicionais! Elas seguem à sua maneira o exemplo das indústrias de bebidas alcoólicas. Estas não recomendam "beba com moderação" ou "não guie depois de beber"? É um jeito de reconhecer que o consumo deve ser controlado. Ou pior: que seus produtos podem ser nocivos...

Selma deu seu aval:

– Letícia tem razão. Por exemplo, a Philip Morris e a Japan Tobacco diversificaram seus investimentos porque estão preocupadas com a onda antitabagista. Lançaram cigarros light ou com baixo teor de nicotina e adquiriram empresas de alimentos e de remédios. Procuraram também redefinir sua imagem ao incentivar esportes e ao mostrar preocupação com o bem-estar das pessoas.

André não quis abrir mão de seu papel de advogado do diabo:

– Desculpe, gente, mas o que fez a indústria do tabaco ante a redução do consumo nos países do Primeiro Mundo? Avançou simplesmente sobre os mercados mais vulneráveis, aqueles em que as campanhas antitabagistas estão menos organizadas! Onde estão seus consumidores hoje? A maior parte está nos países emergentes. Ou vão dizer que não?

Eu raciocinei:

– É um jogo de gato e rato. A sociedade civil desenvolve nova consciência, pressiona as corporações, consegue até que leis restritivas sejam adotadas (como as que proíbem a publicidade de cigarros) e as empresas contra-atacam do jeito que podem.

A consultora mostrou que, apesar de tudo, havia uma evolução:

– A cidadania conta com vitórias expressivas. Veja o caso do analgésico Vioxx, que ocupou tantas manchetes. Em 1999, o remédio recebeu sinal verde da FDA (Food and Drug Administration), a agência que regulamenta o setor farmacêutico nos Estados Unidos, com vistas a combater a artrite e a dor temporária aguda.

– O produto não foi retirado do mercado em 2004? – averiguou Pedro.

– Foi. E era o mais rentável da Merck (receita anual de dois bilhões e meio de dólares). Acontece que a associação do remédio com um pequeno número de ataques cardíacos e derrames foi comprovada.

– Desde que seja tomado durante dezoito meses e de forma contínua – especificou Pedro.

– É isso mesmo. Entretanto, cinco meses após a retirada, um comitê de especialistas convocado pelo FDA concluiu, embora por maioria apertada, que os benefícios do remédio seriam superiores aos riscos cardiovasculares. E sugeriu apenas que a dose máxima diária fosse reduzida à metade da original. O que fez a Merck? Preferiu manter o Vioxx fora do mercado. Por quê? Não só por causa do risco médico envolvido, mas para evitar maior exposição na mídia e mais processos judiciais.

Pedro inferiu:

– Não duvido que a pesquisa de drogas e o marketing da indústria farmacêutica vão ser afetados. E digo por quê: todo mundo vai exigir maior segurança.

Diante do silêncio do casal, consideramos as asserções válidas. O colega então foi além:

– A chegada de novos medicamentos ao mercado também vai ficar mais difícil: os laboratórios vão ter que divulgar mais informações sobre os testes que patrocinam. Estou certo?

– Certíssimo, Pedro! – congratulou Sálvio. – Daqui para a frente, será redobrada a cautela das agências reguladoras. A mídia revelou, aliás, que os riscos dos remédios não são suficientemente difundidos.

A esposa continuou a desenvolver o raciocínio:

– Tanto é que a FDA advertiu a Merck em 2001 por marketing impróprio do Vioxx, pois parece que os riscos potenciais haviam sido minimizados. No ano seguinte, requereu nova etiqueta sobre ataques cardíacos.

– Para piorar o quadro – complementou o professor –, saíram reportagens sobre pagamentos que algumas indústrias farmacêuticas andaram fazendo a médicos, como se fossem vendedores! Resultado? Cresceram a insegurança e a desconfiança do público consumidor em relação a essas indústrias. Mas elas não quebraram, é claro. Quer dizer que é possível administrar o desgaste da imagem...

Todos nós meneamos a cabeça diante da conclusão de Sálvio. Só que Letícia se lembrou de outro exemplo:

– Isso me lembra que, nos anos noventa, milhares de ações judiciais levaram a fabricante Dow Corning à falência. Foi por causa do silicone utilizado para implantes nos seios.

Mais uma vez no limite do tolerável, André buliu com Letícia:

– Você se interessou pela matéria, hem!

A colega ficou corada e puxou a língua em represália, enquanto Sálvio desviava rapidamente a atenção:

– Nesse caso, o calcanhar-de-aquiles foi atingido! E graças a quem? À vigilância da mídia e à mobilização da cidadania.

Mas logo disse, de maneira inopinada:

– Vocês gostam de churrasco?

Todos nós dissemos que sim.

– Vamos então fazer uma pausa. Chega de assuntos sérios durante algumas horas, que tal?

Embora desconcertados pela interrupção de um tema que parecia prometer muito, Sálvio foi simplesmente ovacionado. Ele deu uma risada agradecida. Enquanto isso, a esposa se levantou e foi até a churrasqueira, que já estava sendo aquecida pelo caseiro. Era um homem corpulento e bastante afável, neto de imigrantes poloneses radicados no Paraná, assim como a mulher dele. Revelou-se um excelente churrasqueiro.

O professor nos comunicou que iria tomar um banho de chuveiro e depois responder a correios eletrônicos. Ficamos sozinhos na piscina descansando e trocando impressões. Pouco depois, fomos brindados com a abertura de um pequeno barril metálico de chope alemão.

No almoço, tivemos de entrada uma grande variedade de folhas verdes, tomates e pepinos fatiados, aspargos, palmitos, corações de alcachofra, brotos de feijão, cenouras e beterrabas raladas, além de gordas azeitonas pretas. Soubemos ainda, para a alegria de Sálvio, que tinha particular carinho pelas plantas, que boa parte das hortaliças vinha da própria horta da casa. Comemos queijo na brasa, asas e coxas de frango grelhado, filé-mignon, picanha, costeletas de porco, arroz birobiro, cebolas e bananas assadas, tudo acompanhado por molhos à escolha. Uma festa para o paladar!

Embora amortecidos pela cerveja, os aromas aguçaram nossos sentidos. E a nossa alegria recrudesceu com uma seqüência impagável de piadas de André. Selma aproveitou para contar saborosas curiosidades corporativas. Como sobremesa, tivemos salada de frutas e sorvete.

No final, o professor nos disse que o casal costumava sestear e nos informou que a casa era nossa. Marcou um encontro às cinco horas na sala de estar. As duas moças aderiram à idéia da sesta, enquanto meus dois colegas e eu, entremeando cochilos, fomos ler jornais e revistas nos sofás da sala de projeção. Bendita folga!

|||

4 O contexto

Profissional de talento é aquele que soma dois pontos de esforço, três pontos de talento e cinco pontos de caráter.

Roland Barthes

Às cinco horas em ponto, estávamos todos reunidos na sala. E qual não foi a nossa surpresa? Havia um chá da tarde nos esperando, com bolo inglês, pão-de-ló, croissants e pães de queijo. Um cenário tão agradável e convidativo que Letícia não se conteve:

– Quantas delícias! É um regime de engorda!

A anfitriã sorriu, satisfeita.

– Há chás para todos os gostos. E quem quiser leite e café, os bules são aqueles – disse apontando para dois recipientes bojudos ricamente decorados.

Nós nos servimos e os comentários foram unânimes: a continuar desse jeito, só nos faltará levitar! Nossa estada em Itu está nos enriquecendo intelectualmente, mas – como resistir? – vai pesar na balança!

Após devorar uma porção de quitutes, Pedro se afastou do grupo para fumar no jardim. Pretendia inalar uma dose "preventiva" de nicotina para não ter que pedir licença no meio da conversa. Fomos sentando aos poucos, a xícara de chá mal equilibrada no pires. Como o colega nos observava de longe, ele achou prudente voltar e, para não atrapalhar, plantou-se na soleira de uma das grandes portas envidraçadas. Ficou lá tragando seu cigarro. Bastante afável, o professor dirigiu-lhe a palavra:

– Não precisa se apressar, Pedro. Pode ficar onde está. Dá para ouvir bem, não dá?

O grandalhão ficou embaraçado:

– Não demoro.

E a título de justificativa:

– Vou parar um dia desses...

– Mas é claro! – caçoou André. – Só falta avisar um carioca que eu conheço!

Sem rispidez, Sálvio exortou:

– André, respeite as fraquezas! Já bastam as discriminações na companhia – "fumódromos", bandejões, restaurantes executivos, vagas no estacionamento, banheiros reservados, mil restrições. Chega de perseguição!

André murchou.

– Não fique chateado – consolou o professor. – Nem eu consigo segurar meu pessoal. E olha que banco o chato!

Como pressentiu certa curiosidade, compartilhou a preocupação:

– Combater preconceitos cansa, porque há sempre novos... Não só contra negros, mulheres, deficientes, judeus, homossexuais, drogados, aidéticos, mas também contra grávidas, estagiários, fumantes, quarentões, gordos, baixinhos, diplomados em faculdades sem grife...

Mal segurei um risinho bobo, sinal confuso de meu incômodo. Pedro amassou o cigarro num cinzeiro que ele carregava como se fosse um pedinte e desabafou:

– Está bem! Entendi.

Ele entendeu errado, isso sim: devia agradecer o anfitrião por defendê-lo! Mesmo assim, insistiu:

– Vou reduzir essa desgraça já!

De tanto ouvirmos a cantilena, ninguém lhe deu crédito. O professor foi o único a se condoer:

– Venha cá. Vou lhe contar uma coisa.

Pôs a mão em seu ombro para encorajá-lo e sussurrou longamente em seu ouvido. Nós ficamos saboreando os croissants. À noite, Pedro nos confidenciou: Sálvio fumou furiosamente durante quinze anos e só parou porque sofreu ameaça de infarto. Foi uma batalha feita de recaídas e arrependimentos. Por fim, livrou-se do vício.

Finda a conversa reservada, o anfitrião deu início a uma nova rodada de discussão:

– Vamos nos debruçar sobre o contexto contemporâneo. Quais são seus motores? Não basta constatar que, nas duas últimas décadas, as pressões da sociedade civil cresceram sobre as empresas. Quais são as razões, as implicações, os desdobramentos?

Era um chamado à ordem, um modo de transcender a pontualidade dos fatos, um esforço para mapear fundamentos. Belo procedimento! O professor definia as premissas do debate, alinhava os fatores e exigia uma análise em profundidade.

– Vou começar pelo fim. Um extraordinário feito resulta da mobilização da sociedade civil. Qual? Parte dos lucros empresariais está sendo convertida em "ganhos sociais". Há algo de fantástico nisso: o processo transcorre sem convulsão, sem afetar as relações de propriedade, sem pôr em xeque o sistema capitalista. Isso significa que uma parcela dos lucros é revertida em benefício dos públicos de interesse. E muitas empresas se vêem forçadas a adotar essa estratégia.

Estalou a língua como fazia sempre para sublinhar algo importante.

– Este é o segredo profundo da responsabilidade social empresarial, sua lógica intrínseca.

Ficamos interessados, cientes da relevância e da atualidade do tema. Selma murmurou de forma quase desleixada:

– Não duvido que vocês já conheçam o conceito de públicos de interesse ou de *stakeholders*.

Luisa se antecipou:

– Claro, são as partes interessadas da empresa: os acionistas, os investidores, os funcionários, os clientes, os fornecedores, os prestadores de serviços, a mídia, as autoridades, os sindicatos, as comunidades locais, os bancos, os concorrentes, as entidades do terceiro setor...

Notei que a consultora não se espantava mais com a rapidez das respostas e, principalmente, com sua pertinência. Senti orgulho e vi nos olhos dos demais que eu não estava sozinho. Ela então pinçou uma idéia:

– Esses interesses são divergentes e até contraditórios, de maneira que não é fácil administrar uma empresa nos dias que correm. Decisões delicadas precisam ser tomadas, porque beneficiam alguns e contrariam outros. Eis mais uma incumbência que recai sobre os ombros dos gestores: analisar o contexto, desenvolver sensibilidade política, discernir as múltiplas forças em presença.

Encolheu os ombros.

– Exige-se dos coitados que sejam super-homens!

O marido sorriu solidário e engatou didaticamente um arrazoado:

– Avancemos por partes. Quais as bases do ativismo dos cidadãos? Isto é, *por que* as empresas sofrem crescente aperto?

Seu olhar se voltou para um quadro na parede, uma obra primitivista cujas cores fortes conferiam à sala um tom jovial.

– Porque a situação mundial se alterou substancialmente nos últimos vinte e cinco anos e isso ocorreu de forma acelerada. Não me refiro apenas ao fim da Guerra Fria e ao esgotamento da corrida armamentista, nem esqueço a queda do Muro de Berlim e o desmanche da União Soviética. Esses são fatores críticos, é inegável. Eu me refiro à colisão de um gigantesco meteoro com o nosso planeta...

Perscrutou nossas faces.

– A Revolução Digital, a terceira revolução tecnológica que a humanidade conheceu. Alguém pode nos falar da primeira revolução?

Esperou um pouco.

– Quem se habilita?

A indefectível Luisa se prontificou a responder:

– A Revolução Neolítica se processou entre cinco e oito mil anos antes de Cristo em diversas partes do globo.

E antes que alguém insistisse para que ela definisse os caracteres, ela especificou:

– Baseou-se num tripé: a agricultura, o pastoreio e o artesanato. Graças a ela, as sociedades humanas deixaram de ser eminentemente coletoras e caçadoras; e passaram de nômades a sedentárias. O que mais importa é que ela possibilitou a acumulação sistemática de excedentes econômicos, terreno sobre o qual se enraíza a desigualdade social.

– Eis a planta maligna! – comentei.

Luisa apenas sorriu.

– Estados se formaram baseados na detenção do monopólio da violência para defender a exploração exclusiva de um território, preservar os estoques de alimentos da cobiça alheia e regular as atividades coletivas da população. O crescimento demográfico que decorreu da Revolução Neolítica também levou as sociedades agrárias a se espraiar pelo planeta todo.

O professor não escondia a satisfação. Levantou as duas mãos como se fosse dizer "Chega, está bom demais!", e procurou progredir no raciocínio:

– E a segunda revolução tecnológica?

Luisa preferiu manter-se calada, abrindo espaço para que um dos outros falasse. Pedro preencheu o vazio:

– É a Revolução Industrial. Tem seu berço na Inglaterra da segunda metade do século 18. Com ela, passamos das sociedades agrárias às sociedades industriais. Numa primeira fase, a base técnica foi a mecânica, numa segunda, a eletromecânica. Ou, para usar imagens mais populares, transitamos da era agrícola para a era da máquina.

Rematei:

– E, agora, entramos na era da informação, a caminho da sociedade do conhecimento, filha da Revolução Digital.

– Cuja base técnica é a eletrônica – complementou Pedro.

– É chato ser o primeiro da classe! – exclamou Sálvio num tom entre o elogio e a troça.

A observação obviamente se dirigia a todos nós. De tão pretensiosos, nem ligamos. Em contrapartida, imaginei que a estocada também valia para o próprio professor – uma figura incomum. Ele prosseguiu pedagógico:

– Vamos voltar ao início da conversa. Por que os cidadãos estão atualmente tão bem instrumentados ou, melhor ainda, tão prontos para agir?

Passou a mão no rosto, como se quisesse nos conferir um tempo, e depois seguiu adiante:

– Digo por quê. Uma economia capitalista competitiva vem se constituindo em âmbito planetário. Rompeu-se parte importante da hegemonia dos oligopólios ou dos monopólios, tanto estatais quanto privados. O processo de globalização econômica traduz bem essa transformação. E o que resulta disso? Uma competição acirrada entre as empresas. Ocorre que o processo de concorrência altera o balanço das forças: confere um prodigioso poder de fogo aos clientes e, por extensão, aos cidadãos.

Estávamos conscientes de que a Revolução Digital transformou radicalmente as formas de organização do trabalho e sabíamos que a ponta do consumo passou a dar as cartas, deixando a produção a reboque. Mas agora – fina perspicácia! –, uma única chave explicativa enfeixava três coisas que pareciam distantes entre si: a competição entre as empresas, a intervenção dos consumidores e as pressões da sociedade civil. Sem pressa, Sálvio manteve o rumo:

– Simultaneamente à expansão dos mecanismos de concorrência, o mundo sofreu outra transfiguração: muitos regimes políticos "de exceção" (ditaduras autoritárias ou totalitárias) foram derrubados e substituídos por regimes "de direito", mais precisamente por regimes liberais. Isso garantiu o respeito aos direitos dos cidadãos e criou um ambiente propício para o florescimento das liberdades civis.

A consultora exemplificou:

– É o caso do Brasil, com o fim do regime autoritário-militar em 1985 e com a consolidação liberal dos anos noventa.

O marido aquiesceu e formulou:

– A função fundamental do direito é a de estabelecer as regras do uso da força.

Pelos nossos semblantes, a asserção exigia esclarecimentos.

– Nos Estados de Direito, o sistema de freios e contrapesos assegura a vigência das regras políticas. Existem poderes autônomos que se policiam uns aos outros e que, por sua vez, ficam sob o crivo da sociedade civil, isto é, da cidadania organizada – a mídia, os movimentos sociais, as organizações não-governamentais, as igrejas, as associações empresariais e profissionais etc.

Sálvio saboreou um pão de queijo.

– Vamos recapitular. Até agora citei a economia mundial competitiva e os regimes políticos liberais. Há outros fatores que merecem destaque. Em particular, o papel crítico da mídia. Ela se diversificou e deixou de depender apenas dos grandes anunciantes. Conquistou bases amplas de assinantes e passou a receber recursos significativos de outras fontes – pequenos empresários, autônomos, profissionais liberais, associações variadas.

A esposa elucidou mais uma vez o assunto:

– Temos inúmeros veículos nos dias de hoje, desde rádios comunitárias até canais de televisão de sinal fechado, dúzias de revistas e de jornais. Todos multiplicam notícias e opiniões. E há tamanha competição entre eles que os leitores, ouvintes, telespectadores podem recorrer a uma infinidade de fontes de informação e de análise. Ao aceder aos mais diversos pontos de vista, os receptores se habilitam a comparar o conteúdo das transmissões. Se somarmos a isso tudo a capacidade investigativa da mídia, veremos que os meios de comunicação se tornaram caixas de ressonância indispensáveis para a vigilância democrática.

O professor trouxe mais água ao moinho:

– Por fim, mas não por último, as expressões mais visíveis da Revolução Digital são as telecomunicações em tempo real e, principalmente, a tecnologia da informação. São responsáveis por transformações cósmicas!, porque redefiniram por inteiro as relações entre países, organizações e pessoas. Vejam, por exemplo, o que aconteceu com as referências ao espaço, ao tempo e à massa.

Fez uma pausa para nos observar. O tom já era de preleção.

– Até ontem, essas três realidades formavam compartimentos estanques: a transposição do espaço exigia um tempo extenso e a massa era tangível; os transportes eram lentos e caros; as viagens eram longas e cansativas. Dependendo das distâncias, as mensagens demoravam meses ou anos para chegar ao destino. Tudo era medido com parâmetros materiais, de maneira que os recursos físicos eram o estalão de todas as coisas.

Parou um segundo e perguntou:

– Vocês estão me seguindo?

Letícia falou por todos nós:

– Estamos sim.

– Hoje, as três realidades se enlaçam. A conectividade transpõe o espaço, a velocidade encurta o tempo, a intangibilidade supera a massa. Pensem nos transportes: eles ficaram rápidos e baratos, as viagens se tornaram confortáveis. Pensem no caso paradigmático da Internet: num apertar de tecla, ficamos diretamente em contato com o mundo, dá para receber e enviar textos, trocar gráficos, ver imagens, ouvir sons, gravar vídeos. E tudo instantaneamente e a um custo ínfimo! Os recursos simbólicos passaram a ser o padrão universal de medida, quer dizer, a matéria cinzenta, o intelecto, a força mental. Por isso é que falamos em economia do conhecimento! Entenderam?

Ficamos deslumbrados com essa outra chave de decifração. Ante seu passado recente, o mundo contemporâneo era realmente outra galáxia. Piscamos várias vezes em sinal de concordância.

– Vamos tirar as conclusões. Como será que os clientes conseguem fazer valer seus interesses? Fazendo uso do oxigênio do mercado, aproveitando o fato de que as empresas competem umas com as outras no âmbito nacional e internacional (não esqueçam a abertura comercial promovida no seio da Organização Mundial do Comércio). Assim, contratantes, compradores de bens, tomadores de serviços adquiriram um fantástico poder de dissuasão. Que poder?

Aguardou uma reação. Embora já desconfiássemos do que viria a seguir, preferimos escutar.

– O de retaliar! Os clientes dispõem agora de um arsenal de represálias. O que podem fazer? Debandar para os concorrentes, já que os insatisfeitos têm condições de trocar de fornecedor. Recorrer às agências de defesa para oferecer denúncias, apoiados no Código do Consumidor. Apelar para a mídia, que pode denigrir marcas e imagens e, em conseqüência, provocar danos aos ativos intangíveis. Mover processos na Justiça contra os abusos que as empresas cometem e conseguir lhes infligir multas ou indenizações. E – golpe final – boicotar os negócios!

A lucidez e a capacidade de síntese do professor não nos eram estranhos. Sabíamos que, além de ser um formulador respeitado dentro da empresa, desempenhava o papel de ghost-writer do presidente.

– Qual é a lógica sociológica disso tudo? Graças às pressões cidadãs, a sociedade civil vem forçando as empresas a adotar uma estratégia de responsabilidade social. O nó da questão está aí.

Era o que faltava demonstrar! Percebi que todos nós havíamos prendido a respiração em respeito ao orador, que parecia oficiar um serviço religioso. Lá fora, o canto intermitente dos pássaros nos servia de pano de fundo. Sálvio estava concentrado e queria desenvolver seu pensamento até o fim.

– A cidadania organizada faz "política pela ética": praticamente intima as empresas a pôr de lado sua tradicional retórica (falar muito e fazer pouco) e as força a abandonar práticas isolacionistas. Leva-as a se engajar no mundo e as compele a superar seu papel de espectadoras ou, se preferirem, de meras usuárias dos bens públicos. Demanda que as empresas sejam partícipes. Mais especificamente, as induz a redefinir políticas, costurar parcerias com os públicos de interesse, levar em conta o bem comum... Isso significa deixar de lançar às costas do Estado ou das entidades filantrópicas a responsabilidade exclusiva pelas questões sociais. Como vocês vêem, é uma pauta e tanto! Não acham?

Ficamos inseguros quanto ao sentido da pergunta.

– Alguém sabe quando se deu o ponto de inflexão?

Ninguém quis se arriscar. Selma então elucidou a questão:

– Contrariamente ao que dizem algumas vozes desavisadas, o esfacelamento do socialismo real não enterrou de vez os anseios por justiça social. Ao contrário. O ideal humanista espraiou suas inquietações das esquerdas para as direitas – a liberal e a conservadora. Daí em diante as diferenças distributivas deixaram de ser negligenciadas. Não só porque a mídia estampa a toda hora o horror das carências da população, mas porque a pobreza não está mais confinada às áreas rurais ou às periferias das grandes cidades.

O marido procurou lançar mais luzes:

– O Terceiro Mundo não se cinge mais às fronteiras tradicionais: está presente nos arredores dos centros urbanos do Primeiro Mundo, nos guetos metropolitanos, nos imigrantes ilegais, nas camadas populares marginalizadas, na insuficiência de serviços públicos, nos altos índices de desemprego, na brutalidade da criminalidade comum...

– Os desequilíbrios que essas diferenças geram são enormes – reforçou a consultora. – Como negá-los? Por exemplo, a convivência entre os bairros opulentos e a miséria se tornou dramática. Todos se inquietam com o crescente descontrole; a insegurança se generaliza. Sob pena de descambar na barbárie totalitária, a agenda contemporânea incorporou a questão da inclusão social.

Continuávamos sem saber aonde o casal pretendia chegar. O professor deu o tiro de misericórdia:

– Uma reflexão ética ganhou força nas últimas décadas. E seu caráter é ecumênico. No essencial, eis a fórmula: faz ou não sentido as empresas assumirem compromissos com as "boas causas" ou, mais extensivamente, com o bem-estar coletivo? De forma concreta: teriam elas que defender os direitos dos cidadãos e contribuir para a preservação do meio ambiente? A resposta a essas perguntas foi positiva e seu efeito imediato transfigurou o imaginário social. Foram criadas as condições para o desenvolvimento do ativismo empresarial.

Fiz uma observação:

– Desculpe interromper, mas há algo que não parece encaixar. A lógica da economia capitalista não é a de maximizar os lucros? Como compatibilizá-la com essas preocupações todas, ou melhor, com exigências tão alheias à obtenção do valor econômico?

Letícia advogou em meu favor:

– É isso mesmo: os capitalistas operam com capital de risco; as empresas não são entidades beneméritas.

– Quer dizer exatamente o quê, Letícia? – pressionou Pedro por desencargo de consciência.

Sem pestanejar, ela contrapôs argumentos como se estivesse sendo submetida a um teste:

– Os empreendedores captam necessidades do mercado, não é esse o início de qualquer negócio?

– Às vezes eles criam necessidades – assinalou o grandalhão. – Vide as invenções do Walkman, do celular, do iPod...

– Não discordo – reconheceu a colega. – Mas logo em seguida mobilizam as competências necessárias para fabricar produtos ou prestar serviços que satisfaçam as demandas. E observam algumas condições: eles têm que ter custos compatíveis, prazos certos e preços condizentes! Não é?

Pedro fez cara de quem não tinha por que divergir.

– E qual é o propósito disso tudo? Agregar valor à produção e, portanto, apropriar-se dos excedentes econômicos na circulação dos bens ou serviços. A lógica está aí. Caso não consigam completar o circuito, perdem os investimentos feitos. Quer dizer, se as atividades não corresponderem às expectativas do mercado (qualidade, atendimento, especificações, logística) ou caso os preços forem muito altos, eles sofrerão prejuízos. É o custo que se paga pela incompetência!

Adicionei:

– Como a exposição ao risco é permanente, quanto maior for o retorno econômico, mais cedo os empreendedores recuperam o que investiram. É o porquê da maximização dos lucros.

– É a chave, sem dúvida – sentenciou o professor.

Letícia olhou triunfante para Pedro, enquanto Sálvio desenvolvia o pensamento.

– É aí que a reflexão se transforma em ação, que a "política pela ética" intervém. A sociedade civil se empenha para que as empresas incorporem a estratégia da responsabilidade social.

Estalou a língua.

– Ora, isso nada tem a ver com a lógica do capitalismo! De fato, as pressões políticas que ocorrem são externas ao sistema, não fazem parte de sua razão de ser.

Respirou fundo.

– Vou além e arremato: a cidadania organizada exige que parte dos lucros se converta em ganhos sociais, que haja algum tipo de partilha dos excedentes gerados.

Parou um instante para dar ênfase às próprias palavras:

– Ao substituir a maximização dos lucros pela otimização dos lucros, o capitalismo se democratiza!

A esposa emparelhou e mostrou as implicações do raciocínio:

– Em última análise, a agenda empresarial incorporou uma nova problemática – a da redução das distâncias sociais. Mas isso aconteceu sob pressão, não por bom-mocismo. E o mais significativo é que, em vez de partir para a filantropia, as empresas desenvolveram formas de fazer com que todas as partes se beneficiem sem que ninguém perca. Entenderam agora a questão dos "ganhos sociais"?

Era uma bela análise, mas parecia uma figura de retórica. Ou melhor, um *wishful thinking*. Ansiávamos por ilustrações concretas.

– Temos aqui um desafio teórico e tanto – reconheceu Selma. – Como realizar essa proeza?

O marido retomou a palavra:

– Vou dar um exemplo sobre como se dá a partilha dos ganhos sociais. Imaginem uma empresa que decida gastar dinheiro na capacitação de seus funcionários. Para o comum dos mortais, o gesto parece insensato. Por que desperdiçar lucros se a empresa poderia recorrer ao mercado e recrutar pessoas já preparadas, prontas para atender às suas necessidades? Seria como comprar periféricos eletrônicos *plug and play*. Não precisa se amofinar para torná-los compatíveis, não é isso?

Esfregou uma mão na outra.

– Entretanto, se a empresa investir em treinamento e, de forma mais consistente, em educação do pessoal, ela assume tarefas que não são necessariamente dela. São atribuições da sociedade como um todo ou, se preferirem, do Estado que deve prover um sistema de educação universal e gratuito. E, ao gastar tempo e dinheiro para capacitar sua força de trabalho, a empresa ainda corre o risco de perder quem ela qualifica. O que pretende afinal? Mais do que polir a própria imagem, mais do que fortalecer a coesão interna ou incrementar a lealdade dos funcionários, a empresa aprimora seu capital intelectual, aumenta a produtividade, alcança maior eficiência, reduz erros, diminui o volume de "retrabalho", agrega mais valor a seus ativos. Não lhes parece?

Nada tínhamos a opor.

– É um ato de realismo, não um gesto de filantropia! E o que ganham os funcionários com isso? Qualificação técnica, empregabilidade, incremento de sua auto-estima. Assim ganham todos: a empresa e os funcionários! E, o mais importante, ninguém perde nada! Aquela pequena parcela dos lucros que foi desviada para programas de capacitação beneficia ambas as partes. Os retornos são compensadores.

Ficou apreciando os efeitos que sua fala havia produzido em nós.

– Vou além e pergunto: será que mais gente se beneficia por extensão ou pelo efeito-demonstração? Dou-lhes uma resposta acachapante: sim, senhor, a sociedade como um todo ganha! Céus, por quê? Porque os benefícios se espraiam como os adubos fertilizam o solo! Querem ver? Uma população mais bem preparada provoca ganhos nos mais diversos setores de atividades. Alguém duvida que as pessoas alcancem melhor desempenho?

Procurei estabelecer um paralelo, dando um passo à frente no raciocínio:

– Quando uma empresa investe em pesquisa e desenvolvimento, em inovações de processo ou de produto, ela não só consolida, mas também amplia sua fatia de mercado, não é isso?

Sálvio ouviu a observação, mas preferiu não responder, franqueando a palavra para que outros a usassem. Letícia então fez inferências, valendo-se do pensamento desenvolvido pelo professor:

– Claro que é! Porque os clientes também tiram partido disso. Como? Ao adquirir produtos tecnologicamente mais avançados ou inovadores, produtos às vezes mais duráveis e mais baratos. Em suma, eles têm acesso a produtos melhores.

– Assim todo mundo ganha! – exclamou Luisa, fazendo questão de repetir a fórmula.

– E quando uma empresa decide adotar parques ou praças de um município, por exemplo, como fica? – averiguou Pedro.

André acorreu:

– Os munícipes ganham em qualidade de vida! E a empresa projeta uma imagem favorável junto à comunidade! Isso melhora suas relações com as autoridades, os fornecedores, os clientes, os próprios funcionários e as associações que atuam no município.

Decidi generalizar:

– Quer dizer que, se pegarmos qualquer público de interesse e fizermos um exercício com ele, veremos que há sempre ganhos conjuntos, é isso?

Selma deu o fecho:

– Sem dúvida. É assim que se constroem parcerias.

Esperou um pouco; nada dissemos; aí ela deu uma importante guinada na conversa:

– Agora, qual disciplina teórica fundamenta essa análise toda?

Eu tendia a pensar que fosse a Sociologia, mas a consultora me surpreendeu:

– A Ética! Todas essas polêmicas pertencem a seu campo de reflexão. Eis o pulo do gato! Questões como responsabilidade social corporativa, sustentabilidade empresarial, cidadania organizacional, capital de reputação, controles contra a corrupção dizem respeito à Ética aplicada aos negócios.

Aí parou de novo para dar maior ênfase:

– Vamos cercar o objeto de estudo da Ética, demarcar sua especificidade em relação às outras ciências. O que acham?

Antes que concordássemos, o marido interveio:

– A Ética trata de assuntos explosivos, funciona como um grande estuário cheio de arrecifes. Seus debates são absolutamente vitais na realidade cotidiana, no mundo político, no campo dos negócios. É cada vez mais impossível deixar de estudá-la nos dias de hoje.

Ficamos à espera, até que a esposa se manifestou:

– Que tal definir o termo? O senso comum faz um estrago danado nessa área ao confundir uma disciplina teórica com um adjetivo. Por exemplo, quando se diz por aí "conduta ética" ou "empresa ética", o que se quer dizer? Que o agente é íntegro, sério, correto, confiável, virtuoso, não é isso?

Todo mundo assentiu.

– Ética virou um valor cultural! – lamentou Selma. – Mas há outra confusão bastante comum: confunde-se Ética com moral, como se os termos fossem intercambiáveis.

Concordamos novamente, embora já mais inseguros.

– Afinal, o que é Ética? – insistiu o professor.

André arriscou:

– É uma disciplina filosófica.

Luisa discordou:

– Científica.

Sem pretender ser amável, assumi uma posição mediadora:

– Ambas as abordagens existem pelo que sei. A tradição filosófica já se encontra entre os gregos antigos há pelo menos dois mil e quinhentos anos.

Mas, desde o início do século passado com Max Weber, desenvolveu-se uma abordagem científica.

– Muito bem – disse a consultora. – Temos aí dois discursos com protocolos diferentes. A filosofia da moral tem por objeto de estudo os ideais morais, "o dever ser"; ela produz juízos de valor. A ciência da moral tem por objeto de estudo os fenômenos reais, "o que é"; ela produz juízos de realidade. Há, pois, um corte perfeito: de um lado, o pensamento especulativo da filosofia, um discurso sem provas; de outro lado, o pensamento demonstrativo da ciência, estribado em provas preferencialmente empíricas.

Ficamos pensativos.

– Vejam bem: a abordagem filosófica é normativa e prescritiva; a abordagem científica é descritiva e explicativa.

O professor fez nova preleção:

– A filosofia da moral tende a estabelecer princípios gerais e absolutos. Tais princípios deveriam embasar as práticas morais de todas as sociedades e épocas. Assim, a abordagem filosófica parte do pressuposto de que existem padrões ou virtudes essenciais e, em razão disso, almeja estabelecer um leque de princípios éticos universais. A ciência da moral, diferentemente, investiga os fenômenos morais, pretende explicar a variabilidade das situações reais em função da regularidade de suas ocorrências. Para tanto, constitui um corpo de conhecimentos éticos. Como vocês vêem, são discursos radicalmente diferentes.

Letícia se mexeu no assento como se estivesse incomodada. Sálvio se preocupou em lastrear a fala:

– De que maneira opera a ciência? Se observarmos regularidades nas mais diversas sociedades, a lógica das condutas morais torna-se apreensível. Dessa maneira, desenha-se um mapa do domínio ético constituído por conceitos significativos, fundamentados, articulados, aplicáveis à realidade. Com que intuito? Dar conta dessa realidade. Ao fim e ao cabo, dispomos de uma bússola para captar a ocorrência dos fenômenos morais.

Selma retomou a palavra:

– Vocês vão perguntar: existem ou não existem princípios ou valores universalmente aceitos, como pretende a filosofia da moral? A antropologia nos ajuda a constatar que não. São padrões culturais e, portanto, relativos no tempo e no espaço.

Estávamos na expectativa, razão pela qual a consultora continuou entusiasmada:

– A própria vida não é um valor universal! Basta ver os homens-bomba de hoje ou os camicases de ontem, para os quais a morte é e era o supremo anseio... Os xiitas de todos os matizes apregoam que morrer é o ápice para quem tem fé. Por isso é que, entre tantas outras coisas, Sálvio e eu consideramos a filosofia da moral um esforço meritório, porém vão. Preferimos a abordagem científica. Vista por esse prisma, a Ética é um corpo de conceitos que torna inteligíveis os efeitos das nossas ações sobre os outros. A Ética é perene, mas as morais que ela estuda pertencem ao tempo.

O professor sentiu-se na obrigação de reforçar as especificações:

– Os conceitos éticos são generalidades abstrato-formais, ferramentas que os cientistas investem na observação, descrição e explicação dos fenômenos morais concretos, históricos, reais. Conceitos tais como valores e normas morais; princípios e ideais; moralidade, amoralidade e imoralidade; racionalidade universalista e racionalidade particularista; altruísmo e egoísmo; bem comum e bem restrito; virtudes e vícios; senso do dever e senso crítico; códigos morais, assédio moral, sigilo profissional, confidencialidade, conflitos de interesse e assim por diante.

As distinções entre as duas abordagens estavam ficando claras e Selma aproveitou a deixa para retomar a iniciativa:

– Agora, em qual sentido o conceito de ética costuma ser utilizado? Por exemplo, quando se diz por aí a "ética" de minha empresa, "minha ética", a "ética da malandragem" ou a dos parlamentares, o que será que as pessoas querem descrever?

De chofre, Luisa acertou o alvo:

– Há substituição do conceito de moral pelo conceito de ética, não é isso?

– Como assim? – rebateu a consultora para forçar o entendimento.

– As pessoas estão se referindo ao conjunto de regras que disciplinam as condutas. Querem dizer então: a moral de minha empresa, a minha moral, a moral dos malandros, a moral dos parlamentares...

– Certo! – aprovou Selma. – E quando se diz: "falta de ética" ou "sujeito sem ética", isso quer dizer o quê?

De novo minha parceira compareceu:

– Aqui o conceito está no lugar de integridade, seriedade, virtude, responsabilidade, caráter, escrúpulo, decência ou algo que o valha.

Qualifiquei sociologicamente o assunto:

– O sentido equivale ao de valor cultural, de uma qualidade socialmente desejada, como Selma já havia dito há pouco. Ou seja, as pessoas querem dizer que falta vergonha na cara. Neste caso, a disciplina teórica é reduzida a um único valor cultural.

– Os dois acertaram em cheio! – exultou nossa anfitriã. – Vamos a mais uma: quando se fala de "altos padrões éticos", "cumprir deveres éticos", "alinhar-se com as regras éticas", o que se pretende dizer?

Pedro disse:

– Essa é tranqüila: aqui se confunde Ética com norma de conduta, com pauta de ação.

– E fala-se besteira, pelo que eu entendi! – devolveu André. – Afinal de contas, se partirmos do pressuposto que existem "*altos* padrões éticos", isso supõe logicamente a existência de "*baixos* padrões éticos", não é? É a síndrome dos altos padrões de *qualidade*!

Fitou-nos com ar debochado.

– Estou errado? São frases feitas, lugares-comuns, chavões. Tudo isso desemboca num palavreado vazio, não acham?

– Em resumo – concluiu Letícia –, temos uma salada semântica! O que vale então? Ética como disciplina que estuda a moralidade ou essas confusões todas?

A consultora encampou as manifestações:

– Que definição elegante, Letícia! Ética, como corpo de conhecimentos, significa que há um objeto de estudo. E qual é o objeto? Os fenômenos morais, quer dizer, a moralidade, os códigos morais, os padrões normativos morais e suas manifestações comportamentais.

Sorriu.

– No frigir dos ovos, os sentidos dados pelo senso comum são reducionistas. Acontece que não é fácil descartá-los. Sobretudo porque a origem dos termos confunde as coisas.

O professor a secundou:

– Ética vem do grego, *ethos*, e significa mentalidade, caráter moral, espírito. Por sua vez, moral vem do latim, *mos* – ou *mores* no plural – e remete a usos e costumes, maneiras de agir, atitudes morais. Ambos os sentidos tendem a se sobrepor.

Irrequieta como ela só, Luisa interrogou:

– A flutuação deriva disso?

– A flutuação semântica? – completou Selma. – Não só. Há outras razões. Mas uma coisa é certa: o termo "moral" foi desmoralizado!

Ficamos surpresos.

– É isso mesmo, desmoralizado! A começar por um motivo que mais parece uma anedota, coisa de folclore: durante o regime militar brasileiro (exatamente em 1969) foi introduzida uma disciplina chamada "Educação Moral e Cívica". Pelos comentários que ouvi, seu ensino era edificante e tedioso.

Trocamos uns olhares de estranhamento: o evento ocorreu antes de todos nós nascermos.

– Há muitas outras razões pelas quais se prefere utilizar "ética" em vez de "moral". A segunda delas é bem mais séria. Os países latinos cultivam um moralismo hipócrita, um falso moralismo, um jogo de faz-de-conta. Trocando em miúdos, são ditas coisas em público e feitas outras bem diferentes em ambientes reservados.

Sálvio comentou com ironia:

– Nas rodas em que pessoas íntimas se reúnem, o que acontece? Rolam soltos comentários escabrosos, trocam-se ações entre amigos, quebram-se "galhos", inventam-se tramóias. Tudo na maior informalidade... Assim, o que é dito em pequeno comitê e o que é feito às escondidas têm pouco a ver com o que se fala à luz do dia.

– "Faça o que eu digo, mas não faça o que eu faço!" – ilustrou André.

– Esta é uma das máximas mais triviais, sim! São exortações feitas de "boca para fora". Ineptas. Pois o que vale mesmo é o exemplo que se dá...

Pedro, que estava pensativo, ponderou:

– Mas a hipocrisia não é universal?

O professor hesitou e depois olhou para a esposa dele:

– Eu não me arriscaria a tanto.

Pedro insistiu, reduzindo significativamente a abrangência do fenômeno:

– Quem sabe seja um traço de caráter das sociedades com economias monetárias...

A consultora, depois de refletir um pouco, observou:

– Não a hipocrisia como é entendida hoje, com aquela carga de falsidade. Porém a astúcia parece universal. Alguns psicólogos evolucionistas afirmam que a arte do fingimento e da artimanha marca nossos relacionamentos, faz parte de nossa humanidade. Algo semelhante à camuflagem que os seres vivos usam para enganar os predadores que querem devorá-los. Vou recorrer a um exemplo banal: as crianças são ensinadas a não mentir, mas também, e invariavelmente, aprendem a mentir de uma maneira socialmente aceitável.

– Chamamos isso de polidez – definiu com ironia o marido –, uma dissimulação instrumental para a boa convivência social.

Selma se esforçou em ilustrar seu enunciado:

– Nos tempos que correm, por exemplo, a dissimulação é visível nos sorrisos falsos, tão apropriados para evitar ser socialmente inconveniente, não é mesmo? Ou nas omissões piedosas: não se diz a um doente que ele tem mau hálito. Nos elogios corteses: não são invariavelmente louvadas as habilidades culinárias das donas de casa que nos convidam? Nos cumprimentos efusivos: saudamos por cautela as pessoas temidas ou aquelas que gostaríamos de ver longe. Na humildade estudada: simulamos a modéstia com segundas intenções. E, certamente, as mulheres fingem orgasmos para não espantar a fogosidade dos machos...

– Essas mulheres! – deixou escapar André, caindo num riso despregado.

Foi difícil não acompanhá-lo. A anfitriã sorriu para todos nós – afinal, partiu dela o comentário jocoso – e concluiu o raciocínio:

– A astúcia tem sentido, sim. Deriva da necessidade de administrar a complexidade dos relacionamentos sociais... A vida em sociedade parece um xadrez social. Não dispomos ainda de dados empíricos suficientes para uma ampla generalização. Será que todas as sociedades humanas fazem do logro e do despiste uma estratégia de sobrevivência? Acho possível. Mas deixemos as pesquisas avançarem. Posso afiançar, no entanto, que a duplicidade moral dos países latinos não é universal.

Sálvio se manifestou:

– Do Sul da Europa – França, Itália, Espanha, Portugal – até a América Latina, patinamos todos na ambivalência moral. É um assunto que importa muito aos brasileiros.

Esperou que percebêssemos o alcance de sua fala.

– Coexistem entre nós, latinos, dois códigos: um oficial e outro oficioso, um público e outro clandestino. E ambos se contradizem. Em contrapartida, os países anglo-saxônicos ou, mais especificamente, os Estados Unidos, não abrigam dois códigos macrossociais, mas apenas um – a moral puritana. Eles não cultivam como nós uma segunda moral, velada, um repertório que embasa padrões amplamente disseminados.

A observação nos surpreendeu.

– Por favor – recomendou Selma com veemência –, não deduzam que nos países anglo-saxônicos não haja transgressões morais! Todos os povos cometem deslizes morais, dos anglo-saxões aos escandinavos, dos eslavos aos germânicos, dos asiáticos aos africanos! A particularidade latina é que nós desfrutamos de um "colchão emocional", do ombro amigo das pessoas mais chegadas. O que isso significa? Que gozamos de apoios em surdina, orientações cúmplices, acobertamentos e – por que não dizê-lo? – incentivos para fazer mais e pior! Sublinho: nós somos amparados com grande boa vontade. E por quê? Porque partilhamos aquele segundo código que se disfarça como num baile de máscaras. Isso nos distingue.

Diante de nossa curiosidade, o marido atalhou:

– Veremos adiante as razões históricas dessa ambigüidade latina.

Mais uma vez, o casal adiava explicações e não escondia o fato de que as discussões obedeciam a um plano. Sálvio prosseguiu logo:

– Outra razão da desmoralização do conceito de moral é que os padrões morais são múltiplos e variam no tempo. Afinal, são padrões culturais! Terrível relativismo. De modo que se referir à moral nem sempre significa coisa boa!

A consultora fez questão de exemplificar:

– Veja a dinâmica da exposição pública do corpo humano, tolerada hoje, antes condenada. Ou a existência de filhos fora do casamento, antes rotulados como bastardos e hoje não mais discriminados. Ou o hábito de fumar, que deixou de ser glamoroso. Ou ainda os corretivos dados às crianças, antes usuais, agora coibidos. Isso para não falar do trabalho das mulheres fora de casa, da quebra do tabu da virgindade, das separações entre casais, antes estigmatizadas e hoje aceitas de tão corriqueiras.

– Diante desse relativismo moral – argumentou Sálvio –, as pessoas ficam desconcertadas. Porque, dependendo do ponto de vista, existem morais com valores positivos e morais com valores negativos. De maneira que a fluidez perturba!

– Sim, as pessoas gostam do absoluto – criticou Selma –, da fixidez dos dogmas. Convivem mal com o dinamismo dos juízos morais. Daí a censura à palavra "moral". Parece que todo mundo quer se livrar dela!

O professor arrematou:

– Esses fatores todos tornaram o termo "moral" simplesmente rebarbativo! Daí o uso da expressão "ética", que ainda se mantém incólume de contaminação...

Nossa anfitriã então disse:

– Há, aliás, uma pergunta crucial a fazer...

O marido a cortou com delicadeza, juntando as duas mãos à maneira indiana:

– Espera aí, meu bem. Não dá para postergar o tópico? A moçada deve estar cansada...

Ficamos imóveis, sem saber ao certo o que dizer ou como nos comportar. Simplesmente aguardamos, enquanto a esposa nada dizia. Sálvio foi então assertivo:

– Vamos assistir às notícias na televisão ou ver um documentário, o que acham?

As duas moças fizeram uma cara indiferente.

– Afinal, o que temos para jantar? – continuou o professor.

– Ouvi dizer que estamos em regime de engorda – replicou Selma, fingindo se queixar.

– Não foi reclamação, não! – defendeu-se prontamente Letícia. – Ao contrário: está tudo delicioso demais!

A anfitriã sorriu:

– Vamos então aliviar a pressão. Que tal um encontro à luz de velas, só para petiscar? Ao som de Bach, Mozart, Vivaldi e Albinoni?

– Regado a vinho? – brincou Sálvio.

– Com queijos e cesta de pães! – rematou a esposa.

Na seqüência, nós nos levantamos e nos acomodamos no home theater. Navegamos pela CNN e assistimos a dois jornais televisionados. Demos risadas e trocamos idéias sobre a política nacional. Confesso que eu me senti em meu habitat, plenamente integrado.

Tive então um insight quanto à valia dos pequenos momentos de felicidade. Dei-me conta, como se fosse uma revelação, que são estados de bem-estar subjetivo, microtempos feitos de equilíbrio e de serenidade. Situações bem diversas das comemorações rituais que requerem confraternizações festivas – formaturas, casamentos, batizados, aniversários, promoções no emprego, ceias de Natal. Pensei: é possível ser feliz sem arrebatamentos e grandes efusões. Não é preciso desfraldar bandeiras ao vento, promover pirotecnias, espocar garrafas de champanhe, reunir amigos e famílias, sequer trocar beijos e abraços calorosos. Nada disso é indispensável.

A felicidade parece uma tapeçaria feita de fios singelos, renda delicada como a intimidade antes do amor ou a descontração de um papo amigo, a descompressão após um trabalho exigente ou o reconhecimento por algo bem feito, a quietude reconfortante de uma sesta ou a fruição de uma música inspirada, o saborear de uma iguaria ou de um chope bem tirado, o passeio de mãos dadas com a namorada ou a contemplação do sol poente, a malemolência do corpo numa rede...

Momentos inocentes, certamente, mas mágicos o bastante para que seu desfrute valha a pena. Decidi então celebrar a plenitude de um desses parênteses de felicidade.

III

5 O objeto

Que ninguém jamais se aproxime de você sem se retirar melhor e mais feliz.

Madre Teresa de Calcutá

Quando fomos chamados para jantar, a surpresa do chá da tarde empalideceu. A sala de estar estava iluminada com grossas velas, muitas dispostas sobre os móveis, algumas cuidadosamente distribuídas no chão, outras espalhadas no jardim. Na lareira crepitavam três toras de madeira perfumada. No som ambiente, o *andante* do Concerto em D menor de Alessandro Marcello. Tudo recendia a incenso, como se o lamento do oboé oficiasse uma missa profana. Comovido, saudei em segredo esses requintes auditivos, olfativos e visuais.

Na mesa de centro, larga e baixa, duas imensas tábuas de queijos. Os acepipes estavam desembalados e com cascas, cada um deles identificado por uma bandeirinha que anunciava seu tipo: Camembert, Brie, Chamois Bleu, Gouda, Itálico, Estepe, Gruyère e, por fim, Emmentale. A variedade de pães foi um pouco mais modesta: havia baguetes francesas, pão de fôrma integral, pão preto, pão sueco, ciabatta, além de pequenas torradas quadradas. Uma bandeja, disposta num canto da mesa, trazia legumes crus e cortados em palito, como salsão, aipo, cenoura, pimentão e erva-doce. Garrafas de Cabernet Sauvignon, Merlot e Chardonay estavam prontas para serem abertas. Como sobremesa, uma colorida salada de frutas com sorvete de creme nos aguardava.

Esse banquete, nos dizeres da anfitriã, prometia ser um lanche leve! Só podíamos ficar admirados com a faceta de gourmet do casal. Mais uma vez, a degustação nos introduziu nos finos prazeres da mesa. Um animado bate-papo começou com a pergunta que havia ficado no ar e que a consultora formulou:

– É costume no Brasil confundir atos amorais com atos imorais, o que vocês acham?

– Que estranho! – exclamou Luisa.

– O quê? Que o fato aconteça?

– Não, a confusão. O prefixo "a" não diz respeito à privação de algo? Como em apartidário, atemporal, ágrafo, apolítico, afônico, anônimo, atípico...

– Concordo com você, Luisa! Por isso é que, a rigor, amoral significa moralmente neutro, um fato social que não tenha qualificação moral, que seja estranho à moral. Portanto, um fato nem moral nem imoral.

Imaginei num relance como caracterizar essa nossa refeição. Pelo critério enunciado, ela seria amoral. Todavia, ponderei: e se levarmos em conta a fome que grassa nesses mundos afora, como ficaria? Pieguice, dirão: avaliar tudo à luz das misérias humanas seria "moralizar" todos os acontecimentos de forma absolutamente imprópria; nada que ocorresse deixaria de ter implicação moral. Em razão disso, procurei manter a objetividade:

– A ciência se pretende neutra; os fatos da natureza são neutros; muitos fatos sociais são moralmente neutros. É isso mesmo?

– São amorais, sim, nesse preciso sentido.

Logo depois, a consultora concluiu:

– Em contraposição, imoral é ser contrário à moral.

Parou para lamentar:

– Acontece que o senso comum opera em outra direção.

Pedro reforçou esta impressão com um fato:

– As legendas de inúmeros filmes americanos traduzem a palavra amoral em inglês por imoral em português! Por que será?

– Não vai querer – se divertiu André – que esses "lingüistas" saibam as diferenças, vai?

Depois arriscou:

– Talvez haja outra acepção? Basta entender a amoralidade como um estado em que os agentes estejam destituídos de senso moral e o mal-entendido corre solto. Daí à negação da moral é um passo só!

Selma aprovou o argumento:

– André tem razão, essa acepção existe e acaba se confundindo com imoralidade. É pena desperdiçar um conceito sem ganho algum, sem que a comunicação melhore, não é? Para nosso uso, vamos adotar o caráter neutro da amoralidade. Assim, na esteira do Leo, eu diria que, do ponto de vista analítico, parte considerável dos fatos sociais é neutra, isto é, eles se processam à margem das normas morais. E por quê? Porque não envolvem questões relacionadas ao bem ou ao mal. O passeio que vocês acabaram de dar, por exemplo, é moralmente neutro, assim como o são os papos entre amigos ou as compras num supermercado.

– O banho de piscina, o almoço, nossa vinda a Itu também o são – raciocinou Luisa. – Houve intercâmbios sociais, interações entre pessoas, mas sem implicações morais. É isso mesmo?

– Apanhou bem os exemplos, Luisa. Não são especificamente eventos morais. Mas cuidado, vou me repetir: para tornar a realidade apreensível, a ciência segmenta e simplifica os eventos observados. Aliás, André já nos alertou a respeito! Os fatos reais são mais ricos que os recortes que fazemos como se fossem dissecações de laboratório.

O professor desdobrou a idéia:

– Todo evento é intricado, tem múltiplas determinações. O pensamento categoriza os fatos para torná-los compreensíveis, comparáveis.

– Isso significa – retomou a esposa – que os eventos podem eventualmente se revestir de caráter moral: depende de sua dinâmica. Nenhum fato social é exclusivamente e para todo o sempre neutro.

Luisa exigia pelo olhar maior explicação.

– Vou fazer um rodeio e distinguir etiqueta e moralidade. Mas não se preocupem, chegarei logo ao ponto. Qual é a diferença entre bons modos e normas morais?

Hesitamos. Afirmou:

– As regras de etiqueta não são regras morais. O que as diferencia? Por exemplo, quando você fala com um cliente ao telefone, você se obriga a agir com certa formalidade, observa limites, toma cuidados. De que forma? Na linguagem utilizada, no tom ou na postura adotada. Isso é etiqueta. Você diz: "Bom dia!", "Como vai o senhor?", "Foi um prazer ouvi-lo", "Até logo" e outros que tais. O telefonema é moralmente neutro.

– Todo relacionamento pressupõe obediência às convenções – argumentou André –, boa educação, contenção dos modos, é isso?

Ficou evidente que André ironizava os constrangimentos que seu comportamento pouco convencional lhe causava.

– Agora, imagine a seguinte situação – especulou Selma. – Enquanto você está falando com seu cliente, surge uma linha cruzada. Nesse momento, como qualificar a conversa?

Num relâmpago, Pedro se antecipou:

– Entra a questão da privacidade!

– Quer dizer o quê?

– A intimidade dos outros exige respeito. Em termos práticos, é preciso pedir aos intrusos que desliguem. É a conduta desejável, não é?

– Ou que todos desliguem – corrigiu a consultora. – Certo, Pedro?

O colega concordou, piscando repetidas vezes.

– Isso significa que estamos diante do quê?

Luisa inferiu:

– De um fenômeno moral!

– Mas suponha que seu cliente perceba o que aconteceu e fique quieto. Por sua vez, você ouve e também se cala. No ato, ambos prestam atenção à conversa dos outros dois... Vale dizer: vocês passam a bisbilhotar a vida alheia! O que temos agora?

– Uma atitude imoral! – se apressou a responder Pedro.

– E por quê?

– Houve invasão de privacidade: ouvir a conversa dos outros às escondidas é imoral!

Selma sorriu de orelha a orelha.

– Felicitações! Então estamos entendidos: boas maneiras não são regras morais. Ou seja, tratar os outros de acordo com convenções estabelecidas não significa obrigatoriamente adotar condutas que gerem o bem ou o mal. De forma oposta, afetar os outros, beneficiando-os ou prejudicando-os, nos remete a fenômenos morais.

Estimulado, o grandalhão quis se certificar de que tinha captado a mensagem e apresentou uma situação que lhe ocorria:

– Numa reunião mantida na sede de uma associação de empresários, as formalidades de praxe e o protocolo são observados. Em certa altura da conversa, um dos participantes lança a idéia de formar um cartel...

Luisa precipitou-se para concluir:

– Fenômeno moral! Vão atentar contra a livre concorrência!

– Claro que vão! – concordou o colega. – Clientes e concorrentes vão pular miudinho!

– É transgressão moral – ecoou a outra.

A consultora sinalizou que concordava e decidiu clarificar as idéias:

– O que conseguimos até aí? Alguns fatos sociais podem se revestir de caráter moral, tudo bem. Mas quando isso ocorre? Quando afetam os outros para o bem ou para o mal. Eis a chave. Caso contrário, o fato é moralmente neutro.

Sálvio interveio:

– Peço atenção para alertar que, ao falar de fenômeno moral, faz-se uma caracterização genérica, aponta-se para uma generalidade abstrata. Em outras palavras, um evento moral não é necessariamente "moral" no sentido de que tem apoio na moral pública, está claro?

Ficou nos olhando.

– Dependendo de seu conteúdo concreto, um evento moral pode ser considerado "imoral" pelo código dominante, como no caso da quebra da privacidade que acabamos de discutir. Então, existem fenômenos morais "imorais" e fenômenos morais "morais". Isso depende da relação com a moral vigente.

O cuidado apontado era valioso porque, à primeira vista, a definição poderia parecer confusa. Eu fiz um paralelo:

– Isso também se aplica aos fatos sociais. Depois de analisados concretamente, eles podem revelar um eventual caráter anti-social. Por exemplo, infernizar os vizinhos com barulhos insuportáveis, pichar monumentos ou urinar nas calçadas. Embora negativos, eles são "fatos sociais" do ponto de vista sociológico, estou certo?

O professor endossou minha fala fingindo me aplaudir. Acrescentei:

– A mesma coisa vale para as sanções: há sanções positivas (as recompensas) e há sanções negativas (as punições). Não importa o sinal que se apõe, uma sanção é sempre uma sanção.

– Você captou bem o sentido, Leo – abonou Selma. – Agora vamos checar. Em março de 2005, uma capa de revista estampou Chico Buarque de Holanda beijando uma mulher na praia do Leblon em plena luz do dia.

Letícia deu sinais de que lembrava perfeitamente o fato. A anfitriã quis conferir:

– Seria o caso de dizer que houve uma perseguição de papparrazzi a uma celebridade?

– Que raio de beijo é este – estranhou André – que fica na capa e não em página interna?

– Justamente, André, justamente! – insistiu a consultora. – Que raio de situação é essa?

Letícia não agüentou:

– É porque se trata de um fenômeno moral, não de um fato social neutro.

Fitou-nos.

– E sabem por quê?

Luisa também lembrou:

– Porque a mulher era casada!

Letícia então afinou a voz de forma picante:

– Com outro, não com Chico!

André, Pedro e eu caímos numa gargalhada deplorável; a consultora não perdoou:

– Vamos ter modos, rapazes! A mulher tem dois filhos e já andou apaixonada pelo Chico.

Não conseguíamos parar de rir. Percebemos também que Selma nos recriminou por puro desencargo de consciência, pois o próprio professor mal segurava a barriga de tanto dar risada! A esposa franziu a testa:

– Vocês estão rindo de quê?

Eu emendei:

– Melhor seria se fosse "de quem"?

– Do marido, é isso? Por ter sido traído?

– Um corno na boca do mundo! – soltou André.

– Não há nada pior que macho presunçoso! – recriminou a consultora. – Quantos homens podem afirmar, em sã consciência, que estão a salvo de semelhante destino?

Ficamos subitamente sérios: o tom estava carregado de ameaças feministas.

– Vamos analisar a situação. É sem dúvida um fenômeno moral. Porque afetou negativamente o marido, os dois filhos, ela mesma e o próprio Chico Buarque. Mas é imoral do ponto de vista da moral pública brasileira.

– Não tenho certeza quanto a isso! – contestou André. – O pessoal deve ter pensado que é coisa de garanhão!

– Alguns broncos talvez! Mas isso não condiz com a imagem de bom moço que Chico passa. Nem com o fato de que foi um ato de infidelidade explícita. A infidelidade tem aprovação pública? O beijo criou embaraços para essas pessoas ou não?

Ninguém retrucou.

– Aliás, aproveitando a deixa, qual é a reação esperada de um marido brasileiro? Digam! Afinal, pelo jeito de vocês, imagino que a exposição na mídia tenha sido humilhante para ele.

Selma não estava gracejando, falava de forma incisiva. Pedro se sentiu na obrigação de responder:

– Claro que foi! O homem deve ter ficado uma fera. Isso dá separação, desquite...

André não resistiu e escandiu as palavras:

– Tudo bem! Mas de graça, não! Pensando bem, uns sopapos vêm a calhar bem!

– Bater em quem, hem machão? – revoltou-se Letícia.

André ficou desconcertado:

– Ora, bater nela... No Chico... Nos dois!

Achamos divertida a sugestão. O professor então narrou:

– Ao saber do caso, um aluno meu, gerente de uma multinacional, não teve dúvida: disse apenas "peixeira!". Eu o fitei e fiquei estatelado ante o olho duro dele: com certeza o homem mataria os dois! Perguntei no ato: "você é de onde?". Ele me respondeu em alto e bom som: "Paraíba!". Para ele, como em outros tempos, a honra não tinha preço...

Achamos graça.

– Eu li uma entrevista do marido daquela fã do Chico – contou Letícia. – Ele disse com todas as letras que não foi traição, não; foi coisa de momento, um impulso que a mulher não conseguiu controlar... E, no meio da fala, soltou uma pérola: falou que o perdão morava em seu coração!

– Isso que é amor! – caçoou André.

Letícia não lhe deu ouvidos:

– Mas também convidou Chico a procurar alguém da idade dele... numa clínica geriátrica!

A consultora aproveitou o exemplo para chamar nossa atenção sobre o relativismo cultural:

– Em pleno século 21, hem! Vejam quantos Brasis! Pensem na variedade e na dinâmica dos padrões morais. Comparem a década de sessenta e os dias de hoje em relação ao adultério, à submissão das mulheres aos homens, à homossexualidade, às uniões estáveis fora do casamento, ao aborto... Um abismo separa as duas mentalidades, não é?

Sálvio encarou a esposa:

– Seria interessante apresentar mais situações em que ocorrem fenômenos morais, não acha?

– Vá em frente, claro!

O professor especificou:

– Imaginem que um pai vá comprar um brinquedo para a filha. A compra em si mesma é um fato social, só que moralmente neutro. Mas se comprasse um brinquedo educativo, a coisa permaneceria neutra?

Ficamos na expectativa, embora soubéssemos que a ação merecia elogios.

– Claro que não! O ato se reveste de caráter moral, porque demonstra preocupação com o desenvolvimento mental e social da criança.

Selma deu seu toque analítico:

– É uma conduta moralmente aceitável. Ela se enquadra nas expectativas do Brasil urbano de hoje ou da sociedade ocidental contemporânea.

– O fato é sem dúvida positivo – chancelou o marido. – Em sentido contrário, imaginem agora que o pai desleixado ou apressado comprasse um brinquedo perigoso, sem selo de garantia. Sua conduta seria reprovável, moralmente errada, não é verdade? Claro, o fato é negativo. Por quê? Porque não leva em conta o mal que o brinquedo poderia causar à filha. Estão me seguindo?

Esperou um instante e depois disparou:

– Então, quando é que um fato social se torna um fenômeno moral?

Respondemos uníssonos, em tom de brincadeira:

– Quando afeta os outros para o bem ou para o mal!

Aí Letícia fez uma pergunta que há tempo a incomodava:

– Estamos falando da moral dominante, da moral pública, é isso?

– Sim, claro. Por que a pergunta?

Ela se explicou:

– Sonegar impostos, por exemplo, é oficialmente errado, mas a percepção geral é outra.

O professor ficou contente com a intervenção da nossa colega:

– Boa! Por isso mesmo devemos distinguir a moral oficial da moral oficiosa que se pratica às ocultas. Porque, do ponto de vista da moral do oportunismo (nossa segunda moral), a sonegação é aceitável, ela é justificada. Só que as justificações são dadas à boca pequena.

E a moça:

– Assim, os exemplos que vimos têm a ver com a moral...

– Da integridade, que é a nossa moral pública.

Letícia então procurou aplicar os conceitos:

– Se um gerente de banco esmiuçar para um cliente todos os encargos e os riscos de um empréstimo, o ato será um fenômeno moral de caráter positivo, não é? Um ato moralmente certo, elogiado pela moral da integridade, estamos de acordo?

Sálvio piscou afirmativamente. Luisa então se juntou à colega e fez o contraponto:

– Mas se o gerente não agir da forma que você descreveu e, ao contrário, vier a sonegar informações importantes para a transação, o ato seria moralmente errado, reprovável. Óbvio, não? É o que acontece também numa venda casada, quando o cliente se vê praticamente coagido a comprar um produto bancário para obter um empréstimo.

O professor sorria com os olhos; a consultora exultava. Eu decidi mudar o registro dos casos:

– É como numa relação amorosa: se você descobrir e respeitar os desejos de sua parceira, o fato é moralmente certo, positivo; se você forçar a barra ou descambar para o assédio sexual...

– Com a parceira dos outros, não é? – emendou André.

Fiquei um pouco incomodado com a interrupção.

– Com a parceira dos outros ou com a sua, não importa! É moralmente errado ou reprovável; portanto, negativo.

– Sem dúvida – confirmou Sálvio.

E depois de um tempo:

– Vejo que vocês já diferenciam bem os fenômenos morais e os fatos sociais moralmente neutros.

Letícia parecia ainda em dúvida:

– Na relação amorosa...

– Encalacrou? – soltou André.

– Não enche, André! – reagiu com impaciência. – Fico pensando: quando será que a relação amorosa é moralmente neutra?

Ante nosso silêncio, Selma destrinçou:

– Quando ela não envolver questões morais; quando não afetar os outros para o bem ou para o mal – não vou me cansar de repeti-lo. No Brasil de hoje, sobretudo no Sudeste, quando você respeita os desejos de sua parceira, você recebe apoio e aplauso. Seu comportamento é tido como moralmente positivo. Caso contrário, a relação é neutra, burocrática, com a mulher cumprindo passivamente suas obrigações matrimoniais...

As duas moças inclinaram as cabeças e cochicharam, como se tivessem desvendado algum mistério. André ficou fazendo careta. Fiquei com receio que ele mencionasse os orgasmos simulados. Nesse momento, Pedro lançou no ar mais um exemplo:

– Guiar com redobrada prudência em estrada perigosa é moralmente aceitável, correto; guiar bêbado é reprovável, errado, vocês concordam?

Meneamos a cabeça sem nada dizer, sinalizando que já havíamos ouvido o bastante. Eu me manifestei:

– Professor, eu queria esclarecer uma dúvida, posso?

– Mas é claro.

– Quer dizer que a Ética como ciência da moral torna inteligíveis os fenômenos morais, os fatos sociais que estão sujeitos a normas ou a avaliações morais, é isso?

– Exatamente.

– Os fenômenos morais são relativos no tempo e no espaço, porque são padrões culturais e seu âmbito é histórico, correto?

– Sim, vai em frente.

– A Ética como corpo de conhecimentos, todavia, não é relativa. Como toda ciência, seus conceitos são gerais e abstratos, quer dizer, seu âmbito é universal. Continuo no caminho certo?

– Continua.

– Corolário: salta aos olhos que é bobagem misturar moral e Ética!

– Não há dúvida. A moral diz respeito a códigos ou sistemas de normas morais que também são fenômenos morais, objetos de estudo singulares e reais. Não podemos baralhar os fenômenos a serem estudados com os conceitos que são aplicados para gerar seu conhecimento.

Selma atalhou:

– Identificar sem mais nem menos Ética e moral presta um desserviço. Nada esclarece, só confunde.

André quis intervir para consolidar o terreno, mas, inesperadamente, Sálvio colocou o indicador sobre a boca, pedindo silêncio. Chamou nossa atenção para a música que os alto-falantes transmitiam. Era o adágio de Tomaso Albinoni.

Escutei o ar vibrar com os acordes do órgão e das cordas, e senti um arrepio. Aos poucos um sentimento forte cresceu em mim e minha garganta se estreitou. Durante os longos minutos que se passaram, notei também a crescente emoção do professor. Vi seus olhos claros ficarem enevoados e, logo depois, úmidos. Mais tarde, já na empresa, alguém me confidenciou que Sálvio perdeu uma filha de seis anos, atropelada defronte à própria casa. Seu primeiro casamento desmoronou após o acidente. Nunca mais teve filhos. Adotou os dois meninos de Selma, uma colega que ficara viúva ainda jovem.

No final da música, a esposa nos informou a meia-voz:

– Há anos que Sálvio vem me dizendo que gostaria que o adágio fosse tocado em seu funeral. E qual não foi nossa surpresa quando soubemos que, na homenagem aos mortos do atentado terrorista ocorrido em Madri em março de 2004, isso aconteceu!

Uma pontada de angústia me apertou o peito. Pude medir num relance o quão insuportáveis são certas dores e o quão incerta é a nossa vida. Ficamos um momento apreciando o vinho e olhando para as brasas da lareira. Até que o professor retomou seu habitual ar pragmático e saiu de seu mutismo:

– Desculpe, André, pela interrupção. Você ia dizer o quê?

O colega ficou um instante inseguro, mas rapidamente se recompôs:

– Se nós estabelecermos o binômio formado pela Ética como campo de reflexão sistemática e os fenômenos morais como objetos de estudo observáveis, deveríamos poder fazer o mesmo com as outras ciências, não é isso?

Todos nós concordamos.

– Então o mesmo vale para o Direito com as leis, a Medicina com as doenças, a Administração com as atividades de gestão.

Pedro decidiu fazer-lhe companhia:

– A Engenharia da Produção com os métodos e procedimentos, a Engenharia Civil com as edificações.

– A Biologia com os seres vivos – repercutiu Luisa.

– A Astronomia com os corpos celestes – ricocheteou Letícia.

Entrei na dança:

– A Sociologia com as relações sociais.

Selma finalizou:

– A Psicologia com os comportamentos individuais ou o aparelho psíquico e assim por diante, sim. Mas tudo isso é mais do que evidente, não é mesmo?

– O que abunda não prejudica – brincou André.

Novamente de posse de sua racionalidade de intelectual, o professor interveio:

– À primeira vista, as distinções feitas podem parecer de somenos importância. Se pensarmos um instante, no entanto, veremos que elas servem para limpar o terreno e conferir clareza vocabular. São úteis para afastar eventuais mal-entendidos.

Tomou seu tempo e depois disse:

– Resta um esclarecimento a fazer. Muita gente alega que para mudar os padrões morais é preciso, antes de tudo, mudar a mentalidade dos indivíduos. O processo iria se irradiar, assim, dos indivíduos para as organizações e destas para a sociedade. O que vocês acham disso?

Todos os olhares convergiram para Selma, a nossa psicóloga de plantão.

– Não me olhem desse jeito! – protestou a consultora. – Meu lado antropológico me aconselha a pensar exatamente o contrário!

Eu também reagi inconformado:

– A moralidade, como os demais fenômenos simbólicos, tem caráter social. Onde já se viu a moral individual absolutamente descolada da moral coletiva? A não ser que se trate de um delinqüente! Os agentes individuais vivenciam pessoalmente os padrões morais de seu meio e, quando muito, manobram dentro desses trilhos! Às vezes conferem um toque singular a esses padrões, um colorido especial, mas não deixam de partilhá-los. Ninguém nasce e sobrevive sozinho numa ilha deserta!

Sálvio me censurou de forma quase paternal:

– Leo, espere! A questão que levantei diz respeito ao processo de mudança... Você acha que tudo começa onde?

– Nas práticas comuns! – afirmei categoricamente. – Para que as coisas aconteçam é preciso estabelecer rotinas e monitorá-las. Aliás, lembro-me de uma situação que mostra bem como os indivíduos vivem à mercê da organização em que trabalham. Em Assunção, capital do Paraguai, um incêndio destruiu o principal supermercado da cidade. Foi em 2004 se não me engano. Houve 364 mortos e mais de setecentos feridos. Razão da tragédia?

Todo mundo ficou à espera. Insisti:

– Era evitável, sabiam?

André balançou a cabeça de forma afirmativa, porém nada disse. Concluí:

– Porque os seguranças trancaram as portas! Obedeceram a ordens superiores!

André exclamou na hora:

– Ordens que deveriam ter sido desobedecidas se os seguranças tivessem o mínimo de bom senso!

– Ou se tivessem sido instruídos em termos éticos – acrescentou a anfitriã, de forma peremptória. – A propósito, deu para saber por que as ordens foram dadas?

Respondi:

– A direção do supermercado receava que os clientes saíssem sem pagar!

– De fato, não pagaram! – zombou André de jeito macabro.

Meu exemplo animou o professor a enriquecer o debate com um experimento notável:

– Nessa mesma linha, é interessante citar a famosa experiência do psicólogo social norte-americano Stanley Milgram. Ela foi realizada no início dos anos sessenta. Alguém se recorda dela?

Ninguém de nós sabia do que se tratava.

– Milgram estava preocupado com o argumento utilizado nos processos de Nuremberg pelos advogados de defesa dos dignitários nazistas. Vocês lembram, não? Entre 1945 e 1949, a cúpula alemã foi levada para o banco dos réus.

Estávamos a par dos processos.

– O mesmo argumento foi repetido por Adolf Eichmann em seu julgamento em Israel.

– Em 1961 – especificou a esposa.

Eu interrompi:

– Me desculpe, mas Eichmann não foi o responsável pela logística do Holocausto?

– É o próprio – confirmou Selma. – Era um alto oficial da SS. Organizou a identificação e o transporte dos milhões que foram exterminados nos campos de concentração. Não à toa ficou conhecido como o "executor chefe" do Reich.

– Eu dizia – prosseguiu o marido – que a linha de argumentação utilizada pelos chefes nazistas (como, aliás, por dezenas de milhares de seus cúmplices) é que eles seguiram ordens superiores. De quem? Do Führer. Cumpriram, por exemplo, o decreto da "solução final para a questão judaica", que eliminou 5,7 milhões de judeus. Alegaram respeito estrito a seu dever de obedecer.

Tínhamos bons conhecimentos de Segunda Guerra Mundial e seguíamos o relato com grande atenção.

– Pois bem. Stanley Milgram queria estudar a relação entre obediência e autoridade. Montou um experimento e convocou alguns voluntários por meio de anúncios em jornais. Ofereceu quatro dólares e cinqüenta por hora de trabalho. Disse aos candidatos que eles participariam de uma pesquisa psicológica a respeito dos efeitos da punição sobre a aprendizagem e a memória.

Sálvio olhou em direção à esposa e ela fez o revezamento de forma quase automática.

– O voluntário seria o "instrutor" e ministraria um choque elétrico ao "aluno" toda vez que este não associasse a palavra correta a um dos cinqüenta pares que o "instrutor" leria em voz alta. A idéia consistia em verificar a capacidade do "aluno" de decorar esses pares. Ocorre que o sujeito do experimento, o "aluno", ficava atado a uma falsa cadeira elétrica... Era um ator capaz de simular as reações a choques elétricos. De resto, o "instrutor" nada sabia a respeito dos verdadeiros propósitos da experiência.

Nossa atenção estava toda concentrada em Selma.

– Os choques começavam com quinze volts e, a cada erro, o incremento era de quinze volts. A escalada fechava em quatrocentos e cinqüenta volts. Aliás, o rótulo pregado neste último botão era XXX, ou seja, a morte! De fato, os choques obedeciam a uma gradação e os rótulos assinalavam o nível das descargas: ligeiro, médio, violento, extremamente violento, muito perigoso e XXX.

Abrimos grandes olhos de interesse. O professor retomou a palavra:

– Foi dito aos "instrutores" que se insurgiram – aqueles que ficaram incomodados com o sofrimento infligido aos "alunos" – que a responsabilidade pela experiência cabia por inteiro ao pesquisador. Não foram muitos os que reclamaram... E mesmo quando o "aluno" suplicava para que o experimento parasse, o pesquisador ordenava ao "instrutor" que prosseguisse. Anotem: o grosso dos "instrutores" obedeceu, sim, obedeceu, ainda que o "aluno" simulasse entrar em coma!

Nossa apreensão foi crescendo. As conclusões que Selma trouxe foram estarrecedoras:

– Vocês querem saber quais foram os resultados?

É claro que queríamos!

– Sessenta e cinco por cento dos "instrutores" puniram seus "alunos" com o máximo de quatrocentos e cinqüenta volts! Ou seja, eles os mataram! Nenhum dos "instrutores" restantes parou antes dos trezentos volts... Quer dizer, eles os aleijaram!

– Não houve diferenças entre os "instrutores"? – perguntou Letícia, visivelmente perturbada.

– Não! A disposição para torturar não variou nem em função dos gêneros nem em função da origem social. Todos se predispuseram igualmente a fazer o trabalho sujo!

Ficamos boquiabertos.

– O que dá para deduzir? – inquiriu Sálvio com voz firme.

Hesitei um pouco e depois arrisquei:

– Que as organizações podem moldar as condutas individuais para o bem ou para o mal.

Letícia me seguiu:

– Que a submissão à autoridade implica sérios riscos.

Luisa também se aventurou:

– Que a moralidade dos indivíduos está à mercê da autoridade hierárquica.

Letícia amarrou tudo depois de pensar um pouco:

– Nada disso é excludente!

– Concordo – acolheu Pedro sem relutar.

– E vou dizer mais – continuou Letícia de forma categórica. – Essa experiência contradiz o senso comum a respeito das questões morais!

Depois de verificar que todo mundo prestava atenção, ela foi adiante:

– Costumamos achar que nossas ações são ditadas por nossa consciência, não é isso? Ora, o experimento mostra que nosso senso moral pode estar subordinado a determinações externas. Não foi essa a reação dos voluntários? Sua consciência moral não ficou em segundo plano?

Pedro concluiu:

– Santo Deus! As pessoas podem ser induzidas a cometer atos de crueldade... Tétrico isso! E sem que sejam fisicamente coagidas a fazê-lo!

André limpou a garganta e nos superou pela dramaticidade das inferências:

– Vou além. Isso mostra que somos todos capazes de abusar do poder! Bastam incentivos e condições propícias. Mostra também que podemos cometer atrocidades! Alguém discorda?

Ficamos estupefatos. Mesmo assim, eu tentei um contraponto:

– Puxa, haja mecanismos de controle! De cima para baixo, de baixo para cima, laterais, transversais...

O professor deu então aquele estalo de língua que lhe era peculiar e nos saudou:

– Bravo! Vocês estão de parabéns! Vou voltar à minha questão inicial e repetir um truísmo: os indivíduos são reflexos de suas circunstâncias, sem dúvida alguma. O processo de mudança não precisa conquistar todas as consciências individuais, nem se reduz a um processo pedagógico. Algumas lideranças precisam acender a chama, isso sim, mas elas atuam em dadas condições estruturais. Para alterar o que quer que seja, é preciso intervir sobre as práticas organizacionais: relações sociais, rotinas do dia-a-dia, exercício do poder, imaginário... São esses os focos a serem trabalhados, sem o que as transformações não serão duradouras. É no espaço público que é preciso agir!

– O dito popular sobre a andorinha que não faz o verão é absolutamente verdadeiro – enunciou a esposa. – Ou redefinimos os modos coletivos de agir, de pensar e de sentir, ou nada!

Depois de um pequeno silêncio, ela se manifestou com certa solenidade:

– Vamos tocar agora num assunto crucial.

Sálvio fez com a mão um gesto de "basta" que assumia ares de rotina. Interrogativa, a esposa o olhou. Ele deu seu tiro de misericórdia:

– Querida, tenha pena! Só há workaholics nessa casa!

– Está bem, está bem! – protestou ela. – Vamos ficar à vontade, dormir, o que quiserem!

Embora o assunto fosse empolgante, o vinho nos deixava relaxados em demasia e optamos por encerrar a sessão do dia. O casal se despediu e nós fomos dar uma espiada no céu repleto de estrelas. Sentimos a brisa fresca da noite em nossos rostos aquecidos pela lareira. Luisa nos preveniu quanto à possibilidade de ficarmos resfriados. Ninguém rebateu; decidimos nos recolher.

Um cansaço repentino e reconfortante me invadiu. Quando as meninas nos deram beijinhos de boa-noite, o busto de Luisa roçou em meu peito. Procurei não pensar no fato e consegui pegar pacificamente no sono.

|||

6 A descoberta

Nenhum problema pode ser resolvido pelo mesmo estado de consciência que o gerou. É preciso ir bem mais longe do que isso.

Albert Einstein

Passamos uma noite docemente entorpecida pelo bom vinho que tomamos. No café-da-manhã, além das opções do dia anterior, tivemos outra surpresa: waffles com acompanhamentos para todos os gostos – mel, xaropes importados e meia dúzia de geléias! Escorregamos preguiçosamente nas tentações. Como sempre, Pedro não escondeu seu exagerado apetite. A anfitriã perguntou:

– Dormiram bem?

– Como criancinhas! – respondeu André.

Ela então resolveu retomar a conversa que mantivemos na noite passada:

– Ontem, Leo estigmatizou a ilusão dos homens como ilhas. De fato, como bons universitários, vocês sabem que não estamos sozinhos no mundo, não é mesmo?

Estávamos tão entretidos com as delícias gastronômicas que não percebemos que cabia responder. Selma não deu importância.

– Não existe indivíduo auto-suficiente; todos nós dependemos uns dos outros; os homens são seres sociais por natureza. A nossa própria humanização se realiza porque outros cuidaram de nós, nos incorporaram à coletividade, nos inculcaram padrões de comportamento. Ora, quando falamos dos outros, de quem falamos? Ao dizer que uma decisão ou uma ação afeta outros agentes sociais, a quem exatamente estamos nos referindo? Quem são esses outros? Quais são as partes envolvidas?

– Se eu disser – externou Pedro sem intenção de polemizar – que os outros são meus amigos ou meus parentes, não vale?

Sálvio redargüiu:

– Claro que vale, Pedro! Mas, no caso, qual é a abrangência de seu raio? O círculo íntimo. Ou seja, um grupo social bem restrito. Agora, se antes de agir você disser: penso nas conseqüências dos meus atos sobre a empresa na qual trabalho, o que ocorre?

– Estou ampliando o raio de minha lealdade...

– Muito bem pensado, Pedro, você apanhou o cerne da questão: a quem devemos lealdade? A nós mesmos como indivíduos? À família e aos amigos? A um agrupamento maior, como a empresa em que trabalhamos, a igreja que freqüentamos ou o partido em que militamos? Em todos esses casos, o raio de abrangência ainda permanece restrito, não é verdade? E por quê?

– Porque engloba apenas um grupo ou uma organização.

– Perfeito. Agora, vamos voar mais alto. Vamos abarcar as fronteiras de uma sociedade. Nesta situação, há inúmeras organizações presentes, dezenas de milhões de pessoas que se relacionam entre si.

– Quer dizer que ações individuais, tão microscópicas, repercutem sobre o todo, é isso?

– Sim, e por que não? Pense em atos como a corrupção (você suborna um guarda rodoviário), a poluição ambiental (você joga uma garrafa PET num curso d'água), a discriminação social (você discrimina um negro, uma mulher, um idoso, um homossexual)...

A esposa de Sálvio enumerou rapidamente outras situações de amplo impacto:

– A sonegação de impostos, o contrabando de armas, o roubo de cargas, o desperdício de recursos escassos...

Querendo fazer troça, André interveio:

– Pense na teoria do caos: o bater das asas de uma borboleta num extremo do globo terrestre pode provocar, num espaço de semanas, uma tormenta no outro extremo!

Ninguém achou graça e preferimos desconsiderar o comentário. O professor simplesmente avançou em seu raciocínio:

– Assim, se você calibrar as próprias ações ou medir os efeitos delas, tendo em vista a sociedade como um todo, seu quadro de referência muda e seu raio se torna inclusivo. Cobre todos os horizontes.

A consultora ressalvou, fitando o marido:

– Espera aí! A referência última não é a sociedade, mas a humanidade, o planeta que habitamos.

Sálvio acenou positivamente e corrigiu-se na hora:

– Selma tem razão! Simplifiquei as coisas por mau hábito de professor. O único ponto de vista que dá conta da rosa-dos-ventos é a perspectiva mais geral, o prisma da humanidade. A ela devemos nossa lealdade como seres humanos.

A esposa alongou um olhar carinhoso em sua direção e comentou:

– Em outras palavras, quais interesses nós afetamos com nossas decisões ou ações? Até onde vão as conseqüências? Qual é seu alcance?

– Pondo os pés no chão – seguiu avante o professor –, cabe distinguir, de um lado, os interesses pessoais e os organizacionais; e, de outro, os interesses comuns, gerais, públicos, universais. Eis uma questão-chave que eu gostaria de deixar no ar.

Esboçamos uma pequena vaia de brincadeira. Ele sorriu, enquanto Selma intercedia:

– Provocação do Sálvio! Ele quer fazer suspense... Vamos em frente! Falemos de egoísmo. O que é ser egoísta?

Pedro arriscou:

– Quando defendemos nossos interesses pessoais?

– De maneira alguma! – contestou a consultora com veemência. – Defender nossos interesses pessoais é absolutamente legítimo e saudável! Então insisto: quando as nossas ações têm caráter egoísta?

Luisa foi taxativa:

– Quando prejudicamos os outros, quando realizamos nossos interesses pessoais à custa dos demais!

Selma ergueu o rosto em aprovação e ilustrou:

– Carl Jung, o discípulo dissidente de Freud, perguntou a um soba africano qual era a diferença entre o bem e o mal. O homem não hesitou e devolveu: "quando roubo as mulheres de meu inimigo, isso é bom; quando ele rouba as minhas mulheres, isso é mau!". Não é um belo exemplo?

– É sim! – concordou Luisa na hora. – O sujeito se considera o umbigo do mundo!

Selma endossou:

– Bela analogia! Tudo gira em torno dele, não é? Trata-se de um sujeito egocêntrico, ensimesmado, mesquinho, e que despreza o bem-estar dos outros. Ser egoísta, então, é sobrepor seus interesses pessoais a todos os demais interesses.

– Por exemplo – expôs Sálvio –, se você estacionar o carro invadindo a linha amarela que demarca a vaga ao lado, você está realizando os próprios interesses, sim, só que em detrimento dos outros. Esse é um ato egoísta. Afinal, o que custa respeitar o espaço demarcado? Um pouco mais de atenção na manobra, nada mais. Com qual objetivo? Não inviabilizar o uso da vaga paralela à sua, pois ela poderia vir a ser ocupada por outra pessoa. Resumo da ópera: ao parquear um veículo, cabe não atrapalhar os demais motoristas, não ferir os interesses alheios.

André brincou:

– E como fica o cara que ocupa a vaga de um deficiente e sai por aí mancando?

Sem responder, desatamos a rir a bandeiras despregadas. Embora exagerasse às vezes, André era de fato surpreendente. Aí, para testar o entendimento, especulei com nova situação:

– Se eu furar a fila num restaurante, dando uma caixinha ao maître?

Embalado, André não pôde evitar:

– Vai dar um jabaculê, companheiro? É isso?

Assenti meio sem graça, enquanto o colega rotulava:

– Coisa de espertalhão sem tirar nem pôr! E quanto ao maître, então, coisa de gente mixa!

Lembramos as inúmeras vezes que amigos nossos se gabaram de ter agido exatamente assim. E pensamos em nós mesmos, imitando os mais velhos num ritual de mesmice.

– É como fumar em recinto fechado – proclamou André. – Você obriga os outros a pegar o seu câncer!

O rapaz, realmente, sabia molestar os outros: Pedro pigarreou incomodado. Selma não quis dar trela à provocação:

– Senhoritas! É a sua vez!

Sem pensar muito, Letícia fuzilou:

– Há inúmeros exemplos que eu poderia citar: parar em fila dupla diante de uma escola sem ligar para os transtornos que isso causa ao trânsito; jogar papel na rua que é de todos nós; buzinar em túneis lotados para azucrinar os outros, já que não é para pedir passagem.

Luisa a acompanhou:

– Tocar música alta à noite nos condomínios e atrapalhar o sono alheio; jogar entulhos nas calçadas e emporcalhar a cidade; rodar no acostamento de estradas engarrafadas, passando a perna nos outros motoristas.

– Ocupar um assento nos aeroportos com a própria bagagem – acrescentou Selma – e deixar pessoas em pé.

– E nas empresas, quais ações egoístas poderiam ser identificadas? – insistiu o professor.

André mergulhou por inteiro:

– Puxar o tapete dos colegas! Majorar nota de despesa no restaurante e pagar com dinheiro da empresa! Plantar fofocas maldosas! Assediar moralmente subordinados ou colegas!

– Ótimo, André, ótimo mesmo! – incentivou o anfitrião. – Há outras, é claro, tais como se apropriar de idéia alheia e apresentá-la como se fosse sua; usar informações confidenciais em proveito próprio; sonegar aos colegas informações úteis à empresa. E assim por diante.

Fiz questão de fazer um paralelo:

– Há semelhança entre essas ações egoístas e a arte da politicagem dentro das empresas.

Sálvio reclinou a cabeça em minha direção, enquanto eu completava:

– O objetivo dos politiqueiros é tirar proveito da desgraça alheia.

Ele confirmou e me intimou:

– Dê um exemplo.

– Galgar posições à custa do fracasso dos outros. E, para conseguir isso, fazer intrigas de corredor, manipular a boa-fé dos colegas, soltar informações falsas ou espalhar boatos, dissimular intenções e montar armadilhas, provocar sabotagens. Quer dizer, abrir caminho para cima desgraçando a vida dos concorrentes...

Eu me sentia cada vez mais confiante. Enquanto isso, Selma manteve o rumo:

– Vamos rever o que dissemos. Uma pergunta-chave permite delimitar com clareza a conduta egoísta: o que eu faço prejudica os outros? Se a resposta for positiva, sou egoísta; caso contrário, sou altruísta ou, dependendo dos casos, moralmente neutro. Assim, ser egoísta é ter um amor exclusivo ou excessivo por si mesmo, demonstrar desdém pelo bem-estar das demais pessoas. De forma mais precisa, eu diria que os interesses pessoais são egoístas quando prejudicam os outros. Logo, a satisfação dos interesses pessoais pode perfeitamente conjugar-se com o respeito aos interesses alheios.

– Opa! – sobressaltou-se André. – A senhora avançou o sinal... Cabe provar esta última frase!

– Você tem razão, André. Bem lembrado! Faltou dizer que não há incompatibilidade entre a realização dos interesses pessoais e o respeito aos interesses dos outros. Manter o banheiro limpo depois de usá-lo não me prejudica, mas se não o fizer estarei prejudicando o próximo usuário, não é verdade?

A questão estava tão clara que não cabia mais insistir na tecla. Ficamos aguardando o próximo lance. A consultora não demorou:

– Vamos dar um passo à frente e explicar o que é o altruísmo. O conceito faz um belo contraponto com o egoísmo. Por isso vou lançar um pequeno desafio: como o senso comum define o altruísmo?

Respondi logo:

– É a disposição de sacrificar os interesses pessoais em benefício da coletividade.

– É isso mesmo, Leo. Só que aqui você definiu *um* tipo de altruísmo; existem outros dois. Vamos denominar esse primeiro tipo de “altruísmo extremado" e veremos por quê. Os outros dois tipos não exigem sacrifícios pessoais ou organizacionais, ouviram bem? São processos que simplesmente levam em conta os interesses dos outros e procuram não prejudicá-los. Quem topa resumir?

Tomando cuidado para não falar de boca cheia, Pedro resumiu:

– Os egoístas realizam seus interesses pessoais em detrimento dos outros. Na ânsia de se dar bem, não respeitam limites nem se preocupam com os transtornos que causam. No pólo oposto, existem sujeitos que são altruístas extremados, ou seja, capazes de se sacrificar em prol da coletividade, estou certo?

– Está, meu caro Pedro.

Mas este mudou repentinamente de tom:

– Me desculpe, mas é justamente essa falta de realismo que provoca tanto ceticismo por aí...

– Para você, o altruísmo extremado é ficção? – alfinetou a consultora. – É isso?

Pedro sentiu a pressão.

– Isso ou quase isso. Parece heroísmo moral, coisa de pregação ou de conto infantil... Em termos bem práticos, cá entre nós, uma abnegação dessas não é absolutamente excepcional?

– Como a renúncia dos santos ou o devotamento sem limites dos missionários, é isso que você quer dizer? – retrucou a anfitriã com ironia.

– É isso mesmo! – ecoou o outro sem perceber a provocação. – Coisa de madre Teresa de Calcutá ou do doutor Albert Schweitzer!

Selma ficou nos observando com um leve sorriso nos lábios, até que Luisa se pronunciou, pensando em voz alta:

– E por que não? Esse heroísmo moral existe, basta ter olhos para vê-lo.

Aí se dirigiu diretamente ao colega:

– Não é tão excepcional assim, ainda que poucas pessoas o pratiquem. Aliás, dona Selma ensinou...

– Por favor, Luisa, nada de dona, apenas Selma – solicitou a consultora.

– Bem, Selma tem destacado o papel do terceiro setor. Sendo um setor voluntário que reúne organizações não-lucrativas, creio que suas práticas são altruístas extremadas. Estou certa?

Dei um apoio indireto:

– Por sinal, é um setor que cresce vertiginosamente. Entrou no vácuo que a falência múltipla dos órgãos do Estado propiciou nos anos noventa...

Percebi que minha fala soou pedante. Então me calei e decidi me policiar, enquanto Luisa amarrava o argumento:

– Organizações não-governamentais, associações beneméritas, fundações filantrópicas, entidades de assistência social prestam serviços públicos sem fins lucrativos e mobilizam voluntários. Reúnem pessoas que se dedicam às boas causas. Não é o bastante?

Esperou que assimilássemos a idéia e enunciou:

– Razões humanitárias movem o terceiro setor, de maneira que o altruísmo extremado não é tão raro assim.

A consultora anuiu:

– Pedro nos deu dois exemplos de missionários. Clássicos, por sinal. O de madre Teresa na Índia, que dedicou sua vida aos pobres dentre os mais pobres – gente faminta, doente, moribunda. E o do médico Albert Schweitzer que, no Gabão, criou um hospital filantrópico que cuidava de doentes e de leprosos. São pessoas assim que, entre outras tantas façanhas, arriscam a vida em teatros de guerra, mergulham por inteiro em situações extremas. O que visam? Socorrer feridos ou pessoas sinistradas, ajudar refugiados ou gente desamparada, dar guarida a perseguidos de todo o tipo. Em seu apostolado – porque é disso mesmo que se trata – elas passam fome, sede, frio, mil incômodos. Operam em regiões inóspitas que carecem de serviços essenciais; distribuem donativos, amparam desvalidos, cuidam dos necessitados. São pessoas generosas que sofrem injúrias e penúrias de toda sorte, pessoas que fazem do humanitarismo sua razão de ser.

Aderindo às explicações, Pedro exemplificou:

– E que militam em organizações como a Cruz Vermelha ou os Médicos Sem Fronteiras...

– Sem dúvida. Pessoas solidárias, ainda que a causa que abraçam acabe sendo sua profissão ou seu ganha-pão. Porque, objetivamente, sua vocação para ajudar os semelhantes alivia desgraças e implica doação de si.

Viu nossos semblantes sérios e achou por bem reforçar o argumento:

– Provas? Há aos montes! Vou me repetir: as pessoas altruístas extremadas são desprendidas, abrem mão dos confortos de uma vida regrada e correm inúmeros riscos, desde sofrer agudas privações físicas até contrair doenças, desde sofrer ferimentos até sacrificar a própria existência. É pouco dizer?

Letícia ficou impressionada:

– Essas pessoas devem considerar o interesse do próximo como um fim quase exclusivo.

– "Viva para os outros!" – declamou André, suspenso entre o ceticismo e o sarcasmo – ou "Ame o próximo mais do que a si mesmo!".

A consultora não escondeu a irritação:

– Sim, meu caro André! Por mais que lhe pareça estranho, existem pessoas capazes de ações desinteressadas! Pessoas inspiradas pela solidariedade social!

– Alguma necessidade subjetiva elas devem preencher – polemizou nosso colega.

– Certamente! E daí? Que mal há nisso? Quem dá de si não pode ter satisfações psicológicas? Prejudica alguém?

André não se intimidou com as estocadas:

– Isso contradiz a idéia – algo simplista, me desculpe – da doação de si, do desprendimento, da entrega sem retribuição.

– Há compensação subjetiva, naturalmente, mas sem retribuição material – emendou Selma. – Sublinhe isso, André! Aqueles que dão de si sentem-se felizes pelo bem que semeiam. Angariam sorrisos, recebem afagos, vêem na partilha uma comunhão. Vai recriminá-los por isso? São recompensas simbólicas que não eliminam o fato de que, concretamente, fazem sacrifícios. Não acha?

Querendo ser conciliador e como forma de trazer André para nosso lado, lancei mão de um argumento utilizado por ele mesmo:

– As coisas não são maniqueístas, antitéticas, não é, André? Santos ou pecadores, anjos ou demônios, mocinhos ou bandidos. Todas essas figuras são estilizadas, idealizadas. Porque há santos que pecam, anjos que decaem, mocinhos que traem.

André coçou a cabeça sem nada dizer. A consultora considerou superada a divergência e retomou o pensamento:

– Afora os soldados que arriscam a vida e até morrem para defender a pátria, há casos menos espetaculares que podem ser definidos como altruístas extremados. Vocês conhecem algum exemplo que se encaixe?

Começamos a quebrar a cabeça, até que o recém-convertido Pedro ergueu o braço como se estivesse em sala de aula e metralhou:

– Voluntários em serviços comunitários! Equipes de resgate! Brigadas de socorro em catástrofes naturais! Doadores de recursos para programas humanitários! Bombeiros! Doadores de órgãos ou de ossos! Médicos e enfermeiros que levam cuidados de saúde a populações vítimas de conflitos, calamidades e epidemias!

O professor aplaudiu com entusiasmo:

– Golaço, Pedro!

O moço levantou as duas mãos por cima da cabeça como fazem os atletas ovacionados e percorreu nossos rostos encorajadores. Todos nós estávamos orgulhosos dele.

Havíamos chegado ao ponto de pairar acima das invejas mesquinhas que corroem tanta gente diante dos sucessos alheios. Não sei se a superação desse estado de menoridade emocional se devia a algum amadurecimento psicológico – do qual duvido – ou por suficiência de quem aposta no próprio taco. Parecia ser decorrente, sim, de uma autoconfiança semelhante à dos praticantes de artes marciais – serenos porque seguros, destemidos porque freqüentemente vitoriosos.

Depois de auscultar nosso ânimo, a esposa meditou em voz alta:

– Algumas situações extremas contrariam a idéia que o senso comum faz do egoísmo. Dizem que é uma tara universal da qual ninguém escapa; algo que faz parte do DNA dos seres humanos. E deduzem daí que o altruísmo não passa de figura de linguagem. Tolices! Basta lembrar os campos de concentração nazistas ou soviéticos.

Prestamos uma atenção redobrada.

– A questão é a seguinte: será que a moralidade resiste a condições de máxima privação ou a atos de brutalidade? Aparentemente não. Achamos intuitivamente que, diante de adversidades extremas, ninguém consegue ser moralmente responsável. Nada mais longe da realidade! Relatos mostram que, mesmo em cenários de apocalipse como os campos de extermínio, existem expressivas exceções: há homens e mulheres desesperançados que têm ímpetos de alucinada generosidade e cometem gestos desprovidos de qualquer expectativa de retribuição. Há casos em que a ração de sopa – o único sustento diário – foi doada a quem sabidamente iria morrer. Há situações em que torturas abomináveis foram suportadas sem que houvesse delação. Há episódios em que a carga dos trabalhos forçados foi assumida para poupar quem já estava nas últimas. Todos esses são atos de devotamento que contestam a coisificação à qual esses homens e mulheres estavam reduzidos. De fato, em seu sacrifício, reconheciam a humanidade dos outros e, a um só tempo, resgatavam a própria: deixavam de ser vermes, ratos, raças inferiores, ervas daninhas, párias, rejeitos. Afirmavam-se como pessoas, na grandeza de sua dignidade, e permaneciam artífices do próprio destino!

Ficamos recolhidos em silêncio por um bom tempo. Refleti então sobre o reverso da medalha, o lado sombrio de nossa humanidade, os genocídios a que tantos foram submetidos: judeus, ciganos, portadores de deformações físicas, homossexuais e doentes mentais eliminados pelos nazistas; índios das Américas aniquilados por espanhóis e ingleses, portugueses e franceses; tútsis e hutus em mútua carnificina; armênios massacrados por turcos; curdos chacinados por iraquianos sunitas e novamente por turcos; cambojanos assassinados por seus conterrâneos do Kmer Vermelho; bósnios e albaneses muçulmanos executados por sérvios; dissidentes políticos "desaparecidos" nas repressões promovidas pelas ditaduras militares do Chile e da Argentina dos anos setenta... Episódios sórdidos, vilanias que desvendam nossas secretas virtualidades: a vocação para sermos flagelos da humanidade e, na outra ponta, mártires.

Sálvio nos trouxe de volta ao âmago da discussão:

– Vou lhes contar um fato. Em 1991, Tim Berners-Lee, físico inglês que trabalhava no Centro Europeu de Pesquisas Nucleares (CERN) em Genebra, pôs em operação a World Wide Web. Todos conhecem a mágica sigla www. Ele o fez para intercambiar textos e gráficos com seus colegas. E, surpreendentemente, inventou o protocolo que viabilizou a Internet, pois criou um sistema de hipertexto que permite a qualquer pessoa usar a rede mundial. O mais notável, no entanto, é que ele não patenteou a invenção! Seus amigos lhe cobraram repetidamente a providência. E ele respondeu: "Prefiro doar essa ferramenta à humanidade". Eis um exemplo de altruísmo extremado! Um belo ato de desprendimento!

– Nada o obrigava a tanto – esclareceu a esposa. – Embora fosse um pesquisador e não um empresário, ele poderia ter patenteado seu invento e ganho uma fortuna. A projeção internacional certamente lhe assegurou convites para conferências e patrocínios para pesquisas. Milionário, no entanto, não ficou!

Num estalo, outro caso simétrico me ocorreu:

– O doutor Albert Sabin desenvolveu a vacina oral contra a poliomielite nos anos cinqüenta. E ele também renunciou aos direitos da patente. Outro ato de desprendimento!

– Bem lembrado, Leo! – elogiou o professor. – Graças ao proselitismo de Sabin e, principalmente, em função de seu obstinado empenho pessoal, a doença foi erradicada no mundo.

Refletiu um instante e acrescentou:

– Benjamin Franklin, uma das mais notáveis figuras norte-americanas, inventou o pára-raios, os óculos bifocais, assim como um forno que gerava calor em ambientes fechados sem enfumaçá-los. Recusou-se a registrar a patente de seus inventos e o fez com todas as letras. Disse: inventei para que qualquer um pudesse copiar, para fazer bem à sociedade!

Sálvio deixou o silêncio tomar conta da mesa. O céu estava claro. Ninguém se mexeu. Então, o professor depreendeu:

– Em resumo, existem pessoas capazes de gestos impensáveis de solidariedade social. São poucas, mas existem! Pessoas indispensáveis que asseguram a perpetuidade das sociedades humanas. Os doadores de sangue servem de exemplo. É gente anônima que salva um bocado de vidas ou a nossa quando somos hospitalizados e precisamos urgentemente de uma transfusão. Gente que nada reivindica, não é verdade? Você é salvo e não sabe a quem creditar doação tão preciosa!

– Agora – encadeou Selma –, coloquemos os pingos nos is. Não é necessário ser altruísta extremado para exercer o altruísmo. Grifem a idéia! O altruísmo não se resume à vertente extremada, por mais grandiosa que ela seja. Para ser altruísta, é suficiente adotar uma postura cooperativa, levar em conta os interesses dos outros, nada mais. Está claro isso? Basta respeitar os limites que os direitos alheios traçam; medir as conseqüências das nossas ações para não causar prejuízo aos outros e, se possível, beneficiá-los.

– No âmbito das empresas, existem práticas altruístas extremadas? – interrogou Letícia.

Sálvio respondeu de bate-pronto:

– Claro! Há infindáveis casos de filantropia empresarial. Cito a esmo: desde a Fundação Bill & Melinda Gates, financiada pela Microsoft e que gasta anualmente em projetos sociais o mesmo montante que a Organização Mundial da Saúde, até a Coca-Cola, que, para prevenir a aids, patrocina campanhas e vem distribuindo preservativos gratuitamente na África. Desde a Intel, que banca a capacitação em informática de centenas de milhares de professores das redes públicas, até a Novartis, que, por meio da doação dos próprios remédios, contribui decisivamente para erradicar a hanseníase no mundo todo. Ou a Merck, que doa seu remédio Mectizan para combater a "cegueira do rio" para quarenta e cinco milhões de pessoas todo ano. Desde o Banco do Brasil, com seu banco de tecnologias sociais de baixo custo e de fácil implantação para solucionar questões relativas a água, energia, educação, renda, alimentação, habitação e meio ambiente, até o Bradesco, que mantém escolas para mais de uma centena de milhares de alunos. Desde a Natura, que, em parceria com o Ministério da Educação, incentiva pessoas maiores de quinze anos que não concluíram o ensino fundamental a voltar a estudar, até o Banco Itaú, que capacita e aperfeiçoa gestores municipais de serviços de saúde para melhorar a qualidade de vida das comunidades. Os exemplos são inumeráveis!

A infalível Luisa lembrou a extraordinária doação para a filantropia feita pelo segundo homem mais rico do mundo:

– Em 2006, Warren Buffet decidiu doar 37,4 bilhões de dólares (oitenta e cinco por cento de sua fortuna!) para cinco instituições beneficentes. O desembolso vai ocorrer em parcelas anuais correspondentes a cinco por cento das ações de que ele dispõe. A maior parte – trinta bilhões de dólares – irá para a Fundação Bill e Melinda Gates, por causa de sua reconhecida competência em gerenciar programas humanitários.

– Bem lembrado, Luisa! – elogiou a consultora.

E propôs em seqüência:

– Conhecida a natureza do altruísmo extremado, vamos desdobrar o conceito de altruísmo.

Entretanto, havia algo que me incomodava e que eu precisava externar:

– A senhora falou dos soldados que se sacrificam em prol da pátria como exemplos de altruísmo extremado...

Ela acenou afirmativamente.

– Se os soldados fossem voluntários, à semelhança dos outros casos que foram citados, nós estaríamos no melhor dos mundos. Mas as coisas poderiam acontecer de forma diferente. Imagine que esses homens tenham sido arregimentados pelo serviço militar *obrigatório*. A situação ganharia outro colorido, não acha?

Todos ficaram à espreita.

– Estaríamos diante de um altruísmo extremado *compulsório*! Porque alguns seriam coagidos a se sacrificar pelo bem maior da coletividade!

Houve um silêncio de espanto.

– A mesma coisa se aplica ao desemprego tecnológico. Quando os bancos introduziram em larga escala o home banking e os caixas eletrônicos, inúmeros bancários perderam seus postos de trabalho. Do ponto de vista da sociedade inclusiva, houve inegável ganho de eficiência. Mas, para aqueles trabalhadores em particular, isso significou desemprego... Ou seja, algumas pessoas foram compulsoriamente sacrificadas em prol do bem comum!

Minha fala produziu um belo impacto. E o professor não se conteve:

– Brilhante, meu caro Leo! Embora constrangedora, sua dedução é simplesmente admirável!

Sorrindo de orelha a orelha, a esposa anunciou:

– Vamos analisar agora a natureza de dois outros tipos de altruísmos, o parcial e o imparcial. Ambos não supõem sacrifícios voluntários nem compulsórios, como diz Leo.

E ela me olhou com carinho:

– Que tal?

Luisa não se conformou:

– Quer dizer que o senso comum é traiçoeiro: faz crer que o altruísmo implica sacrifícios quando, na verdade, existem outros tipos de altruísmo sem que haja doação alguma, é isso?

– Sim, Luisa: basta levar em conta os interesses dos outros!

Os conceitos eram absoluta novidade para nós.

– Vou começar com uma anedota. Alexandre von Humboldt, um cientista alemão que viajou pela América do Sul entre o final do século 18 e o início do 19, perguntou a índios antropófagos da Amazônia se era certo devorar os homens. E esses responderam sem hesitação: "Que mal há nisso? Os homens que comemos não são nossos parentes!".

Fizemos caras e bocas, de tão divertido que achamos o relato.

– O que dá para inferir?

Pensamos com vagar.

– Acho – arriscou Luisa, contraindo os olhos –, e vou utilizar a mesma expressão que usei com respeito ao egoísmo, que a parentela virou umbigo do mundo!

Ficamos esperando uma melhor fundamentação e, ao percebê-lo, Luisa não se furtou a proporcioná-la:

– É simples. A tribo se torna o centro de todas as lealdades. Por que diabo não se devoram parentes e se comem apenas os outros homens? Por causa dos laços de parentesco! Aqueles que são estranhos à tribo são "bárbaros" e, portanto, sobre eles não há interdito. Quer dizer, podem ser comidos!

– Elementar, meu caro Watson! – divertiu-se André.

– O que é proibido dentro da tribo é autorizado fora dela!

– Parabéns, Luisa! Isso é altruísmo *parcial* – teorizou Selma. – A visão do mundo dos canibais retrata bem a parcialidade: tudo o que atende aos interesses da tribo é válido, legítimo, "natural". E ai daqueles que não mantêm com eles relações de reciprocidade! Porque são objetos das circunstâncias, não adquirem a condição de sujeitos. Os critérios obedecem assim a uma lógica dupla: os que se aplicam aos membros da comunidade não são os mesmos que se aplicam às demais criaturas.

Comentei:

– As vítimas dos genocídios conhecem bem esses dois pesos e essas duas medidas...

– Se eu entendi bem – inferiu Pedro –, a parcialidade ou o altruísmo parcial beneficia poucos em detrimento de todos os outros. É uma espécie de egoísmo ampliado, não é mesmo?

– Não é bem assim – frisou a consultora. – O conceito de egoísmo se aplica a ego, refere-se a um indivíduo singular, a uma visão egocêntrica. É inadequado estendê-lo a uma coletividade. Por isso usamos altruísmo, uma vez que levamos outras pessoas em conta. Mas é um altruísmo *parcial*, porque satisfaz os interesses de um grupo restrito e exclui os demais agentes, isto é, a maior parte da sociedade que nos abrange.

– Ora – ressalvou André, fixando-se na idéia de parcialidade –, se assim for, a defesa dos interesses nacionais no seio da comunidade internacional tem caráter parcial!

Ficamos pensativos até que eu reagi:

– Se forem interesses chauvinistas, estreitamente nacionalistas, quer dizer, interesses que excluam ou firam os interesses das demais nações, penso que são parciais, sim!

– Quando então seriam legítimos? – insistiu o colega.

Letícia se envolveu na polêmica:

– Quando respeitarem os interesses alheios! Quando estiverem contidos nos limites dos direitos das demais nações!

– Ou quando contemplarem os interesses maiores da humanidade? – insistiu André.

Sálvio interferiu:

– Vou procurar desatar esse nó. Qual é o ponto de vista último? Já foi dito: o da humanidade, o da sobrevivência da espécie humana, o do planeta Terra. Vale dizer, para obtermos sustentação ética, para nos enquadrarmos na razão ética, devemos nos posicionar em termos dos altruísmos universalistas – o extremado e o imparcial.

Nossos rostos estamparam incerteza. O professor acorreu:

– Calma, sei que ainda não abordamos o altruísmo imparcial... Mas vamos esclarecer a referência ao universalismo. Tomemos, por exemplo, o debate a respeito das "comunalidades". Trata-se de polêmica ainda em curso e que não parece ter fim ante os temas que vão sempre surgindo.

Nossos olhares tornaram-se ainda mais inquisitivos.

– “Comunalidades” são questões comuns ao planeta, questões que extrapolam as fronteiras e transcendem as ideologias. Dou algumas: o aquecimento global ou o efeito estufa, o tráfico internacional de drogas, a aids, as radiações nucleares, a poluição ambiental, o buraco de ozônio, a perda de biodiversidade... E tem mais!

A consultora deu curso à listagem:

– A escassez de água, o desflorestamento, o lixo radioativo, o mercado negro de material fóssil, a alteração dos ritmos das estações, a erosão do solo, a desertificação, o desemprego tecnológico, a defesa dos direitos humanos, a redução dos arsenais nucleares ou a contenção de sua proliferação, o terrorismo internacional...

Decidi me intrometer:

– São temas que só podem ser tratados em âmbito planetário, é isso? E que exigem consenso mundial?

O professor meneou a cabeça afirmativamente e instruiu:

– Desde a etapa de seu reconhecimento até a etapa de seu possível enfrentamento.

A esposa continuou no embalo:

– Há muito mais: os problemas da miséria, da fome, do analfabetismo, da ignorância, do combate às endemias. São questões candentes que demandam não só solidariedade internacional, mas ativismo por parte das nações, sobretudo das que dispõem dos meios para debelá-las.

Ficamos um pouco aturdidos, até que Letícia propôs:

– Pensando bem, vale o paralelo com o Projeto do Milênio, que é patrocinado pelas Nações Unidas e cujos objetivos deveriam ser alcançados em 2015.

Selma se entusiasmou com a lembrança e, fazendo um gesto de apoio, incentivou a colega a prosseguir:

– Os objetivos são oito, se não me engano.

Dirigiu seu olhar para a anfitriã e foi enumerando:

– Erradicar a extrema pobreza e a fome; atingir o ensino básico universal; promover a igualdade entre os sexos...

– E lutar pela autonomia das mulheres – complementou a consultora.

– Reduzir a mortalidade infantil...

Parou um instante.

– Qual é, gente? Vocês podiam ajudar!

– Melhorar a saúde materna – aditou Luisa.

– Combater o HIV ou a aids – contribuiu Pedro.

– Além da malária e de outras doenças – aumentei.

Foi quando silenciamos. Sálvio concedeu:

– É muito difícil lembrar tudo. Além do mais, não importa, o essencial é entender a base do raciocínio.

A lembrança de mais um item estava na ponta de minha língua e falhava, assomava, me angustiava, até que gritei:

– Garantir a sustentabilidade ambiental!

– Está ótimo, Leo: tópico indispensável.

– Estabelecer uma parceria mundial para o desenvolvimento! – rematou André com riso na fala.

– Vocês não dão trégua, gente! – recriminou o professor. – Relaxem! Ninguém está prestando concurso! Vamos nos ater à conclusão.

Nós nos entreolhamos, satisfeitos com nosso desempenho e felizes por sermos cúmplices.

– Em última instância, a chave para dirimir as polêmicas éticas é a preservação dos interesses da humanidade.

Colocou o busto para a frente como se fosse lutar.

– Mas já que vocês gostam de desafios e os enxergam em toda a parte, vou-lhes apresentar um. Topam?

Ficamos entusiasmados. Mas, nessa altura, Selma interveio:

– Você reclama que não damos trégua à moçada e você faz o quê?

O marido concordou no ato:

– Você tem razão. Vamos dar uma folga à turma.

– Eu queria lhes fazer uma sugestão – disse a anfitriã olhando para nós. – Que tal visitar Itu?

Nossos semblantes brilharam.

– Temos dois carros à disposição. Peguem aquele que quiserem e dêem um passeio. Alguém conhece a cidade?

Letícia fez menção que sim com a cabeça.

– Então Letícia os guiará. Sálvio e eu vamos cuidar dos nossos afazeres. Enquanto isso, vocês ficam livres da gente até as treze horas, está bem assim? Em nossa próxima conversa vamos retomar o altruísmo parcial, mas, principalmente, vamos abordar um extraordinário conceito – o do altruísmo imparcial.

Por educação, arranhamos as gargantas em sinal de jocosa discordância. E, na hora, mas sem pressa ostensiva, nos levantamos e fomos nos preparar para o passeio. Podíamos pedir outra vida a Deus?

|||

7 A revelação

Você não precisa vender a alma para ser bem sucedido nos negócios.

Anita Roddick

Andamos pelas avenidas que circundam o centro velho e contornamos o maior shopping center da cidade; passamos por igrejas de diferentes épocas e percorremos ruelas charmosas com casas espremidas e antiqüíssimas. Fomos finalmente até a praça principal de Itu. Nela pontificava um orelhão fantasista de sete metros e a entrada de veículos era regulada por um semáforo descomunal. A extravagância dos equipamentos chamou nossa atenção. Descobrimos assim que, anos atrás, a cidade se tornara a capital turística de porções tão generosas que podiam alimentar famílias inteiras. O gigantismo virara chamariz e marca registrada de Itu. As duas relíquias urbanas sobraram daquele tempo.

Quando decidimos flanar a pé, o tradicional coreto no centro da praça me trouxe à lembrança histórias de infância que meus pais contavam com emoção. Uma delas descrevia o congraçamento da população interiorana nos fins de semana para assistir às apresentações musicais. Os acordes das bandas, amiúde descompassados, reuniam moços, adultos e crianças; ao final, ocorria um ritual infalível. Os rapazes se plantavam no perímetro da praça enquanto turmas de mocinhas giravam em círculos, exibindo ingenuamente seus encantos. Era um espetáculo cheio de graça: os rapazes mais atirados soltavam gracejos à meia-voz; as meninas tímidas escondiam sorrisos; e as mais atrevidas arriscavam olhares esquivos repletos de insinuações. Chamava-se *footing*, uma deliciosa tropicalização da expressão americana, prelúdio dos namoros e de muitos casamentos.

Entramos na Igreja Matriz em plena missa de domingo. Estava apinhada com um povo ordeiro que rezava sob a regência de um padre paramentado. Ficamos impressionados com os silêncios intermitentes da multidão, os estribilhos entoados em uníssono e o canto alto da prece. Apreciamos a desenvoltura do oficiante, os sininhos pontuando a liturgia, as chamas dançantes das velas, a imponente altura da nave, as efígies dos santos, a majestade do altar. Foi uma festa para meu olhar, pois gosto de observar usos e costumes.

Nenhum de nós era católico praticante, embora eu desconfiasse que minhas duas colegas fossem devotas de Nossa Senhora – sem adendo ou qualificativo, na sua inteireza de mãe divina –, uma vez que raramente perdiam a oportunidade de render-lhe homenagem. Pedro era um evangélico bissexto por influência dos pais. André e eu professávamos um agnosticismo sem arestas, deferentes em relação à fé alheia. Por vezes, para mostrar a latitude de sua tolerância, André se definia como um "ateu graças a Deus". E essa redução ao absurdo o divertia mais que a seus interlocutores!

Ficamos algum tempo em pé, respeitosamente perfilados, seguindo os movimentos alternados da missa, o sentar e levantar ruidoso, as orações cantadas, a voz nasal do padre, os sinais da cruz que um beijo no dedo indicativo arrematava. Passados uns quinze minutos, Pedro nos consultou por meio de mímicas e nós nos esgueiramos para o átrio inundado pelo sol. Perambulamos pelas lojas sem nada comprar – não éramos turistas nem tínhamos ímpetos consumistas. Como o centro velho reúne vários museus, aproveitamos para visitar o arquivo histórico municipal. Apreciamos os objetos de arte sacra, alguns do período colonial. Luisa se deslumbrou com a dimensão dos pés-direitos do prédio centenário, o frescor interno do casarão, o tamanho das portas e das janelas.

Defronte, num sobrado que havia sido residência de senhores de engenho – outro patrimônio arquitetônico –, estava instalada a sede do museu de energia. Entramos e ficamos impressionados com um corte de parede de pau-a-pique e taipa de pilão. A arquitetura urbana paulista, em pleno século 19, ainda se valia disso! A fachada revestida em azulejaria portuguesa era belíssima e a amplitude dos cômodos nos surpreendeu. Percorremos as salas em que equipamentos e utensílios de iluminação doméstica estavam expostos. Soubemos que seu uso se estendeu de meados do século 19 à primeira metade do 20. Para nós, citadinos e moços, esses objetos da sociedade agrária e os próprios avanços industriais do século passado pareciam pertencer a tempos remotíssimos. Diante deles, definitivamente, a Revolução Digital nos convertia em extraterrestres!

Ficamos uma boa meia hora e logo em seguida exploramos alguns quarteirões com algumas paradas em antiquários, até que Letícia sugeriu tomarmos um chope no Alemão, bem perto do estacionamento em que deixamos o veículo. Aderimos entusiasticamente à idéia. Era um restaurante centenário que se tornara famoso pelos pratos pantagruélicos. Seu hall incluía um grande bar com três chopeiras, um telão que projetava programas de TV e uma área menor, com mesas altas e banquetas. Havia um incessante vaivém de pessoas que encomendavam comida para viagem, aguardavam em pé a vez de acomodar-se nos dois grandes salões ou circulavam para sentar em mesas de espera na sala ao lado. O barulho lembrava cantinas paulistanas, com aquele desfile de famílias numerosas, a balbúrdia dos alaridos e os garçons apressados. Sentamos a uma mesa que havia milagrosamente vagado e pedimos alguns frios e chopes. Tomamos um loiro e outro preto da própria terra, além de dois importados. Letícia e Luisa dividiram uma caneca: a primeira se contendo porque iria guiar; a segunda por inapetência.

Depois do segundo chope, Pedro se animou. Começou a rodear Letícia com avanços a princípio recatados. Logo mais, porém, arriscou um abraço. Ela repeliu o atrevimento com mansidão amiga e o encarou:

– Você está me paquerando?

Sem jeito, Pedro negaceou.

– Você acha que nossa situação comporta? Veja a coisa em perspectiva.

O outro ficou desorientado diante do chamado à razão, enquanto ela concluía:

– Só vai atrapalhar, não é?

O recado valia para os três rapazes. Lembrei a forma meiga como Luisa se afastou de mim na piscina. Isso só podia ter sido combinado entre elas! Fazia todo o sentido não misturar trabalho e relações afetivas, sobretudo na delicada fase por que passávamos. Pedro disfarçou o quanto pôde seu emburramento. Mas logo se rendeu à alegria do grupo e seu rosto novamente se aclarou.

Conversamos sobre amenidades. No entremeio e de língua solta, André narrou algumas peripécias de seu tempo de faculdade. Contou seu envolvimento no grêmio e seus contatos com o movimento estudantil da USP. Confidenciou algumas paqueras e o susto que levou quando encarou o proselitismo ideológico que grassava. Para um novato como ele, a participação em debates bizantinos sobre as diferentes leituras de Marx pareceu-lhe um rito de iniciação. Como não tinha idéia alguma a respeito, submeteu-se a uma improvisada e intensiva doutrinação. Sina de noviço! Inteirou-se de muitas firulas em orelhas de livro e recorreu a sinopses apostiladas por comentadores de ocasião. Costumeiramente, no entanto, valia-se das ementas que colegas mais antigos recitavam como se fossem as Sagradas Escrituras. No original, porém, viu que ninguém havia lido os monstros sagrados!

Feito o balanço, convenceu-se de que nenhuma das figuras venerandas que capitanearam a utopia da sociedade sem classes – Lênin, Trotski, Stálin, Mao Tse-Tung, Fidel ou Guevara – respondia aos desafios contemporâneos. E por quê? Pelos pecados que todos partilhavam: o planejamento central da economia, a apoteose do Estado, a polícia política e seu uso ilimitado da força, a exacerbação das disfunções burocráticas, a crença insana num cego determinismo histórico e, é claro, o messianismo delirante.

Detalhe biográfico: quando André começou a divergir dos fundamentos teóricos, foi logo rotulado de reacionário. O desvio era incorrigível. Em ordem unida, as várias igrejinhas cerraram um cordão sanitário em torno dele e o condenaram ao ostracismo... Morra o adorador do mercado!

André apartou-se sem mágoa. Passou a preconizar a reinvenção da utopia de uma sociedade libertária. Pregou no deserto a radicalização da democracia, a primazia dos direitos humanos, a regulação do mercado, o manejo eficiente dos recursos naturais, a redução das distâncias sociais por meio de serviços públicos universais e de qualidade. O mais surpreendente foi que, em complemento à representação parlamentar, propôs uma democracia direta via Internet: os cidadãos seriam consultados em votações facultativas sobre a maior parte dos assuntos. Para os desavisados, essas idéias soltas constituíam uma cartilha do Estado mínimo; alguns outros, mais preparados, denunciavam um ziguezague entre a liberaldemocracia e o anarquismo. Abomináveis aberrações!

Ao historiar suas incursões, André zombava da própria candura. Fiquei pasmo com essas revelações. O colega havia escondido seus ases – da escassa militância à reflexão crítica. No ato, passei a vê-lo com outros olhos. Julguei que suas brincadeiras funcionavam como blindagem, ao mesmo tempo em que disfarçavam uma mente sequiosa por respostas. Ao levantar da mesa, dei-lhe um abraço amigo, sem nada dizer. Pedro lhe fez um sinal positivo, enquanto as duas moças lhe deram um beijinho na face. Foi nosso modo singelo de expressar afeto e admiração.

Regressamos ao condomínio um pouco antes das treze horas com os rostos tão corados que parecíamos bêbados. No caminho, uma seqüência de avaliações me tomou de assalto. Recapitulei. Embora jovens, não temíamos as incertezas do futuro; ao contrário, esbanjávamos autoconfiança. Dois entre nós cinco tinham inquietações sociais, o que demonstrava uma geração pouco sensível à reflexão política. Não éramos solitários, embora Luisa fosse a única a ter um namorado firme. Por vivermos cercados de parentes e colegas, estávamos magicamente convencidos de que nossos laços durariam para sempre. De resto, feitas as contas, nossos caminhos eram uma incógnita: tanto podíamos escalar o topo da companhia (só a ambição de vencer nos movia até então), como podíamos seguir um rumo inesperado. Concluí que era cedo para adivinhar.

Sob o amplo toldo da piscina, o casal de anfitriões estava ultimando a leitura de jornais e revistas. Selma, como sempre, foi acolhedora:

– Vocês se divertiram?

Dissemos que muito.

– Hoje teremos uma bela macarronada! – disse ela com acentuada entonação italiana.

Pedro soltou um mimético urro de alegria:

– Da mama?

– Quase! – se divertiu Sálvio.

A anfitriã nos convidou:

– Por que não sentam? Há refrescos no cooler. Vamos conversar. Almoço de domingo sai mais tarde.

Nós nos acomodamos disciplinadamente nas poltronas brancas. Nesse instante, o caseiro se aproximou com torradas quentes de queijo parmesão, finas fatias de pão de alho e orégano, homus, esfirras, pistaches e pequenas porções de queijo brie. Perguntou se aceitávamos uma batida de maracujá. Em meio a pequenas risadas cúmplices, recusamos em coro – sentíamos uma comprometedora euforia... O professor se manifestou:

– No café-da-manhã eu pretendia desafiá-los, lembram?

Fizemos que sim.

– Então, preparem-se!

Foi o sinal para que nosso espírito lúdico baixasse. O semblante do Sálvio se descontraiu por inteiro ao sorrir com seus dentes alinhados e bem cuidados. Precavidos, nós nos apressamos a tomar uns chás gelados para diluir os efeitos da cerveja. A esposa, benevolente, nos olhou:

– É bom espairecer de vez em quando.

Sálvio não comentou nossos vapores etílicos e explicou o problema:

– Pensem em dois países, A e B. Eles exportam produtos agropecuários um para o outro. Para simplificar, ambos possuem duas opções para tributar as importações. A primeira opção seria adotar uma tarifa baixa (cinco por cento sobre o valor); a segunda opção seria adotar uma tarifa alta (quarenta por cento sobre o valor). O problema consiste em saber qual a resposta que cada país irá preferir em função da estratégia escolhida pelo outro. Ou melhor: qual a melhor resposta para cada um deles.

Nós nos entreolhamos sem nada entender.

– Sossegue, pessoal, faltam informações! Vamos aos ganhos e perdas de cada país. Esses vão variar conforme as tarifas escolhidas. Vou pôr os três cenários num papel.

Ele se levantou, pegou caneta e papel numa gaveta da churrasqueira e começou a escrever.

– Assim, todos vão poder ver e avaliar. Primeiro cenário: se um país adotar uma tarifa baixa, o outro poderá responder com tarifa alta. Quais serão então os resultados? A balança comercial do primeiro país apresentará um déficit de setecentos milhões de dólares, enquanto o segundo contabilizará 2,3 bilhões de dólares a mais. Tudo bem, gente?

Ficamos silenciosos.

– Vamos ao segundo cenário. Se ambos os países adotarem tarifas altas, cada um deles terá um superávit de oitocentos milhões em sua balança comercial. Está claro?

Em função de nosso hábito de competir, principalmente quando habilidades intelectuais estavam envolvidas, seguíamos o raciocínio com muita atenção.

– Vamos ao terceiro cenário agora. Se ambos os países adotarem tarifas baixas, cada um deles terá 1,7 bilhão de dólares de saldo positivo em sua balança comercial.

Esperou um pouco e finalizou:

– Está pronto. Cabe agora uma análise de risco.

Pedro qualificou na hora:

– É como na teoria dos jogos...

– Perfeitamente, Pedro! – felicitou o professor.

Figura 1 | **Matriz de recompensas**

Cenários projetados	US$ milhões
Se um adotar uma tarifa baixa, o outro pode responder com tarifa alta	-700 p/um • 2.300 p/outro
Se ambos adotarem tarifas altas	800 cada
Se ambos adotarem tarifas baixas	1.700 cada

Em poucos segundos aproximamos as poltronas e encetamos um animado debate. Letícia se sobressaiu pelo empenho e dava palpites e sugestões sem parar. Pedro organizou as idéias e, após ter se apoderado da caneta do professor, montou uma matriz de possibilidades. Em pouco menos de três minutos chegamos ao consenso. Letícia foi nossa porta-voz.

– Estamos diante de uma escolha racional – disse ela, compenetrada. – E tanto faz tomarmos o ponto de vista do país A ou do país B, dá na mesma, porque a análise é formal. Assim, cada um dos países tem duas opções: a primeira é a tarifa baixa, a segunda opção é a tarifa alta. Como os dois países podem retaliar um ao outro, o que aconteceria se o país A decidisse adotar a tarifa baixa?

Pedro ecoou:

Figura 2 | **Qual é a escolha racional?**

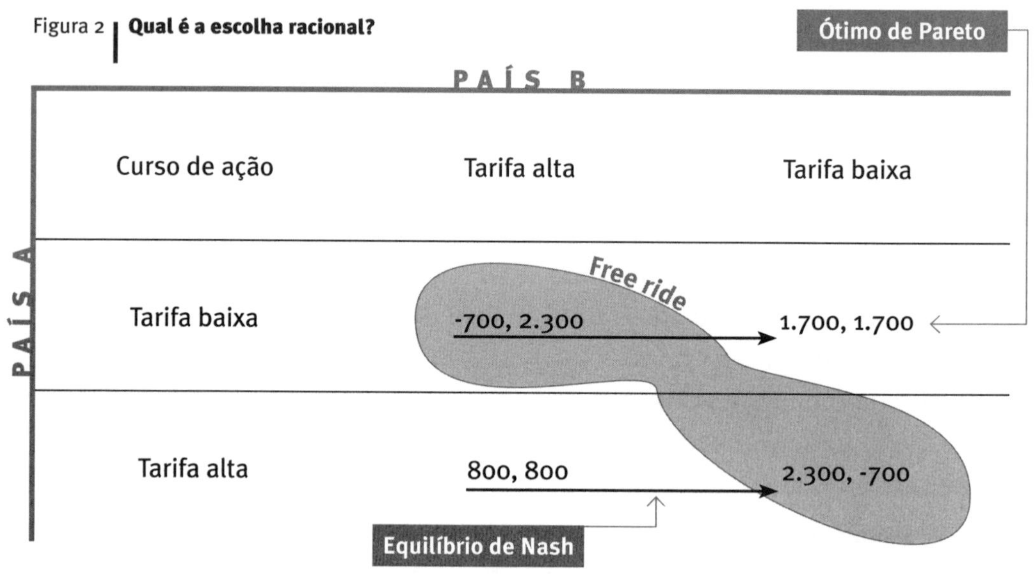

– Se o país B responder com tarifa alta, o país A terá um déficit de setecentos milhões em sua balança comercial, enquanto que o país B terá um superávit de 2,3 bilhões de dólares.

– Contudo – continuou Letícia –, se o país B responder com tarifa baixa, ambos os países poderão contabilizar um ganho de 1,7 bilhão de dólares. Vejamos agora o outro curso de ação ou a outra hipótese de trabalho: a da escolha da tarifa alta. Se o país A adotar a tarifa alta e o país B fizer o mesmo, ambos ficarão com oitocentos milhões positivos em sua balança comercial.

– Mas se o país B reagir com tarifa baixa – alternou Pedro –, o país A alcançará 2,3 bilhões de dólares de superávit, enquanto que seu parceiro de negócios sofrerá um déficit de setecentos milhões.

Letícia concluiu:

– Em resumo, o país A tem que escolher entre dois cursos de ação. Se adotar a tarifa baixa, ele poderá perder setecentos milhões ou poderá ganhar 1,7 bilhão. Isso depende do que B fizer. Mas se adotar a tarifa alta, ele poderá ganhar oitocentos milhões ou 2,3 bilhões, também dependendo da ação de B.

– Beleza, gente! Beleza! – congratulou Sálvio. – Isso significa que os países vão fazer o quê?

Luisa respondeu com firmeza:

– Escolher a tarifa alta, naturalmente!

– E por quê?

– Porque, dessa maneira, eles minimizam seus riscos!

– Quer dizer o quê precisamente?

– Que cada país ficará, no mínimo, com oitocentos milhões de dólares. E se o outro país cometer a tolice de adotar a tarifa baixa, será possível embolsar 2,3 bilhões...

Pedro assinalou, circunspecto:

– Ambos escolhem a opção mais conveniente, porque cada um leva em consideração a melhor opção do outro. É o equilíbrio de Nash na teoria dos jogos!

– E é mesmo! – confirmou o professor. –Trata-se de uma interação estratégica: o que eu faço depende da ação do outro e vice-versa; somos interdependentes. Como lances no xadrez!

Ele olhou para todos nós com um fino sorriso.

– Vocês devem se perguntar: muito bem, e daí? Onde isso nos leva?

A esposa se adiantou:

– Como caracterizar a postura adotada por cada país do ponto de vista ético? Sabemos que cada parte tenta se precaver, correr o mínimo de riscos possíveis. Todavia, essa decisão produz quais efeitos sobre a outra parte?

Será que algo nos escapou? Não parecia. Selma coçou o nariz e nos espicaçou:

– Que tipo de postura é? Digam lá!

Bastava relacionar a pergunta ao tema em pauta: era tão óbvio que suspeitamos que a pergunta fosse capciosa. Eu decidi entrar na jaula dos leões:

– Uma postura de parcialidade.

– Perfeito, Leo! Não é uma postura egoísta, como já vimos, porque o egoísmo não se aplica a um país, nem a uma coletividade ou a uma organização. O conceito só se aplica a um indivíduo determinado.

Nós já tínhamos entendido isso e a repetição nos aborreceu um pouco. Mas a consultora, consciente de que repisar conceitos do ponto de vista didático era proveitoso, foi simplesmente em frente:

– A parcialidade ou o altruísmo *parcial*, quando confrontado com os interesses gerais, é uma postura de pegar carona, o que os americanos chamam de *free ride*. Por que será?

Não vacilei:

– Ora, porque cada país não se importa com a relação conjunta: privilegia os próprios interesses nacionais e ponto final. Por isso minimiza os próprios riscos.

– Vamos ver as cifras para tornar o raciocínio claro – insistiu Selma. – Por que essa escolha, perfeitamente racional, é altruísta parcial?

– É simples – revidei. – Algumas somas resolvem a questão. Em três dos quatro cenários, os países tomados em conjunto ficam com 1,6 bilhão de dólares de superávit. Acontece que, num único cenário, os dois países juntos somam 3,4 bilhões de superávit. Mais do dobro dos três primeiros cenários!

Dei um tempo.

– Em outras palavras, do ponto de vista do "sistema", ou melhor, da relação conjunta, a estratégia mais racional seria a de que ambos os países utilizassem tarifas baixas. E por que isso?

Fiz a pergunta para mim mesmo, na velha tática professoral.

– Porque cada um deles poderia contabilizar 1,7 bilhão de dólares como superávit. Ambos ganhariam mais!

André contestou com razão:

– Não há dúvida. Só que eles teriam que combinar isso antes!

– Estou com você, André! – afirmei com entusiasmo. – Sem cooperar, sem pactuar, nada feito. Isso significa que, antes de tudo, é preciso negociar os termos, assinar um tratado comercial, estabelecer garantias mútuas. Porque, na falta de salvaguardas, o acordo poderia ser descumprido.

Mais uma vez, Pedro trouxe luz ao debate:

– Isso se chama o "ótimo de Pareto": a solução de maior eficiência possível do ponto de vista sistêmico; qualquer outro curso de ação iria piorar a situação de um dos participantes.

– Aleluia, Pedro! – parabenizou a consultora. – Você está de parabéns!

Chegamos a aplaudir, enquanto Pedro fazia pequenas e divertidas reverências.

– Vocês praticamente esgotaram o assunto – avaliou Selma.

O professor então sugeriu:

– O exercício é apenas um pretexto para que possamos aplicar o resultado ao âmbito empresarial, não é verdade? Vamos ver como?

Todos nós concordamos sem titubear. A esposa mais uma vez se encarregou da tarefa:

– Vejamos. Para minimizar riscos ou evitar prejuízos eventuais, as empresas, ou as coletividades, costumam tomar decisões racionais que se inspiram...

Simulou uma hesitação.

– No altruísmo parcial! Assim, no caso que acabamos de elucidar, o "equilíbrio de Nash" corresponde ao altruísmo parcial, certo? Cada país se considera o centro do mundo e olha para seus melhores interesses.

– Agora vou repetir o que Leo e André disseram – destrinçou Sálvio. – Os ganhos conjuntos seriam maiores se ambos os países fossem capazes de se articular e de cooperar entre si, isto é, de coordenar suas decisões e assegurar o respeito aos compromissos assumidos. O ótimo de Pareto corresponde às respostas mais eficientes para o conjunto dos agentes e nos remete a um conceito extraordinariamente fecundo, uma ferramenta-chave: o altruísmo *imparcial*.

Fez o clássico suspense, estalando a língua.

– O que é esse processo? Trata-se de uma situação em que todos ganham e ninguém perde! Vocês lembram a partilha dos ganhos sociais por parte das empresas, não lembram? Demos os exemplos da capacitação dos funcionários, da adoção de um parque municipal, das inovações em processos ou produtos, não é? É disso que estamos falando!

Ficamos pensativos. Ele se levantou e falou em pé, dando curtas passadas e nos rodeando.

– Notem bem: não é preciso fazer concessões em retribuição às concessões de outra parte, ou seja, não são necessárias concessões mútuas. Vou fazer um paralelo com estratégias de negociação. O altruísmo imparcial corresponde à estratégia da colaboração ou ao jogo de soma positiva. Explico: não se deve confundir o jogo de soma positiva, uma forma criativa de negociar, com um jogo de trocas que corresponde à forma mais corriqueira de negociar. Porque nesta última forma, há conciliação de interesses, transigência, composição, regateio, pechincha, barganha. Quer dizer, cada parte perde um pouco e ganha um pouco; há um duplo ganha e perde; os ganhos e as perdas são rachados; é como se ambas as partes procurassem empatar o jogo. Ainda que esse intercâmbio seja eficiente e cooperativo, a estratégia da conciliação não é um jogo de soma positiva, não é o verdadeiro ganha-ganha. Na estratégia da colaboração, isto é, no jogo de soma positiva, ocorre um efetivo ganha-ganha em que só há ganhadores!

Observou leve pausa.

– Para termos um completo quadro de referência, precisamos falar dos jogos competitivos em que alguns ganham e outros perdem. São jogos de soma zero. Vejamos. Temos o famoso ganha-perde quando os ganhos são unilaterais (sai vencedora a parte que se impôs à outra). E, ao reverso, temos o jogo em que uma parte cede ao seu oponente. Continua sendo um jogo de soma zero, mas com os termos invertidos, porque, neste perde-ganha, as concessões são unilaterais. Isso corresponde à "manobra de humildade" de Jesus que oferece a outra face, ou à resistência passiva que tem por expoentes Gandhi e Martin Luther King Jr.

Ele nos fitou sem pressa, voltou a sentar-se e retomou o raciocínio com certa excitação:

– Quando falo de altruísmo imparcial, falo do jogo de soma positiva em que todos os participantes, indiscriminadamente, ganham sem nada perder. Situação extraordinária! Nela há agregação efetiva de valor, há superação criativa das dificuldades, há sinergia. Ou seja, a soma acaba sendo maior do que as partes; os ganhos são conjuntos e não existem perdedores. Este é o badalado e tão mal compreendido ganha-ganha!

Ficamos simplesmente encantados com o achado. Eu me apressei em estabelecer conexões:

– Se o jogo de soma positiva corresponde ao altruísmo imparcial, nós poderíamos relacionar os jogos de soma zero com dois conceitos éticos – o egoísmo e o altruísmo parcial. Concorda professor? Um sujeito só ou alguns sujeitos se beneficiam à custa dos outros.

– Por que não? – aceitou Sálvio.

Ficamos absortos, digerindo as novidades, até que a esposa pegou a deixa e, depois de esperar que a poeira baixasse, traduziu a lógica por trás do conceito:

– As práticas altruístas imparciais, por incrível que pareça, são amplamente disseminadas. E sabem por quê? Porque correspondem a formas variadas de cooperação social. Não há sociedade humana que não lance mão delas tanto para existir como para se perpetuar. O altruísmo imparcial resulta da sociabilidade inerente aos homens, das nossas exigências gregárias.

Percebi que a consultora preferiria não repetir truísmos ou verdades elementares das ciências sociais, mas, por serem indispensáveis à argumentação, foi em frente:

– Vocês já viram alguma sociedade que não tivesse algum tipo de divisão social do trabalho?

Luisa falou com seus botões:

– Funções ou profissões interdependentes.

– Ou alguma sociedade que não tivesse mecanismos de regulação das atividades coletivas, tais como leis, autoridades, bens públicos? Ou cujos membros não partilhassem um mesmo universo simbólico (língua e maneiras de agir, pensar e sentir)?

O professor reforçou a fala:

– O altruísmo imparcial é perceptível nas situações mais corriqueiras. Querem ver? Peguem uma vela e, com a mesma chama, acendam centenas de outras; o que ocorre? Todos ganham, ninguém perde. Disseminem conhecimentos por aí afora, idem. São fenômenos que se multiplicam sem custo! A difusão de notícias e de músicas por uma estação de rádio também é uma prática altruísta imparcial.

A esposa propôs:

– Pensemos em mais ilustrações. Quem começa?

Como demoramos mais do que o esperado, ela deixou escapar em tom de chacota:

– Depois que eu descrever um caso, vocês vão brigar para dar o seu! Que tal um caminhão que faz coleta de lixo, o que vocês acham? Atende aos interesses gerais?

Balançamos as cabeças afirmativamente.

– E por quê? Sem a coleta, o que poderia acontecer?

– Epidemias na certa! – bradou André.

– Não se precipite! Como se dá o processo? Vamos resgatar a cadeia causal.

Luisa atendeu à solicitação sem tropeçar:

– Bem, se não houver coleta, o lixo se deteriora, se degrada. Começa com mau cheiro, depois os insetos proliferam e os ratos se alimentam. A seguir, doenças podem se espalhar...

– Estamos afinados agora! – enalteceu a consultora. – Todos concordam que a coleta de lixo satisfaz os interesses gerais, coletivos, públicos. Agora, vamos focalizar a prestadora do serviço, a empresa que venceu a licitação da prefeitura. Ela ganha dinheiro com isso, não é verdade? Pergunto: é do interesse dela que haja coleta de lixo?

Fizemos sinais afirmativos.

– Ótimo! Nesse caso, os interesses gerais se conjugam com os interesses organizacionais ou, no caso, com os interesses empresariais. Por quê? Porque a coleta de lixo, que interessa à prestadora do serviço, não ocorreria se não houvesse interesse prévio por parte da coletividade maior. Desçamos a um nível mais micro ainda. É de interesse de cada habitante da cidade que se tire o lixo defronte da própria casa?

Ela nem esperou que concordássemos para disparar:

– Os interesses pessoais também se conjugam! Em primeiro lugar, com os interesses gerais (ninguém quer mau cheiro ou ficar doente); em segundo lugar e, por derivação, com os interesses organizacionais (cada um dos habitantes requer o trabalho de coleta). Não é isso? Fechamos o circuito! Todo mundo ganha e ninguém perde! Esse é um mecanismo altruísta imparcial, um mecanismo de cooperação social absolutamente indispensável para que a sociedade possa perpetuar-se! Ficou claro?

Aplaudimos discretamente. Selma agradeceu com um aceno. O exemplo nos abriu o portal dos bens públicos, dos bens comuns a todos nós. Minhas dúvidas desvaneceram. Senti uma comichão e propus:

– Imaginem uma ambulância com sirenes ligadas e faróis acesos em pleno trânsito caótico de São Paulo, o que acontece?

– As pessoas dão passagem – retrucou minha parceira Luisa.

– E uns safados vão atrás! – caçoou André.

Ninguém deu ouvido e eu continuei:

– E por que abrem caminho? Por medo de levar uma multa?

– Claro que não – murmurou Luisa.

– Então por quê?

– Ora, por quê? – rebateu Pedro. – Porque alguém necessita de auxílio urgente, porque amanhã poderá ser um parente, um amigo, você mesmo... Que diabo! Por solidariedade!

– É isso mesmo, companheiro! – saudei. – É, portanto, de interesse geral que as pessoas obedeçam espontaneamente à disciplina de dar passagem. Estamos de acordo? E quanto ao hospital que presta o serviço de ambulância, é do interesse organizacional dele? Óbvio que sim! E para o paciente que está sendo transportado, é de seu interesse pessoal?

– Mais do que nunca! – confirmou Luisa.

– Show de bola! – incentivou Pedro. – Todo mundo ganha e ninguém perde!

A consultora nos repreendeu, exigindo precisão conceitual:

– Altruísmo imparcial, gente, altruísmo imparcial! Mataram a charada?

– Se eu pegar uma torre de controle de aeroporto – refletiu Letícia –, aquele centro que regula pousos e decolagens...

André se interessou pelo assunto:

– A ordem dada pelo controlador de vôo a qualquer avião que se aproxime deve ser simplesmente obedecida. É de interesse geral.

– Caso contrário – interpretou Letícia –, se o piloto decidir aterrissar quando tiver vontade, os passageiros e o próprio aeroporto estariam em perigo...

– Sai de baixo! – brincou André.

– Em suma, é de interesse geral e também da companhia aérea – interesse organizacional – que o piloto cumpra a orientação do operador da torre de controle. Finalmente, é do interesse pessoal de cada passageiro que o piloto não invente! Nada mais óbvio!

– Fechou o circuito, Letícia! – reconheceu Pedro com excitação.

Logo depois, encarando Selma, convidou-a com um gesto:

– Só que não podemos esquecer de dar nomes aos bois, não é verdade?

A nossa anfitriã então repetiu como se entoasse um canto:

– Altruísmo imparcial, gente, altruísmo imparcial! Todo mundo ganha e ninguém perde!

O professor nos observava com visível contentamento e disse:

– Poderíamos passar o dia todo dando exemplos, não é? Então vou acelerar o processo. Peguemos escolas e bibliotecas. É de interesse geral que elas existam? Claro que sim. E é de interesse delas como organizações existirem?

Gritamos uníssonos:

– Sim!

– E para os alunos: elas atendem aos seus interesses pessoais?

Novamente:

– Sim!

– Isso vale para o dinheiro como instrumento de entesouramento e de transações comerciais – afirmou a esposa. – Assim como se aplica aos hospitais, aos correios, aos metrôs e aos ônibus...

Sálvio desdobrou as situações:

– Aplica-se à energia elétrica, ao saneamento básico, à água encanada, às pontes, ao gás encanado, à telefonia, aos aeroportos, às ferrovias, às rodovias, aos portos, aos cemitérios etc.

Novamente a esposa interveio para sublinhar o aspecto teórico:

– O fato de alguém usufruir esses bens não impede outros de fazerem o mesmo, porque são bens públicos, quer dizer, bens não excludentes, bens cujo consumo coletivo não é rival. Um bem privado, ao contrário, é rival. Por exemplo, você não pode usar ao mesmo tempo do que eu o par de sapatos que eu estou calçando agora.

Raciocinei em voz alta:

– Ser beneficiário de práticas altruístas imparciais ou extremadas não nos torna altruístas, não é verdade? Um egoísta pode usar o metrô ou ser internado num hospital sem que isso faça dele um altruísta. Da mesma forma, as vítimas socorridas por atos de desprendimento extremado ou os famintos que recebem auxílio humanitário. Alguém discorda?

Ninguém contestou as proposições. Mas Selma ponderou, indicando uma importantíssima diferença:

– Em contrapartida, o consumo de atividades parciais tem implicações éticas porque torna seu usuário um cúmplice. Por exemplo, comprar um CD pirata, apresentar um atestado médico falso ou dar uma propina a um fiscal compromete você, torna você parte de um negócio escuso e afeta negativamente a sociedade.

Prossegui, procurando aplicar essas questões aos negócios:

– Ninguém discorda que os bens públicos desempenhem funções essenciais, tal como garantir o funcionamento da sociedade e fortalecer a coesão social. Mas eu gostaria de pôr os pés no chão e perguntar: será que as empresas são capazes de promover o altruísmo imparcial?

Ficaram todos à espera, enquanto eu ganhava um tempo para logo depois elucidar:

– Por que será que os trabalhadores vendem sua força de trabalho?

André fez pilhéria:

– Certamente não é por causa dos olhos bonitos do patrão!

– É isso mesmo! – reforcei. – Então, por que é? Vendem sua força de trabalho porque precisam ganhar a vida. Isso significa que seus ganhos monetários visam interesses pessoais: eles têm família para sustentar, querem fazer carreira profissional, alimentam planos para o futuro. Resumindo: fazem uma troca com a empresa, porque ambas as partes têm necessidades complementares a satisfazer.

Luisa me deu suporte:

– Entendi! A empresa não os contratou por causa dos olhos bonitos deles – isso também é evidente –, mas porque espera que agreguem valor ao negócio, espera que seus interesses empresariais sejam atendidos. Caso contrário, é rua!

– E, por último – completei –, a empresa sobrevive como no mercado? Ao satisfizer o interesse geral! De que jeito? Produzindo bens e serviços socialmente úteis. Caso contrário, perde o capital que investiu.

O professor afirmou em alto e bom som:

– Meu caro Leo, vou lhe confessar que eu não havia pensado nisso!

Virando-se para a esposa:

– E você, Selma?

Ela esticou os lábios para a frente, como se desse a mão à palmatória. Eu estava realizado! Aí, ela indagou:

– Você quer dizer que a busca do lucro tem uma natureza altruísta?

Respondi sem hesitar:

– Estou mostrando, como já o fez Adam Smith, que a satisfação dos interesses dos empreendedores passa pela produção de efeitos altruístas imparciais!

Esperei um instante, me deliciando com o brilho dos olhos dos colegas.

– Como? Por intermédio de suas atividades empresariais! Afinal, os acionistas não investem seu precioso dinheiro pelo bem comum – não sou ingênuo! Isso é mais do que sabido. Mas eles só realizam o valor que foi agregado aos produtos se conseguirem sintonizar seu radar com as demandas do mercado. Ou seja, os resultados produzidos transcendem as intenções iniciais; os interesses empresariais passam pelo atendimento de interesses gerais!

– Sensacional! – louvou laconicamente Selma.

Mudei o tom para fazer ressalvas:

– Isso não significa que, em muitas oportunidades, as empresas não defendam seus interesses específicos com unhas e dentes... Quer dizer, ainda que satisfaçam necessidades gerais num determinado plano, há muitas situações em que as empresas adotam práticas altruístas parciais. Excepcionalmente, também, quando promovem ações filantrópicas, agem de forma altruísta extremada. São verdadeiros camaleões! Jogam em vários tabuleiros!

Todos aprovaram em silêncio. Em meu entusiasmo, não percebi que eu estava monopolizando a conversa:

– Algo me vem à mente... Eu queria checar se faz sentido, posso?

Sálvio fez o gesto de quem convida a ir adiante.

– O altruísmo imparcial me parece um belo exercício de cidadania.

O professor meditou um pouco e replicou:

– Não necessariamente. E lhe digo por quê.

Fiquei muito curioso.

– Todas as sociedades humanas desenvolvem mecanismos de cooperação social independentemente de seus sistemas socioeconômicos ou de seus regimes políticos. Todas desenvolvem práticas altruístas imparciais, porque as necessidades são universais. Elas existem em países totalitários como em países autoritários ou em países liberais, de regimes abertos. Dedução: súditos ou populações subjugadas também desfrutam de bens públicos que são altruístas imparciais. Você concorda?

Refleti o suficiente para perceber que o altruísmo imparcial não decorre obrigatoriamente de uma militância ativa, mas corresponde a instrumentos que derivam da própria lógica da convivência social. Seu caráter é, portanto, genérico. Logo, no entanto, fui surpreendido por Sálvio. Ele me olhou longamente e declarou com voz amena:

– Isso não quer dizer que você não possa planejar ou construir práticas altruístas imparciais. Porque são jogos de soma positiva, jogos cooperativos que alcançam o ótimo de Pareto.

Os vínculos entre os três conceitos estavam estabelecidos: o altruísmo imparcial, o jogo de soma positiva e o ótimo de Pareto. Que extraordinária conjunção! O professor finalizou o argumento:

– Empresas ativistas podem fazer isso. Eu lhes darei alguns exemplos. Mas não agora; mais tarde, está bem?

A pausa foi motivada por um sinal que o caseiro fez a nossa anfitriã. Ela disse:

– A conversa foi muito produtiva, vocês não acham?

Assentimos todos. O casal havia escancarado diante de nós um manancial de inesgotáveis reflexões. Selma então consignou:

– Brava gente, dez minutos para se refrescar. A mesa está posta.

Enquanto nós nos dirigíamos para os quartos para lavar mãos e rostos, conversamos animadamente. Voltamos logo para a sala de jantar para mais um almoço de gala. Eu me sentia leve e animado.

|||

8 A ferramenta

Um homem nunca deve envergonhar-se de reconhecer que agiu mal. Equivale a dizer que hoje é mais sábio do que ontem.

Jonathan Swift

A prometida macarronada foi um festival de massas, precedido por bruschettas saborosas, carpaccio de filé-mignon, salada de alface com croutons, uma imensa travessa de tomates com fatias de mussarela de búfala e folhas de manjericão, tudo regado a azeite de oliva.

Pudemos escolher entre quatro tipos de massas: espaguete, capelletti, fettuccine e penne, que podiam também ser combinados com quatro molhos – bolonhesa, quatro queijos, carbonara e champignon. Pedro foi o mais assíduo freqüentador do aparador, provando todos os sabores. Como sobremesa, tivemos profiteroles com sorvete de creme e torta de amêndoas. Mais uma vez, o casal fazia questão de demonstrar seu gosto pela boa mesa. Só posso dizer que foi um inesquecível banquete!

Enquanto se servia, o professor engatou:

– Vamos recapitular. Nas duas últimas conversas vimos os conceitos do egoísmo e dos três tipos de altruísmos – o extremado, o parcial e o imparcial. E fizemos uma pausa num assunto crucial: é possível que empresas promovam o altruísmo imparcial como competência estratégica?

Procuramos ganhar tempo sem reagir.

– Formar parcerias entre empresas privadas, entidades do terceiro setor e, às vezes, órgãos governamentais é o caminho mais rápido para gerar benefícios para todos. Querem ver?

– Isso lhes parece pouco provável? – provocou a esposa.

– Claro que não! – protestaram simultaneamente Pedro e Letícia.

Sálvio desenvolveu o pensamento:

– Em primeiro lugar, é interessante que o investimento social diga respeito ao âmbito de atuação das empresas. Nada é mais produtivo do que lançar mão daquilo que já se sabe fazer, e bem, não é verdade?

– Apenas a boa vontade não resolve – reforçou Selma. – Quando muito, serve para aplacar dores de consciência. Em contraposição, quem tem conhecimento do assunto tem condições de monitorar os resultados.

– Em segundo lugar, as empresas precisam manter sintonia com as próprias estratégias para que os projetos sociais não se transformem em corpos estranhos ao negócio. Isso confere maior estabilidade às iniciativas.

A consultora acompanhou o bailado do marido:

– Eis o milagre da multiplicação dos pães: conjugar competências e interesses da empresa. Tomem o caso da TNT. Suas especialidades são a logística e o transporte global. O que fez? Ela se pôs à disposição do World Food Programme das Nações Unidas em casos de emergência mundial.

O professor prosseguiu imperturbável:

– Quais as vantagens? Gerar ganhos sociais, sim. Mas, simultaneamente, do ponto de vista estritamente empresarial, incrementar a competitividade do negócio, ir além do polimento da imagem corporativa, superar o marketing social.

Ficamos quietos. Sálvio media nossa temperatura.

– Sei que parece abstrato demais. Mas temos aí uma das chaves do capitalismo social, tão recente e tão extraordinariamente inovador.

Olhamos fixamente: o conceito merecia alguma fundamentação.

– Já fiz rápida referência à questão. Enquanto o capitalismo excludente – oligopolista e dominante em boa parte do século 20 – privilegiava exclusivamente a lógica da maximização dos lucros, o capitalismo social adota a otimização dos lucros. Quer dizer, faz com que uma parte dos lucros se converta em ganhos sociais. Este novo tipo de capitalismo está associado à Revolução Digital e resulta das pressões da cidadania organizada. Por exemplo, tanto a gestão participativa nas empresas como a participação dos trabalhadores nos lucros e nos resultados são partes essenciais de seus traços.

A esposa aproveitou a deixa para fazer um comentário elucidativo:

– É sabido que os fundos de pensão dos trabalhadores se tornaram os maiores capitalistas contemporâneos.

O anfitrião parecia animado:

– A análise de alguns casos de altruísmo imparcial empresarial é simplesmente apaixonante. Quer começar, Selma?

A esposa não se fez de rogada:

– Todo mundo conhece a Pfizer, uma gigante da indústria farmacêutica. A empresa desenvolveu um tratamento de baixo custo para a prevenção do tracoma, causa principal da cegueira em países pobres. Doou o medicamento e se articulou com organizações mundiais de saúde para realizar duas tarefas. A primeira consistiu em capacitar os médicos a diagnosticar corretamente a doença e, por conseguinte, em prepará-los para prescrever um tratamento adequado. A segunda foi criar canais de distribuição do remédio. Sabiam disso?

Ninguém se mexeu. Nem Luisa, nosso banco de dados em carne e osso, tinha conhecimento do fato.

– Pergunto: seria esse um ato de altruísmo extremado?

Parecia que sim, uma vez que a empresa doou o remédio e criou as melhores condições para distribuí-lo. Afinal, ela fez sacrifícios em prol da coletividade! Mas, já calejados contra os ardis, preferimos não nos expor. A fala do professor confirmou nossas suspeitas:

– Além de beneficiar dezenas de milhões de pessoas, sabem o que ela ganhou? Melhorou suas perspectivas comerciais. Fazendo o quê? Ela se valeu da rede de distribuição para vender outros remédios e expandir seu mercado! Obteve excelentes retornos. Alguém tem alguma objeção?

Fitou-nos longamente. Ninguém de nós se mexeu.

– Foi uma prática altruísta imparcial, uma empreitada em que todos ganham e ninguém perde. Por quê? Porque não se resumiu a fazer benemerência, ainda que tenha feito doações. Vocês entenderam o espírito da coisa?

André e Pedro trocaram idéias em voz baixa, enquanto as duas moças estampavam um sorriso fixo. Eu lancei um olhar distante sobre as árvores que se estendiam a perder de vista. E pensei: o pessoal se choca quando uma empresa também ganha com ações humanitárias. Bobagem: o importante é que as ações sejam benéficas para a coletividade e não provoquem danos a ninguém!

– Há outro caso impressionante – expôs a anfitriã. – A diarréia é um dos maiores problemas de saúde pública da Índia; o país responde por trinta por cento das mortes causadas pela doença no mundo todo. Ciente do problema, a Unilever firmou parcerias com organizações de saúde para mostrar à população de baixa renda a importância de lavar as mãos. Idéia luminosa! Todavia, antes de lançar o programa, a empresa investiu em pesquisas para baixar o custo de uma linha de sabonetes e ampliar seu poder bactericida. Com qual objetivo?

Sálvio respondeu como se tivesse sido acionado por um comutador:

– Conferir eficácia à lavagem das mãos! Só que a empresa não dispunha de canais de comercialização que atingissem os estratos de renda mais baixos. Criou então um sistema de vendas diretas, porta a porta. E, com isso, estabeleceu um círculo virtuoso: melhorou a higiene da população; reduziu a incidência da diarréia e das mortes que ela causa; contratou pessoas pobres como representantes comerciais; e ainda vendeu outros produtos de sua fabricação. Assim, ao penetrar num mercado inexplorado, ganhou dinheiro! O que acham?

Ficamos impressionados. A lógica do processo me pareceu cristalina. Expus a primeira idéia que me ocorreu:

– Li que a Apple, fabricante dos computadores Macintosh, doa computadores para escolas há muitos anos. Trata-se aparentemente de altruísmo extremado. Porém, imagino que sua intenção seja a de abrir caminho para seus produtos entre os jovens...

Vi no rosto iluminado de Selma que eu estava na direção certa. Fiz então a dedução pertinente:

– Ela expande seu mercado potencial ao transformar professores e alunos em usuários habilitados, é isso?

– Perfeitamente! – asseverou a anfitriã. – Embora esteja na fronteira da tecnologia, a empresa sabe que seus produtos têm pouca penetração. São mais caros do que os PCs da concorrência e têm uma arquitetura fechada.

Pedro esclareceu:

– A Apple não permitiu que outros fabricantes replicassem seus equipamentos, como a IBM fez.

A consultora aquiesceu:

– Uma das maneiras de sair do gueto do boca em boca – canal preferencial de divulgação dos aficionados – foi partir para a ofensiva: familiarizar futuros compradores com seus produtos.

– Se isso fosse apenas um ato de doação, como disse Leo – raciocinou André –, seria filantropia ou benemerência, altruísmo extremado. Não é o caso. A Apple beneficiou a coletividade e, ao mesmo tempo, mirou um retorno estratégico. Bela troca!

– Altruísmo imparcial! – sentenciou Letícia.

Luisa tomou então a palavra:

– A IBM fez o mesmo com um programa denominado Reinventing Education. Atingiu dezenas de milhares de professores e milhões de alunos.

– Viva! – aplaudiu Selma.

– E fez parceria com órgãos governamentais. Desenvolveu uma plataforma na Internet para estimular novas práticas educativas e conseguiu aprimorar o desempenho dos alunos.

– Manobra de envolvimento! – assinalou Sálvio

Fizemos cara de quem não entendia, propositadamente. Ele se apressou em detalhar a idéia:

– Investiu no longo prazo ao propagar os benefícios da informática e ao cultivar a fidelidade dos usuários.

André, que estava ruminando situações similares, pronunciou-se novamente:

– Isso me lembra o professor Muhammad Yunus, que lançou o microcrédito em Bangladesh. Fundou o Grameen Bank, que concede empréstimos para gente muito pobre. Créditos para empreender, não para consumir. E olhem que em sua quase totalidade os mutuários são mulheres!

Luisa sublinhou:

– O "banqueiro dos pobres", Yunus, ganhou o Prêmio Nobel da Paz em 2006.

– A colega não perde uma! – exclamou André. – O mais curioso é que ele não exige contratos legais, já que baseia a operação num relacionamento de confiança. Solicita apenas um "aval solidário" de três a cinco pessoas que se responsabilizam pelas eventuais dificuldades individuais e pelo pagamento dos empréstimos. O índice de reembolso chega a quase noventa e nove por cento e, com isso, o banco ganha dinheiro!

Mais uma vez Luisa interveio:

– Seus empréstimos funcionam como catalisadores do desenvolvimento social de Bangladesh.

Selma clamou alegremente seu refrão:

– Altruísmo imparcial, gente! Altruísmo imparcial!

Desatamos a rir.

– No campo das finanças – narrou o professor –, há outra situação interessante. Ao constatar que seus maiores mercados estavam nas cidades mais antigas da Costa Leste dos EUA, o banco FleetBoston Financial valeu-se de sua competência empresarial em serviços financeiros – atendimento à pequena empresa, empréstimos em bolsões de exclusão social, hipoteca de imóveis e capital de risco. Lançou então a Community Renaissance Initiative. A idéia consistiu em revitalizar economicamente algumas zonas urbanas degradadas.

Estávamos empolgados com tantos projetos fascinantes.

– O banco agiu de que forma? Articulou-se com organizações comunitárias, comerciais e governamentais, atraiu fontes privadas e municipais de recursos, e ofereceu pacotes de financiamento a pequenas empresas. De lambuja, prestou assessoria técnica. Resultado: permitiu uma retomada geral das atividades na região!

– Todo mundo ganhou com isso – pontuou a esposa. – É a inteligência a serviço da comunidade e, por que não dizê-lo, a serviço do próprio capitalismo!

Pedro, entusiasmado, trouxe outra contribuição:

– A Procter & Gamble desenvolveu um produto para a purificação da água de baixo custo – o PUR, Purifier of Water. Entre parênteses, saibam que há um bilhão de pessoas sem acesso à água potável. Em caso de desastres naturais, a empresa fornece o produto às organizações internacionais de ajuda como a Unicef ao preço de custo. E vai além: formou parcerias com ONGs internacionais e financiou campanhas educativas para ensinar às pessoas a importância do uso da água limpa e a forma de realizar testes de adequação. E, ao se valer das redes dessas ONGs para distribuir o produto, montou um novo modelo social de mercado! Consegue assim chegar ao Haiti, Paquistão, Quênia e Uganda.

Acrescentou:

– A General Electric adotou uma estratégia que consiste em criar tecnologias limpas. Preparou-se para produzir geradores de energia eólica, fabricar equipamentos para dessalinizar a água do mar, além de projetar locomotivas que consumam menos óleo diesel. Essa "linha verde" responderá por receitas bilionárias.

– Fantástico! – aplaudiu Selma. – O planeta agradece e os acionistas mais ainda!

– E tem mais – insistiu Pedro. – A America Online, a famosa provedora de Internet, desenvolveu a AOL&School em parceria com educadores. Montou um site gratuito para professores e alunos de cada série escolar. Ofereceu planos de aula e materiais para os mestres, bem como ferramentas de referência bastante amigáveis para os alunos.

– Você navegou nela, cara! Confessa! – brincou André. – Para colar o quê, hem?

– Nada! – redargüiu Pedro, meio confuso. – A filha do vizinho me pede ajuda para as lições de casa. Eu fuço o tempo todo na Internet...

E antes que viesse alguma outra gozação de mau gosto:

– A menina tem onze anos! Onze, ouviu?

– A AOL ganhou o quê com isso? – indagou Selma.

– Paralelamente à melhora do ensino médio – respondeu Pedro –, incrementou a demanda de seus serviços no longo prazo e contribuiu para qualificar talentos.

– Barbaridade, cara! – exclamou André à maneira gaúcha. – Parece press release!

– Pára com isso, André! – repreendeu Letícia sem aspereza na voz, para não criar constrangimento. – Está ficando chato!

Ela não demorou, porém, para dar o seu quinhão:

– O caso de Anita Roddick, uma empresária britânica, cabe aqui como uma luva. Ela conseguiu que seus clientes associassem a compra de seus produtos de beleza à defesa de uma idéia.

– Mas isso é comum, Letícia – rebateu André, querendo dar o troco. – Clientes não compram apenas produtos ou serviços com seus atributos e qualidades, compram respostas a problemas, promessas de benefício.

– Não estou me referindo a isso! – insurgiu-se a colega. – Eu sei que a marca de um produto desperta emoções.

– Vende sonhos! – emendou o outro. – Propaga estilos de vida, acena com prestígio, expressa valores culturais!

– Sei, sei, sei: clientes compram reputações e marcas! Compram intangíveis... Refiro-me a outra coisa!

– A quê?

– À idéia de que é possível produzir bens e, ao mesmo tempo, respeitar a natureza e dignificar os produtores! Por exemplo, dispor de produtos ecológicos que excluam o teste de cosméticos com animais.

– E daí?

– E daí que é uma forma inteligente de traduzir a responsabilidade social empresarial! Exatamente o que o professor Sálvio disse.

Virou-se para o casal de anfitriões para se certificar de que não estava incorrendo em erro.

– O negócio de Anita Roddick tem preocupações explícitas com a sustentabilidade. Querem ver?

Nenhum de nós perdia a oportunidade de exibir seus conhecimentos: éramos amigos, mas cada qual emulava o outro. Letícia não deu trégua:

– Além de evitar danos ecológicos, Anita compra as matérias-primas de comunidades nativas e lhes garante qualidade de vida.

– Suas lojas não são as famosas Body Shop? – inquiriu Luisa.

– É isso mesmo! Adota e converte em fornecedoras comunidades espalhadas em vinte e três países – da Austrália à Zâmbia. Conclusão: obtém produtos bem feitos a preços justos e cria para os parceiros uma perspectiva de trabalho de longo prazo!

Aí, num movimento espontâneo, Luisa e os três rapazes olharam para Selma e, com voz de riso, bradaram:

– Altruísmo imparcial, gente! Altruísmo imparcial!

A consultora nos brindou com um franco sorriso, enquanto Luisa desdobrava a idéia anterior:

– O princípio que consiste em praticar o comércio eqüitativo foi tão sedutor que o maior fabricante de cosméticos do mundo – a L'Oréal francesa – comprou a Body Shop em 2006. Mas teve o cuidado de manter a independência da empresa, além de preservar seus dirigentes.

Esperou nossa reação. Quem se habilitou foi Letícia:

– Quando você fala de comércio eqüitativo, você está se referindo ao sistema de *fairtrade*?

– É – confirmou Luisa. – Por exemplo, a rede de cafeterias Starbucks e a companhia Dunkin' Donuts só importam café de produtores certificados pela Fairtrade Labelling Organization (FLO). Vocês conhecem?

Tínhamos uma vaga noção.

– É uma organização internacional que certifica os produtores do Terceiro Mundo, desde que cumpram regras "solidárias".

– O sistema atinge um milhão de produtores – enriqueceu Letícia. – Em cinqüenta países!

Feliz da vida, Luisa exclamou:

– Vamos formar uma dupla sertaneja, o que você acha?

Ambas se deram as mãos. Luisa não perdeu o embalo:

– Vocês sabem o que esses produtores exportam? Não só produtos agrícolas como café, chá, açúcar, frutas, arroz, mel e cacau, mas também suco de frutas, vinhos e artigos esportivos. Aliás, há um incentivo a mais: recebem um prêmio em relação ao preço de mercado!

Pedro mostrou-se curioso:

– Tem idéia de quais são as exigências para participar disso?

Luisa não lembrava todas elas, daí sua hesitação:

– As regras são as da cartilha do politicamente correto.

– Não empregar crianças, por acaso? – ajudou o colega.

– Ou tolerar trabalho forçado – ela completou.

Segura de si, Letícia acrescentou:

– Os produtores se obrigam a registrar os eventuais empregados e a coibir abusos ambientais como o uso de agrotóxicos.

– Têm que demonstrar transparência na prestação de contas – disse Luisa em tom conclusivo.

Só que Letícia gritou como se estivesse numa gincana:

– Não esqueça que não podem discriminar mulheres e índios!

– Que pecado! – soltou André, com veneno. – Como pode, hem?

Sem passar recibo, a colega deu de ombros. Pedro, que permanecia sintonizado, arriscou:

– Devem oferecer condições dignas de trabalho, não?

– Sim, claro – admitiu Luisa. – Condições seguras, saudáveis, decentes, além de ter que se organizar em associações.

Sálvio deu então seu veredicto:

– Os participantes se beneficiam e há efeitos multiplicadores sobre as comunidades e os mercados, isso é o essencial.

Empolgada, Selma decidiu jogar mais lenha na discussão:

– Adoro viajar. Vocês gostam?

Houve várias manifestações a favor.

– Sabem o que descobri? Que a empresa de turismo Grand Circle Travel doou milhões de dólares a projetos de preservação histórica.

De pronto, não percebemos a relação.

– Eis o pulo do gato: investiu em lugares procurados por seus clientes! Por exemplo, nas ruínas de Éfeso na Turquia e no Museu de Auschwitz-Birkenau na Polônia. E não foi por filantropia! Firmou um sólido relacionamento com as organizações que mantêm esses pontos turísticos. Para quê? Oferecer oportunidades de visitação e de aprendizado nas excursões que ela mesma comercializa! Sábia iniciativa, não?

O professor arrematou:

– A lógica do altruísmo imparcial está ficando clara, não é? Todos os participantes ganham!

Ninguém discordou. Ele foi em frente:

– Vou comentar o caso da Cisco Systems. Na década de noventa, a empresa identificou uma crônica escassez de administradores de rede qualificados. Para treinar e certificar alunos do ensino médio na gestão de redes, ela montou um programa de ensino a distância denominado Cisco Networking Academy. E o fez em articulação com o Ministério da Educação dos Estados Unidos. O mais interessante foi que ela se juntou à ONU para levar o projeto aos países em desenvolvimento. Contribuiu assim para a formação de um banco de dados mundial de oportunidades de emprego na área. Por fim, construiu parcerias com outras empresas do setor. Corolário? Já graduou centenas de milhares de alunos, conseguiu recrutar mão-de-obra, ampliou seu mercado, fortaleceu o pólo industrial e sofisticou sua clientela. Em suma, melhorou seu potencial competitivo.

Com isso, Sálvio pretendia visivelmente encerrar o assunto. A esposa, todavia, apontou para a palma da mão esquerda com a mão direita ereta, reproduzindo o gesto característico dos técnicos de basquete que pedem um tempo.

– Nos Estados Unidos, vinte e cinco por cento dos alunos que entram na faculdade empregam-se na indústria do turismo. Os pólos de viagem tornam-se mais concorridos e, cada vez mais, reúnem condições para crescer. Essa situação traz benefícios para a American Express.

Era visível em nossos rostos que nosso interesse não estava esgotado.

– A companhia decidiu então financiar as chamadas Travel and Tourism Academies em escolas de ensino médio para habilitar alunos a seguir carreira em agências de turismo, aviação, hotéis e restaurantes. O programa capacita professores e fornece estágios de verão. Foi instalado em dez países, abrangeu três mil escolas e superou a marca de cento e vinte mil alunos! Não é fantástico?

Letícia, aficionada por cinema, também lembrou o caso dos estúdios DreamWorks:

– Nessa mesma linha, a DreamWorks criou um programa em Los Angeles para capacitar estudantes de baixa renda a ingressar na indústria do entretenimento. São programas de suplementação nas escolas locais de ensino médio que conjugam instrução em sala de aula com estágios supervisionados. Melhorou assim o sistema educativo e ampliou as oportunidades de emprego para a população de baixa renda.

– O que ganhou com isso? – cutucou a consultora.

– Fortaleceu o pólo de entretenimento do qual depende, além de contratar parte dos alunos formados, certo?

Meio por brincadeira, ovacionamos a colega:

– Dá-lhe Letícia!

Ela aproveitou para lançar outro interessante caso:

– Muitas empresas contribuem para construir e equipar salas de aula, e recebem em troca o direito de batizá-las com seus nomes ou com os nomes de seus acionistas (é o caso do IBMEC ou da FGV no Brasil). Outra modalidade é a permuta do patrocínio pela prioridade no uso das futuras pesquisas que a nova instalação abrigará (caso da Fundação Dom Cabral). Moral da história: ganham os alunos e as universidades, e ganham obviamente as empresas!

Falou então o professor:

– Vocês todos estão indo muito bem! Vamos agora...

Cortei:

– Desculpe interromper, professor, eu queria dar outro exemplo brasileiro.

Ele sorriu benevolente.

– É o caso da Coelba, a companhia de eletricidade da Bahia. Vale a pena conhecer.

– Vai em frente – incentivou o anfitrião.

– Para reduzir a inadimplência de comunidades carentes da região metropolitana de Salvador, ela treinou uma centena de jovens para ensinar aos vizinhos como evitar o desperdício de energia. Doou lâmpadas fluorescentes para que as lâmpadas incandescentes fossem trocadas, já que gastam mais energia. Reformou as instalações elétricas antigas, parcelou as dívidas e legalizou as ligações clandestinas com tarifas subsidiadas pelo governo. Houve mais de duzentas mil famílias beneficiadas!

– E a vantagem que Maria leva? – alfinetou André.

– A companhia atendeu às obrigações legais de investir em planos para a redução do consumo: ganhou com isso, a sociedade idem e as famílias carentes mais ainda!

Sálvio se deliciava com nosso modo alegre e a perspicácia de nossas intervenções. Propôs então:

– Vamos fazer agora um sumário do egoísmo e dos três tipos de altruísmo.

Eu me permiti atalhar a proposta com outra:

– Novamente me desculpe, mas eu pergunto: além dos órgãos estatais que oferecem bens públicos e de algumas empresas que desenvolvem práticas altruístas imparciais de forma isolada ou por meio de alianças intersetoriais, será que os indivíduos podem promover o altruísmo imparcial?

Deu um branco repentino no pessoal, enquanto o casal trocou olhares surpresos.

– Não pensamos nisso – confessou Selma.

– Vocês me permitem arriscar? – interroguei.

Fui simplesmente vaiado. Ficou evidente que eu havia levantado a bola para mim mesmo.

– Calma, gente, não foi de propósito! A idéia me ocorreu de estalo.

– O que você tem em mente, Leo? – inquiriu pausadamente o professor.

– O consumo consciente. Se um indivíduo usar com parcimônia água, energia elétrica, combustível ou papel, preocupado em não desperdiçar esses recursos, não estaria contribuindo para o bem-estar de seus semelhantes? E sem fazer sacrifícios pessoais?

Ficaram todos compenetrados, empenhados em avaliar a idéia. Aprofundei o argumento:

– Quando você compra produtos ou serviços de empresas que respeitam o meio ambiente e os direitos humanos, você não está colaborando para construir uma sociedade sustentável? Contrário senso: se você pesquisar o modo como os produtos são feitos, checar a existência de trabalho infantil ou de trabalho forçado na produção, verificar se houve desmatamento de florestas, assoreamento de rios ou uso de energias não-renováveis e, em conseqüência, não comprar os produtos suspeitos, não estaria sendo altruísta imparcial? Não estaria fazendo com que todos ganhassem?

– Um sujeito assim merece as chaves do paraíso! – caçoou André.

Depois, como se estivesse arrependido por ter extrapolado, emendou:

– Gostei, Leo. Vou meter a colher, posso?

Não fiquei chateado; ao contrário, me senti apoiado. Ele desenvolveu a idéia:

– Não seria também uma postura altruísta imparcial se o consumismo desenfreado ou o exibicionismo barato fossem rejeitados? Explico: deixar de trocar freneticamente roupas, tênis, carro ou celular só porque um novo modelo foi lançado ou outra moda tomou conta da praça. Não seria uma atitude socialmente benéfica?

Ele perscrutou nossos rostos. Eu comentei:

– Pode não agradar às empresas que fabricam tais produtos...

– E daí? Trata-se do bom combate contra o desperdício! – sublinhou o colega. – Do ponto de visto coletivo, faz-se um uso responsável de recursos escassos e se consomem bens com o olho posto nas gerações futuras!

De chofre, ficamos boquiabertos. Mas, logo depois, simplesmente aplaudimos! Eu elogiei:

– Tu és demais!

Pedro aproveitou a deixa:

– Na toada do André, temos pessoas que se preocupam com a disposição final dos resíduos sólidos e com a reutilização dos materiais, pessoas que fazem coleta seletiva. Elas não praticam o altruísmo imparcial? Mais ainda: consomem produtos biodegradáveis, alimentos orgânicos, materiais reciclados ou geram menos lixo em função do tipo de embalagens escolhidas. Todas essas são práticas imparciais, não é mesmo?

Sálvio não se conteve:

– Vocês merecem louvor, meus caros! Mostraram que, dependendo da atitude assumida, os consumidores podem se tornar ativos praticantes do altruísmo imparcial. E como? Por meio de uma cidadania militante. Se vocês ocupassem um palco, eu pediria bis!

Ficamos exultantes. Depois de um tempo, ele continuou em tom mais baixo, como se estivesse fazendo uma transição:

– Mas eu queria firmar a compreensão dos conceitos. Nos processos altruístas imparciais todos se beneficiam e ninguém sai perdendo, tudo bem. Que tal saber agora quem se beneficia no caso do altruísmo extremado?

Luisa foi a primeira a morder a isca e disse sem hesitação:

– Muitos ou todos ganham; apenas alguns perdem!

– Melhor seria dizer: alguns dão de si; não acha? – objetou a consultora.

– A senhora tem razão – reconheceu a colega. – Não podemos esquecer as satisfações subjetivas, não é mesmo, caro André?

Luisa estava se referindo à polêmica havida logo de manhã. Sálvio agradeceu com um sorriso e foi em frente:

– Deixando de lado os dois altruísmos universalistas, pergunto: no caso do altruísmo parcial, quem ganha e quem perde?

Pedro se habilitou:

– Poucos ganham e muitos perdem!

– E no egoísmo?

– Um único indivíduo ganha e muitos perdem – especificou Letícia.

Foi quando Luisa entrou no circuito, tentando resumir o assunto com um exemplo tomado na vida cotidiana:

– Isso me lembra a situação dos rapazes que picham paredes para se sobressair no próprio grupo ou para demonstrar coragem. São claramente egoístas, pois sujam a cidade com a maior cara-de-pau. Agora, quando uma gangue ou um partido político picha prédios, seja para competir com outra gangue, seja para fazer propaganda, é altruísmo parcial, porque razões menores se sobrepõem aos interesses coletivos; interesses restritos, grupais, prevalecem em relação aos interesses gerais. Agora, peguemos o caso de um mutirão comunitário que limpa as paredes de uma escola, de um posto de saúde ou de uma creche; aqui a situação muda completamente de figura: trata-se de altruísmo extremado – alguns poucos se sacrificam em prol do bem comum. Mas se logo depois um grupo de artistas locais pintar um mural nos muros externos, assinar a obra e puser os telefones para contato, a prática é altruísta imparcial.

O professor elogiou:

– Impecável, Luisa!

Ficamos em silêncio, até que André decidiu lançar nova provocação intelectual:

– Isso quer dizer que as pessoas são multifacetadas, estou certo?

Os dois anfitriões franziram a testa.

– O fato de agir de forma egoísta não exclui o acesso a práticas imparciais, não é verdade? Tive um colega de faculdade que costumava se gabar, dizendo que todos os seus familiares eram egoístas assumidos!

O professor concordou:

– As práticas não são excludentes entre si. Gente egoísta não deixa de andar de metrô (usa um bem público, portanto imparcial) nem se recusa a receber transfusões de sangue que outros doaram (usufrui de um ato altruísta extremado). Mesmo os maiores caraduras vão a hospitais, usam energia elétrica, atravessam pontes, se lavam com água encanada, acabam em cemitérios... A convivência entre as práticas pode até não ser pacífica, mas existe!

Levantou-se para movimentar as pernas.

– De modo que André tem razão: as pessoas são multifacetadas e adotam práticas variadas. Da mesma forma que nós desempenhamos vários papéis ao longo do dia – pai de família, irmão, marido, inquilino, motorista, gestor, empregado, consumidor, cidadão, crente, torcedor de futebol etc.

De repente, me deu um insight:

– Acho que poderíamos agrupar os conceitos dois a dois: de um lado, os dois altruísmos, o extremado e o imparcial; e, de outro, o altruísmo parcial e o egoísmo.

Peguei uma caneta e uma folha de papel que estavam na mesa de centro e comecei a escrever. Sálvio me fitou com jubiloso espanto:

– Qual é a proposta?

Figura 3 | **Interesses gerais ou específicos**

Racionalidade universalista	Racionalidade particularista
Altruísmo extremado (desprendimento)	Altruísmo parcial (parcialidade)
Altruísmo imparcial (reciprocidade)	Egoísmo (egocentrismo)

Eu senti que havia apanhado no ar uma importante chave de decifração, embora desconfiasse que a idéia já estivesse sendo soprada pelos dois mestres.

– Quero mostrar o choque entre dois tipos de racionalidade. Ao beneficiar indiscriminadamente os habitantes de uma sociedade, os dois altruísmos, o extremado e o imparcial, remetem a uma racionalidade universalista, geral, pública. De forma oposta, o egoísmo e o altruísmo parcial obedecem a uma racionalidade particularista ou específica. Há uma oposição de natureza entre as duas racionalidades, vocês não acham?

– Bravo! Vá em frente, Leo! – incentivou o professor. – Agora é só garimpar os argumentos.

Procurei juntar as características do que havíamos estudado e tudo me pareceu cristalino:

– A racionalidade universalista abriga o altruísmo extremado com seu pendor ao desprendimento e o altruísmo imparcial com a reciprocidade de suas práticas. A racionalidade particularista, por sua vez, acolhe o egoísmo egocêntrico e o altruísmo parcial, que exclui os interesses gerais. O choque é inevitável, embora nesse momento me faltem exemplos.

Selma ofereceu ajuda:

– Posso lhe dar pistas, tudo bem?

– Mas é claro!

– Quando investimentos públicos são planejados, qual é dilema principal? Imaginem a construção de linhas de transmissão elétrica ou de linhas de metrô. O que orienta a decisão? O pico da utilização ou o “vale”?

E ela desenhou aspas no ar. Diante dos nossos rostos pensativos, a explicação que Pedro deu foi bem-vinda:

– A demanda chega ao auge, ou ao pico, nos inícios da manhã e da noite – são dois momentos críticos. Na maior parte do dia ou no “vale”, a demanda cai.

A consultora apontou o dedo indicador para a fronte, num sinal de quem reconhece a inteligência do comentário. Eu deduzi:

– As autoridades são forçadas a planejar pelo pico e a sociedade paga o preço do uso ineficiente dos equipamentos.

– É isso mesmo – apoiou Pedro. – Caso contrário, haveria blecautes diários e os metrôs ficariam imprestáveis.

Sálvio parabenizou:

– Demoníacos os dois!

Nessa altura, Luisa externou uma dúvida que a assomou:

– Tem como resolver o conflito?

– A racionalidade particularista é *free ride*, Luisa – contrapôs o professor.

A expressão americana merecia explicação.

– Obter mais gastando menos ou, se possível, nada! O particularismo induz à trapaça ou a levar vantagem.

Sálvio voltou a sentar e observou nossas reações.

– As pessoas tratam de obter de graça o que querem! Se alguém puder contornar o pedágio de uma rodovia por um caminho alternativo e depois voltar a ela, o que ele faz? Usufrui os benefícios da estrada sem se responsabilizar pela sua manutenção, não é isso?

André reforçou a idéia:

– Se alguém deixar de pagar a taxa de iluminação pública, as ruas continuarão iluminadas à noite. Afinal, os postes não sabem quem é inadimplente ou não. Se soubessem, eles apagariam um após o outro quando o sujeito passasse embaixo! *Free ride sister*!

O pessoal achou graça e riu gostosamente. Selma então propôs:

– Vamos juntar os pedaços, consolidar os avanços. Está bem?

Ninguém contestou.

– O egoísmo remete a um único indivíduo, beneficia exclusivamente uma só pessoa e configura uma postura de isolamento. E o altruísmo parcial? Remete a quem?

Luisa se adiantou:

– A um grupo determinado e beneficia poucas pessoas.

– E quanto à postura? – cutucou a consultora.

Ficamos em dúvida. Selma preferiu responder:

– Configura uma postura de exclusão dos interesses alheios, principalmente dos interesses gerais.

Letícia então adivinhou quais outras questões seriam formuladas:

– O altruísmo extremado remete às pessoas necessitadas e suas práticas geram benefícios para muitos ou para todos os indivíduos. É uma postura de generosidade.

A resposta foi tão impecável que André soltou seu rojão:

– Menina, você é um assombro!

– E o altruísmo imparcial? – perguntou nossa anfitriã.

– Diz respeito à sociedade ou à humanidade – afirmou Pedro sem medo de errar. – Beneficia todos.

Pensou um pouco e disse com certa hesitação:

– Configura uma espécie de partilha de valor entre as várias partes: todo mundo ganha e ninguém perde, não é isso?

– Parabéns! – gritou Sálvio que seguia atentamente o desenrolar da conversa.

Estávamos todos satisfeitos com nosso desempenho. Selma então deu um toque conclusivo:

– Se alguém defender, com exclusividade, interesses pessoais em detrimento dos interesses alheios, sua conduta poderia ser definida como...?

Respondemos numa única voz:

– Egoísta!

A consultora se muniu de caneta e folha de papel e nos chamou para perto dela. Procuramos nos agrupar, enquanto ela desenhava a relação estabelecida entre interesses e postura ética.

Figura 4 | **Bem comun *versus* bem restrito**

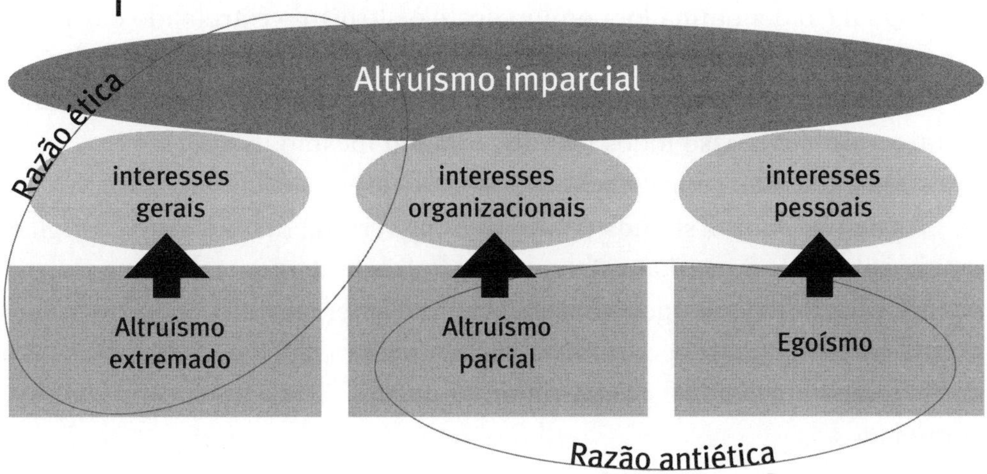

– Peguemos uma organização que defenda interesses corporativos e que não se importe deliberadamente com as conseqüências negativas sobre a coletividade mais ampla. Como definir eticamente sua conduta?

Novamente devolvemos:

– Altruísta parcial!

– Agora, se uma pessoa ou uma organização sacrificar seus próprios interesses em prol da sociedade inclusiva ou em favor do bem geral?

– Altruísta extremada!

– Para fechar o circuito: se todos os interesses, pessoais, organizacionais e gerais, forem beneficiados?

– Altruísta imparcial!

– Salve, gente!

– Há um detalhe significativo – advertiu Sálvio. – Quando todos os interesses são atendidos, o que temos? Ganhos sociais! Com isso, podemos demarcar com precisão dois campos decisórios: um obedece a uma razão ética e outro obedece a uma razão antiética...

O professor estava fazendo uma grave inferência.

– Repito e anotem: razão *ética*, fundamentação científica de caráter universal, e não justificação *moral*, porque esta repousa em base histórica e, portanto, é relativa no tempo e no espaço.

A esposa então nos interrogou:

– Qual é o denominador comum entre o altruísmo extremado e o altruísmo imparcial?

Olhamos absortos para o desenho, até que o fato se tornou absolutamente evidente. Quase todos nós dissemos ao mesmo tempo:

– Os interesses gerais!

– Então, vejam. Estamos diante de uma ferramenta de corte cirúrgico e cuja aplicação é imediata. Uma clara linha de demarcação, um instrumento utilizável a qualquer tempo e em quaisquer circunstâncias, não importa a história ou a geografia! Donde seu caráter científico.

Ficamos curiosos. Enquanto Selma falava, ela anotava os conceitos enunciados.

– A *razão ética* abrange os interesses gerais, os respeita ou defende. Ao revés, a *razão antiética* afronta ou ofende tais interesses. Por quê? Porque advoga o exclusivismo particularista, beneficia interesses parciais ou egoístas. Em todos os sentidos, carece de sustentação ética!

André objetou:

– Ora, por quê? A senhora não estaria emitindo um juízo de valor? Fazendo uma postulação filosófica?

– Muito pertinente! – encareceu o professor, ao mesmo tempo em que tomava as dores da esposa. – Vamos nos deter um instante nisso. Pergunto: a defesa dos interesses gerais contribui ou não para a convivência social?

– Para a reprodução das sociedades humanas – emendou a consultora.

André concordou:

– Sem dúvida, contribui.

Sálvio então rematou:

– Ações egoístas ou altruístas parciais beneficiam poucos em detrimento do todo. Isso significa que, além de não contribuir para o funcionamento da sociedade, tais ações colocam em xeque sua perpetuação. Vou arriscar uma analogia, embora me desagrade fazê-lo (não quero cair no naturalismo que pretensamente explica a ocorrência dos fenômenos sociais por meio da aplicação de leis naturais). Mas vá lá! À semelhança da medicina, em que as doenças são maléficas, aquilo que fere os interesses gerais põe em risco a existência coletiva. Contrário senso, evidentemente, a saúde é benéfica à vida do organismo.

Eu endossei tranqüilamente o argumento e parafraseei:

– A razão ética é a defesa do bem comum. Em contrapartida, a razão antiética é a satisfação do bem restrito ou dos interesses particularistas, só que em detrimento do bem comum, é isso?

A consultora celebrou a idéia:

– Bem apanhado, Leo: eis o divisor de águas! Uma ferramenta preciosa. E a pergunta-chave para clarificar as posições seria: o que fazemos prejudica a humanidade? Se a resposta for positiva, estamos diante de práticas egoístas ou de práticas altruístas *parciais*; se for negativa, contribuímos para o altruísmo extremado ou o imparcial.

O professor não esperou que digeríssemos as idéias e levantou nova bola:

– Vamos ensaiar uma tradução popular. Há uma "regra de ouro" em Ética derivada da tradição judaico-cristã. Vocês a conhecem?

Como não podia deixar de ser, Luisa se antecipou:

– Conheço o preceito: faça aos outros o que gostaria que lhe fizessem!

– Pensem um segundo: práticas inspiradas por esta máxima teriam sustentação ética?

Claro que sim; todos nós concordamos. Afinal, a não ser um masoquista, quem iria querer sofrer prejuízos ou ser maltratado? Em última análise, a máxima remete ao bem comum.

– Na contramão, agora, quero lhes propor uma "regra de ferro": faça aos outros o que mais lhe convenha! O que acham?

Deduzi:

– É um contraponto egoísta ou, quando muito, uma visão altruísta parcial.

– Óbvio – aprovou Letícia. – Advoga o bem restrito, não o bem comum!

Nesta altura, já havíamos tomado vários cappuccinos cremosos com canela e comido infinitos biscoitos finos. Sálvio então, aparentemente cansado, decidiu se retirar:

– Vamos todos repousar um pouco. De acordo?

Apontou para a esposa.

– Nós dois trataremos de fazer uma sesta reparadora. Quanto a vocês, bem, façam o que lhes der na telha! A casa está ao seu dispor.

Dormitamos por uma hora na sala refrigerada do home theater e depois decidimos jogar pingue-pongue e pebolim no salão de jogos, atrás da churrasqueira. Foi divertido e estávamos absolutamente à vontade – leves e deliciados! A todo instante, eu me dava conta da relevância desse périplo intelectual e gastronômico. E me sentia em paz com a vida!

| | |

9 A aplicação

Meu amigo, eu vou lhe confiar um grande segredo: não espere pelo Juízo Final, ele ocorre todo dia.

Albert Camus

No final da tarde, Selma nos chamou à sala para tomar um chá servido com petits fours e um estonteante mil-folhas. Sálvio estava no escritório digitando um relatório em seu laptop. Aos poucos nós nos acomodamos, enquanto Pedro e André se digladiavam em torno dos lances da "memorável" partida de pebolim que tinham acabado de travar.

Através das janelas escancaradas para o jardim, vislumbrei o pomar ao fundo, cujas mangueiras e jabuticabeiras traçavam um contínuo com a copa das árvores dos lotes vizinhos. Pequenos pássaros voavam de um lado para o outro e, após bruscas aterrissagens, giravam seguidamente as cabecinhas. Seus pios breves pareciam pontuar um texto enigmático. Fiquei cativado pela imóvel mansidão das plantas e deslizei num curto devaneio. O contato com a natureza serenava meu ânimo e contrastava com as conversas que mantivemos, todas instigantes. Percebi então que, em cada evento, eu me empenhava em rastrear presságios, qual um limiar radioso à minha espera. Quanta superstição!

Subitamente, dei-me conta que um som estridente de ondas longas fazia as vezes de pano de fundo. Meu encantamento se esvaiu. Na mescla dos pequenos ruídos ambientes, eu não havia discriminado a interminável ladainha que as cigarras apitam. No entanto, não me importei com o canto plangente, porque me sentia bem disposto.

Na noite anterior, sem posar de vítima, e com a voz neutra de quem emite um comunicado, Pedro nos anunciou a decisão de reduzir o número de cigarros que consumia. De um maço diário, pretendia chegar a cinco cigarros nos próximos dez dias. Nós o animamos na medida certa, com polida atenção. Elogiamos também o pudor com que se esgueirava pelo jardim para dar azo à sua compulsão. Ele nos disse que uma dose de nicotina controlava sua agressividade... Só podia ser uma piada, porque o grandalhão era absolutamente sociável! Nas costas dele, porém, André especulou que Pedro pretendia impressionar nossos anfitriões. Pura maldade! Tomei as dores do colega e critiquei esse hábito de avaliar intenções. Para mim, qualquer esforço já merecia aplauso.

André continuava o mesmo sujeito mordaz, controvertido, inconformista, arguto, sempre cético. Mas intuí que algo novo borbulhava nele e que ele ainda nos reservaria boas surpresas. Pensei também que Luisa, incansável, reproduzia o próprio figurino. Sorvia conversas e ensinamentos de um jeito aplicado, sequiosa que estava por aprender tudo que lhe parecesse útil. Era uma espécie de buraco negro que atraía vertiginosamente toda e qualquer luminosidade.

Quanto a Letícia, seu porte de mulher esplendorosa retificou o nosso olhar: nós a víamos como uma presença felina que, sem querer, nos provocava o tempo todo. Isso nos intimidava. E a inibição chegava ao auge quando ela ria com todos os dentes ou quando, ao se curvar diante de nós, expunha os arcos perfeitos de seus seios. Nem por isso deixávamos de reconhecer suas qualidades intelectuais. Como jovens machos, porém, nos sentíamos inferiorizados... Ah, essa servidão dos hormônios!

Vindo de seu escritório, Sálvio finalmente se juntou ao grupo e anunciou de forma despachada:

– É imprescindível testar os conceitos que apresentamos. Situações concretas nos ajudarão. Vamos a elas?

Voltei repentinamente a mim, enquanto Pedro desafiava o professor:

– *Que venga el toro!*

– Mas antes de começar, faço uma pergunta: para que servem essas conceituações todas? Respondo: para sermos capazes de ler o real e de distinguir o que diferencia um fenômeno do outro. Mas, sobretudo, para nos habilitar a intervir sobre a realidade de maneira eficiente. Em nosso caso particular...

A esposa fez o clássico revezamento:

– Temos condições de saber quando ações e decisões são eticamente orientadas ou quando não o são, quando existe ou não sustentação ética. Quer dizer, se o que fazemos obedece a uma razão ética ou a uma razão antiética. O corpo de conceitos funciona como um mapa: traça os continentes e nos indica o rumo a adotar. Faz-nos perceber quais são os interesses afetados para o bem ou para o mal. De maneira que os conceitos são ferramentas utilíssimas para todos aqueles que trabalham em empresas...

– E para os cidadãos em geral, não é mesmo? – finalizou Sálvio. – Agora, preparei um pequeno exercício que tem duas regras.

André interrompeu o mestre com o devido respeito:

– Se o senhor me permitir, professor, eu queria especular um pouco, posso?

Sempre complacente, Sálvio assentiu com um gesto.

– Qualquer ato de doação, pelo que eu entendi, pode ser qualificado como uma prática altruísta extremada. É o caso dos benfeitores ou dos filantropos que ajudam o próximo, mesmo quando dão donativos pontuais. Entretanto, eu estava pensando cá com meus botões, será que existem categorias ocupacionais representativas de cada tipo de altruísmo? Isto é, cujas ações continuadas lhes definem a identidade?

Estranhamos a sugestão e as sobrancelhas arqueadas do professor expressaram o sentimento geral.

– Vou arriscar. Por exemplo, são altruístas *extremados* os missionários que se dedicam a campanhas humanitárias, os bombeiros empenhados em salvamentos e que põem sua segurança física em jogo, os voluntários das entidades do terceiro setor. Concordam?

Analisou nossos rostos para ver se havia alguma objeção.

– Há mais. Policiais que se sacrificam no combate ao crime e militares que patrulham e defendem as fronteiras.

Ficou observando nosso crescente interesse.

– Vocês vão me perguntar como estabeleço as distinções. É simples: vejo a natureza das ocupações. Nos casos que citei, há doação de si em prol da coletividade, porque há riscos ou sacrifícios pessoais envolvidos no dia-a-dia. Estamos de acordo?

Ninguém tinha razões para se opor.

– Se isso for válido, por que não imaginar as categorias que costumam praticar o altruísmo *parcial*?

Ficamos curiosos. Letícia não pestanejou:

– Essa é fácil! Há parcialidade por parte dos hackers organizados em quadrilha: eles infestam os computadores alheios, se apropriam de senhas e de outras informações sensíveis.

– Seriam egoístas se agissem por conta própria – aperfeiçoou Luisa.

– Claro. Os especuladores também estão na mesma situação – repicou Letícia. – Porque abusam dos outros em situações de crise ou negociam de má-fé!

– O mesmo vale para os atravessadores! – alternou Pedro.

Luisa, novamente, procurou estabelecer os porquês:

– Lançam mão de quaisquer meios para ganhar dinheiro e não medem as conseqüências do que fazem. Extorquem lucros exorbitantes e vivem da desgraça alheia!

Num relance, as ilustrações pulularam na minha frente:

– Altruístas parciais são os cambistas nas imediações de estádios de futebol; os despachantes que molham a mão de funcionários públicos para "azeitar" processos e que achacam seus clientes aflitos; os subornadores contumazes de fiscais; os desmatadores de florestas; os poluidores do meio ambiente; os camelôs...

– Por que diabo os camelôs? – protestou Pedro. – São uns coitados desempregados!

Rebati:

– Desempregados, vá lá! Mas coitados? Você pensou um minuto no que vendem? Produtos falsificados, contrabandeados, pirateados e até defeituosos; mercadorias sem garantia; carga roubada; grifes que são clonadas; remédios com validade vencida. Quer mais?

– E sonegam impostos! – agregou Luisa. – E com certeza corrompem a máquina pública!

– Convenhamos – ponderei –, os fulanos funcionam como pontas de lança do crime organizado! Esse é seu maior vício.

O colega não parecia de todo convencido. Continuei batendo firme:

– Ou você acha que um comércio clandestino desse é feito por autônomos? Nunca! Isso exige uma rede intricada, diversos tipos de comparsas, conexões subterrâneas. É preciso montar uma infra-estrutura complexa, levantar recursos, acobertar operações, mover mundos e fundos, operar uma logística de importação, transporte, armazenagem, abastecimento... Haja competência!

Sondei o colega com o olhar.

– Há gente graúda por trás disso tudo, concorda comigo?

Pedro fez menção que sim. Letícia ampliou então o quadro de referência:

– Faz parte do continente do ilícito, a chamada economia informal: sonegação fiscal, propinas, fraudes financeiras, corrupção, extorsões praticadas por fiscais, descaminho, lavagem de dinheiro, tráfico de drogas, tráfico de armas...

– Uns quarenta por cento da renda nacional – estimou Selma. – Isso para não falar dos vínculos estabelecidos entre redes locais e redes globais que também traficam seres humanos – prostituição, venda de órgãos, trabalho forçado, bebês para adoção, imigrantes ilegais... Sabiam?

André levantou a mão pedindo um tempo e depois fustigou:

– Só que não adianta apenas constatar os fatos. Esses não são eventos naturais contra os quais nada se pode fazer. Devemos nos perguntar: como enfrentar tudo isso?

Luisa foi peremptória:

– Instruir melhor as forças policiais, os agentes fiscais e remunerá-los adequadamente.

– Não basta – ponderou André. – Já pensou no tamanho do aparato necessário? Em 2005, oitenta e cinco por cento dos pequenos negócios do país não recolhiam os impostos; cinqüenta e cinco por cento da força de trabalho não tinha registro legal...

Letícia trouxe algumas luzes ao debate:

– A tecnologia pode ajudar muito. Veja o caso das indústrias de cerveja. Li que o uso de medidores de vazão acoplados à tubulação das linhas de envasamento fez a sonegação despencar! E o processo está sendo estendido aos refrigerantes e às águas.

– Como assim? – indagou Pedro.

– A produção é medida a cada dois minutos e é comunicada eletronicamente à Receita Federal – explicou a colega.

– É o mesmo caso das concessionárias de energia elétrica! – exclamou Luisa. – Como sofrem perdas pesadas com o furto de energia – os tais "gatos", comuns em favelas –, o tamanho dos postes foi aumentado e medidores eletrônicos de consumo residencial foram implantados. Com isso, o índice de ilegalidade caiu verticalmente!

O professor parecia satisfeito com as nossas conclusões e apenas acrescentou:

– A repressão policial, as campanhas educativas, o uso de novas tecnologias, mas também e, sobretudo, a simplificação e a redução de impostos podem ser fórmulas inteligentes para combater os ilícitos.

Uma idéia perturbava Pedro e ele fez questão de expressá-la:

– A impressão que me dá é que práticas altruístas parciais são apenas ações de quadrilhas... Não discordo do diagnóstico, mas quero insistir num ponto. Vocês não acham que os partidos políticos, os sindicatos, as associações profissionais e até as empresas tendem a privilegiar os próprios interesses à custa dos interesses mais amplos? E que se inclinam quase naturalmente para o altruísmo parcial?

Ficamos estáticos. A idéia era realmente luminosa e desafiadora. André, no comando do espetáculo, foi quem se manifestou após refletir um momento:

– Faz muito sentido, Pedro. Da mesma maneira que poderíamos dizer que organizações não-governamentais, entidades beneficentes, organizações missionárias e certas igrejas tendem ao altruísmo extremado, não é mesmo?

Todos nós concordamos. André deu então por encerrada a pendência sobre as práticas altruístas parciais e prosseguiu:

– Muito bem. Agora vamos pensar nas práticas altruístas *imparciais*. Será que existem categorias ocupacionais que fazem delas seu ganha-pão?

Ato contínuo, ele emendou sem nos dar tempo:

– Vou responder por minha conta e risco. A lista é enorme. Cito as primeiras que me vêm à mente: médicos, enfermeiros, lixeiros, carteiros, professores, bibliotecários, dentistas, administradores, fisioterapeutas, psicólogos, auditores, contadores, magistrados, advogados, pesquisadores científicos, servidores públicos, engenheiros, jornalistas, bancários, operários, agricultores, coveiros, garçons, padeiros e lá vai pedra!

Fez cara séria:

– Com a ressalva, é claro, de que esse pessoal não apronte ou se meta em jogadas sujas!

Deu uma risadinha zombeteira:

– Nada impossível, não é? Assim, a maior parte das categorias profissionais que presta serviços socialmente necessários se encaixa no altruísmo imparcial. E, quanto às organizações – lembro a idéia do Pedro –, posso dizer que órgãos reguladores, tribunais, entidades públicas em geral, hospitais, bem como universidades ou centros de pesquisa científica são tendencialmente altruístas imparciais...

O professor olhava para André fascinado, enquanto Selma nos parabenizou:

– As contribuições de vocês estão sendo anotadas! Sim, podem acreditar, não estou brincando! Vão servir para muita gente boa.

Ficamos quietos, desfrutando o elogio.

– Vamos ver agora o que Sálvio preparou para nós?

Estávamos prontos para o que desse e viesse. O professor definiu rapidamente as regras:

– Gostaria que aplicássemos os conceitos aprendidos a situações concretas. André já nos introduziu na matéria ao seu modo. Vamos descrever algumas ocorrências e vocês vão qualificá-las. Está bem?

Nossos semblantes indicavam inteira disponibilidade.

– Se alguma delas tiver caráter egoísta ou altruísta parcial, ela será rotulada como "bem restrito". Em sentido contrário, toda situação cuja natureza seja altruísta imparcial ou extremada será considerada "bem comum". Os fundamentos da diferenciação estão claros?

Antes de alguém se manifestar, a esposa detalhou:

– Serão contrapostos interesses específicos, portanto particularistas, e interesses gerais e, portanto, universais. Alguma dúvida?

Olhou para o marido.

– Começo eu?

Ele acenou positivamente.

– Bem, vamos lá: "Fazer acordo entre concorrentes na elaboração de propostas para licitação é praxe no Brasil, de modo que é preciso cooperar com os demais licitantes para não ficar alijado do processo".

A asserção não dava margem à especulação: era uma situação de "bem restrito". Selma quis explicações, que Letícia se encarregou de dar:

– Trata-se de conluio e os porquês são evidentes: o processo de concorrência fica comprometido com a burla das regras; o contratante é prejudicado, já que adquire produtos ou insumos a preços maiores do que os vigentes no mercado. Conseqüências?

Pedro estava de prontidão:

– Repasse dos custos aos consumidores, perda da capacidade de competir da empresa e, por extensão, efeitos negativos sobre a coletividade como um todo. Caso a entidade compradora seja estatal, pior ainda, teríamos desvio de recursos públicos!

– Boa! Vamos para outra – intimou a consultora: – "O que eu faço fora do trabalho não interessa a ninguém, é exclusivamente um assunto de foro íntimo, pois não carrego o crachá da empresa nos lugares que freqüento".

Luisa opinou com firmeza:

– Queira ou não, cada um de nós representa a empresa em que trabalha, dentro ou fora dela. A afirmação remete ao "bem restrito", porque não leva em consideração os possíveis danos à imagem da companhia.

– Concordo – encampou Letícia. – Já conversei com pessoas que passaram anos em determinadas empresas e eram conhecidas pelo apelido: "Antonio da companhia X", "Heloísa da Y", e assim por diante. Ao saírem do emprego, ficavam chocados com a súbita queda no anonimato. Pareciam irreconhecíveis, porque seu primeiro nome nada significava para as secretárias ou as telefonistas. Estas insistiam em saber: Antonio ou Heloísa de onde? E não completavam a ligação! Nu e cru, o sujeito deixava de ser identificado! Lição a tirar: o cartão empresarial é parte integrante do personagem!

Todos nós admiramos a percuciência das duas colegas e lhes fizemos gestos de aplauso, enquanto o casal estampava um amplo sorriso. Selma não se deteve e lançou mais uma situação:

– "Dois alunos de uma importante escola privada paulistana prestaram vestibular no meio do terceiro ano do ensino médio. Um deles entrou na FGV e o outro no IBMEC. Para viabilizar a inscrição na faculdade, ambos obtiveram o diploma do ensino médio graças a uma pseudo-reclassificação feita por um colégio do Mato Grosso do Sul. O diretor da escola paulistana percebeu a manobra e denunciou o fato às autoridades educacionais. Feita a investigação, o MEC interveio no colégio responsável pela irregularidade e as matrículas dos alunos foram canceladas".

– Caso inequívoco de "bem comum" – avaliou Pedro. – Os dois moços prejudicaram os demais candidatos e foram beneficiados com a farsa patrocinada pelo colégio sul-mato-grossense. Este também perseguia seu "bem restrito". Mas a intervenção providencial do diretor saneou a situação: eles foram punidos a bem do interesse coletivo, juntamente com o colégio infrator.

André não conteve seu afã de debochar:

– Rapaz, você nasceu para porta-voz oficial!

Todos nós achamos graça, embora André de algum modo estivesse se repetindo. Para consolar Pedro, Letícia pôs a mão em seu antebraço e, quem diria, o grandalhão enrubesceu! Sálvio então adiantou:

– "Na empresa, cada colaborador responde por si mesmo. Assim, os gestores não têm por que pajear quem quer que seja, nem devem se sentir responsáveis pelos atos de seus subordinados".

Argumentei na hora:

– Os gestores não têm como escapar. Respondem por aquilo que seus subordinados fazem. Não se pode dissociar autoridade e responsabilidade, uma é a contrapartida da outra. O caso aqui é de "bem restrito".

– Para quem vive uma situação dessas, ela até pode soar injusta – reconheceu o professor. – Porque é duro ser responsabilizado por aquilo que os escalões de baixo aprontam. Entretanto, não há escapatória, faz parte das regras do jogo. Cabe ao gestor distribuir atividades aos subordinados, verificar se estão qualificados para cumpri-las, explicar suas atribuições, zelar para que eles observem as disposições legais, controlar o andamento do trabalho etc. E, mesmo quando delega encargos, o gestor não só responde pelos resultados, mas também pela forma como são obtidos... Ossos do ofício!

Luisa exemplificou:

– Vou lembrar o caso do ex-CEO da WorldCom, Bernard Ebbers, acusado das fraudes que levaram a companhia à falência em 2002. Ele alegou em juízo que havia delegado a seus auxiliares as operações financeiras e que não sabia o que estava acontecendo... Pior: afirmou que não entendia de contabilidade! O argumento não convenceu os jurados. Acabou pegando vinte e cinco anos de cadeia.

– Qualquer semelhança com malversação de dinheiro público no Brasil – afirmou Pedro – não é mera coincidência...

– Mas o desfecho muda, companheiro! – ironizou André. – Muitos escapam das cassações, outros têm seus processos prescritos, alguns até acabam reeleitos!

Ninguém riu. Ao contrário, uma sombra baixou em todos os semblantes: a impunidade histórica aduba o solo da corrupção. Selma então levantou mais uma situação.

– O que vocês acham disso: "É adequado designar um contador para acompanhar os trabalhos de uma empresa de auditoria externa, fornecendo-lhe os documentos pertinentes e cuidando de esclarecer políticas e procedimentos internos"?

De tão óbvia, a resposta só mereceu uns muxoxos de nossa parte. Mas como a consultora continuava aguardando, Luisa piedosamente concedeu:

– "Bem comum", Selma, porque não há interferência no trabalho dos auditores externos. Ninguém comete infração alguma. Os auditores apenas recebem o apoio necessário para o bom andamento dos trabalhos.

A outra não concedeu trégua:

– "Em face do emaranhado excessivo de leis e de regulamentações no Brasil, é preciso encontrar os meios para que certos funcionários públicos deixem de criar dificuldades".

Depois de leve hesitação, André fuzilou:

– Há duas respostas para esta situação!

Foi uma surpresa geral.

– Vou dizer por quê. Tudo depende dos meios utilizados. É cúmplice quem aceita fazer um "acerto" com os funcionários que vendem facilidades depois de atrapalhar o bastante. O caso então é de "bem restrito". De forma oposta, vale o "bem comum" para quem monta flagrantes para prender funcionários corruptos, quem mobiliza a cidadania no combate aos abusos praticados ou quem faz pressão sobre as autoridades para criar mecanismos de controle. Não é? Temos assim duas leituras possíveis...

Ficamos admirados com a primorosa interpretação do colega. Eu o saudei com uma expressão gaúcha que ele apreciava muito:

– Bah, chê!

A consultora sorriu e encadeou outra situação:

– "Diferentemente dos Estados Unidos, as mulheres brasileiras não se sentem importunadas com galanteios, expressões lisonjeiras ou gracejos espirituosos. Mesmo assim, esperam que esse padrão de conduta seja contido no ambiente de trabalho".

Tratava-se naturalmente de "bem comum", uma vez que elogios de bom gosto são aceitos correntemente pelas mulheres brasileiras. O professor comentou, no entanto:

– O assédio sexual decorre de abusos hierárquicos recorrentes. Quer dizer, abusos praticados de forma habitual por aqueles que dispõem de uma posição de mando. Há tempos que na América do Norte a questão é sensível. No Brasil, a discussão está começando a ganhar peso, ainda que nossos padrões sejam mais lassos.

Diante dos olhares inquisitivos das colegas, ele se justificou:

– O velho machismo latino ainda não se livrou da idéia de que as mulheres são responsáveis por aquilo que lhes acontece. Melhor dizendo, existe a presunção de que elas provocam os homens com suas roupas ousadas, pernas de fora, insinuações ou jogos de sedução. Diz-se até que as mulheres consentem em manter relações sexuais e depois posam de vítimas...

As meninas ficaram observando nossos rostos deliberadamente impassíveis. Não havíamos combinado a reação, mas ela veio espontânea: éramos contra o machismo! Hã! O politicamente correto funciona nas pessoas de boa educação como fachada e, muitas vezes, como autodefesa...

– Numa empresa a quem presto consultoria – relatou a esposa –, um gerente comentou que uma colega dele passava diante de uma construção. Três operários descansavam à sombra do portão e a colega contou que ficou possessa! Eu perguntei: "Mas por quê? O que os homens disseram?" Ele replicou: "Nada, simplesmente nada!" Estranhei, e logo entendi: a mulher ficou furiosa porque não recebeu elogios! Os sujeitos nem sequer assobiaram!

Sempre extrapolando, André exclamou:

– Deve ser um demônio da Tasmânia!

Rimos a valer, sem exceção.

– Vamos ver outra situação – alternou Sálvio: – "Para que não haja interferência ou dúvida sobre a lisura das decisões de compra ou de contratação, o fato de receber presentes ou vantagens de parceiros de negócios converte-se em assunto delicado. Só podem ser aceitos brindes ocasionais, que não tenham valor comercial ou cujo valor seja insignificante".

– É "bem comum", não há dúvida – afirmou Pedro. – Mas como ficam as praxes de mercado?

Luisa rebateu:

– O costume de dar bola a compradores não justifica eticamente essa prática.

– É um jeito de comprar a preferência! – sentenciei. – As regras do jogo ficam viciadas.

– Apoiado! – cumprimentou Selma. – Por isso devemos diferenciar brindes de presentes. Os brindes são lembranças como camisetas, canetas, agendas, calendários, chaveiros, réguas, canecas ou coisas que o valham. Objetos baratos que muitas vezes vêm com o logotipo da empresa. De maneira completamente diversa, os presentes são mais do que gentilezas. E por quê? Por causa das implicações: ensejam mal-entendidos, carregam segundas intenções, podem ser vistos como evidências de relações escusas.

Nossos rostos exigiam exemplos.

– Pensem nesses "agrados": ricas cestas de natal, refeições em restaurantes de luxo, viagens de recreio, entradas em espetáculos concorridos, convites para assistir a eventos badalados em camarotes exclusivos, rega-bofes com bebidas caras, entretenimentos com acompanhantes... Todas essas diversões são mais do que gentilezas: deixam o flanco exposto, despertam suspeitas, permitem que se desconfie de algum tipo de favorecimento.

Pedro cortou:

– Aceitar uma garrafa de uísque, por exemplo?

– De doze anos? – indagou jocosamente André.

– Que seja! – encampou rispidamente o outro. – É o bastante para comprar uma consciência?

A consultora ponderou:

– Há que ter limite, Pedro; algum ponto de corte. Se não, leituras enviesadas podem ser feitas. Não subestime a mente alheia!

– Testei isso em sala de aula – relatou o professor. – Meus alunos são todos executivos. Alguns aceitaram uma garrafa de uísque e nada mais; outros duas, mas não a terceira. Achavam que três é demais, pois chama a atenção... Raros seguiram em frente, topando sucessivamente um incremento após o outro. Um deles aceitou seis garrafas: disse que era sua bebida preferida! Na sétima oferta, recuou. E olhem que ele falava sério!

– Dá para confiar em preferências individuais? – indagou a esposa. – Nos códigos de conduta que oriento, prefiro definir um valor – trinta dólares, por exemplo.

Pedro voltou a duvidar:

– Uma empresa que eu conheço adotou a orientação da matriz americana e definiu o limite em duzentos dólares.

– E eu conheço muita gente que entrega a mãe por duzentos reais! – deixou escapar André.

Ficamos parados um instante; André procurou minimizar a grosseria com caretas de desconforto. Mas ninguém resistiu e explodimos numa grande gargalhada! O próprio professor mal segurava a barriga! Selma foi a única a sorrir discretamente. Logo depois, recomendou:

– Naturalmente, o valor deve ser adaptado à realidade de cada país. O importante é sempre se perguntar: o que será que os outros vão pensar? Alguém pode interpretar o presente como um aliciamento? Conselho: leve sempre em conta as suposições dos outros. Lembrem do velho mote da mulher de César.

Letícia compareceu no ato:

– Não basta ser honesto, é preciso parecer honesto.

– Grande Letícia! – elogiou André com voz de chacota.

Passando ao largo da alfinetada, Sálvio citou mais uma situação:

– Se dissermos que "Para agradecer o empenho de um funcionário público no andamento de um processo, é de bom tom convidá-lo a jantar num restaurante fino e, ao final, entregar-lhe um mimo", a resposta torna-se absolutamente evidente, não é?

– Está na lei de improbidade administrativa – observei. – É suborno de quem pode nos favorecer na próxima curva da estrada.

– Ou de quem já nos beneficiou – especificou Luisa com propriedade.

Concordei na hora com ela, enquanto o professor desfechou:

– "Desde que haja autorização prévia e formal dada pela Diretoria, é possível manter interesses em empresas fornecedoras, seja diretamente seja através de membros próximos da família. Mesmo assim, o colaborador deve abster-se de influenciar qualquer negócio que envolva essas empresas".

– "Bem comum", meu caro professor! – brincou Letícia.

– E por quê?

A colega hesitou um instante e depois disparou:

– Porque os interesses pessoais foram revelados. A transparência confere sustentação ética. Principalmente se a pessoa não puder influenciar qualquer decisão futura que envolva a empresa. Afinal, havendo algum vínculo, é melhor se abster de interferir.

– Cartesiana, minha cara Letícia! – devolveu Sálvio.

Letícia fuzilou André do olhar, como se lhe dissesse: "Está vendo? Está gozando a pessoa errada!". Selma não arrefeceu e trouxe outra situação controversa:

– "Para atingir as metas, que são desafiadoras, é preciso empenhar-se a fundo, mas também cabe contornar as normas que atrapalham, ao colocar em risco o desempenho do pessoal e, portanto, o próprio bônus".

– Bota "bem restrito" nisso! – julgou André.

O pessoal sorriu com indulgência. Eu decidi cutucar nosso anfitrião, que dirige os controles internos de nossa empresa:

– É questão-chave da área de *compliance*...

Selma reagiu como se eu estivesse fazendo chiste:

– Há clara relação, sim! Enquanto as políticas e os procedimentos estiverem em vigor, devem ser seguidos. Se alguma coisa estiver errada porque houve nova regulamentação ou for inadequada porque não atende a novas demandas, é preciso...

– Botar a boca no trombone! – concluí. – E não dar um jeitinho por conta própria!

Minha resposta restabeleceu a paz. Afinal, eu havia apenas repetido um pensamento que a consultora formulou no dia anterior.

– *Compliance* não se resume a controlar a docilidade dos funcionários ou sua disposição em se conformar – alertou o professor. – A meu ver, o trabalho consiste em convencer as pessoas que os regulamentos fazem sentido. E para que isso? Para obter sua adesão. Esse é o maior segredo.

A esposa reforçou:

– A chave está em comprometer os funcionários. Quem cumpre as normas de forma mecânica fica à mercê do canto das sereias...

– Aí a empresa tem de dispor de controles que custam caro – completou Sálvio. – Agora, quando alguém "compra" as orientações da casa, a qualidade das condutas melhora substancialmente. E sabem por quê? Porque as diretrizes ganham legitimidade.

Estávamos em plena seara do professor. Por isso preferimos aguardar respeitosamente novas explicações. Selma, no entanto, declarou:

– Quando os funcionários acatam as normas, sem mais, agem por medo das sanções: cumprem deveres de forma compulsória. Quais os riscos que a empresa corre? Alimentar a má vontade do pessoal, sofrer resistências surdas ou até retaliações. Vamos agora inverter o quadro: quando os funcionários compreendem a validade das normas, a adesão se torna indolor e a obediência passa a ser voluntária. Isso praticamente dispensa a vigilância externa. Quais são os ganhos da empresa? Reduzir controles, minimizar as oposições subterrâneas, alcançar resultados qualitativamente superiores.

Certificou-se de que estávamos todos atentos.

– O que garante esse salto para a frente? O consentimento, a introjeção de valores, a aceitação das orientações.

– Vou lhes dar uma pista – desdobrou Sálvio. – Para ver se os funcionários concordam com as orientações da empresa, basta um teste: caso não existissem controles, qual seria a conduta deles? Manteriam a posição ou aproveitariam a oportunidade para aprontar? Vamos pegar um exemplo a esmo. Por que será que muita gente não roda no acostamento quando as estradas estão cheias? Boa parte das pessoas o faz porque não quer ser multada ou porque não quer perder pontos na carteira. É gente que "cumpre", mas não "compra" a norma; é gente que evita sofrer sanções negativas. Em contrapartida, há outras pessoas que, mesmo cientes de que não há guardas rodoviários por perto, não rodam no acostamento. Por que será? Porque sabem que o acostamento é feito para emergências – ambulâncias, bombeiros, carros da polícia, veículos quebrados, guinchos. São pessoas que têm consciência do prejuízo que a transgressão acarreta. É gente que "comprou" a restrição por prudência ou para não fazer mal aos outros. É uma questão de convicção ou de responsabilidade.

Eu me permiti dar uma ilustração num outro registro:

– É o caso dos óculos para guiar! Você os usa para ver, não por medo da multa!

– Ou, como diria Guimarães Rosa – comentou André –: "Sapo não pula por boniteza, mas por precisão".

– Vocês dois são demais! – aplaudiu a consultora, dando um suspiro de admiração.

O professor perseverou:

– Ainda assim, vou lembrar as compras que muita gente faz em barracas de camelôs. Leo e Pedro já levantaram a lebre há pouco. Indiscutivelmente a conduta desses compradores é oportunista, porque não levam em conta os prejuízos que provocam. Alegam a irresistível vantagem do preço baixo. Fato objetivo. Mas a que custo social? Pouco se importam com a concorrência desleal feita aos comerciantes que pagam impostos. Não dão a mínima para a péssima qualidade do produto nem para a falta de assistência técnica. Não querem saber quantos empregos formais são eliminados nem quantos funcionários públicos estão sendo corrompidos. Lixam-se literalmente com a sonegação dos tributos e suas conseqüências – a redução de recursos para o investimento em infra-estrutura e para programas sociais. Não ligam para o fato de que o Brasil consta da lista dos países que não protegem os direitos de propriedade intelectual...

Os malefícios nos impressionaram. Sálvio persistiu em seu raciocínio:

– Vamos pensar agora nas pessoas que nada adquirem de camelôs. Por que não o fazem? Duas razões podem motivá-las. A primeira delas: não querer ser enganadas, uma vez que o produto não é confiável nem oferece garantias. Neste caso, cumprem uma restrição sem "comprá-la". Por quê? Porque se souberem que o produto funciona, será que não fraquejariam? A segunda razão é que, mesmo que o produto seja confiável, não o adquiririam porque têm consciência dos danos que os camelôs geram. Estes últimos são cidadãos responsáveis que "compraram" a restrição.

O fecho foi desafiador:

– Isso faz parte do que chamo *inteligência ética*, uma espécie de radar com várias habilidades de discernimento: detectar os fenômenos morais; dispor de diretrizes éticas fundamentadas; analisar os eventuais desvios e suas implicações; estabelecer mecanismos de controle; e, naturalmente, corrigir as práticas em curso.

Achamos muito sugestiva a imagem. E, sem perder o embalo, a consultora deslindou:

– Se a gente ampliar o espectro, eu diria que os médicos têm uma inteligência clínica quando observam seus pacientes; os policiais têm uma inteligência investigativa quando patrulham as ruas à espreita de eventos suspeitos; os cientistas têm uma inteligência crítica quando rastreiam evidências na observação dos fenômenos reais; os gestores, os auditores, os oficiais de controles internos ou quaisquer outros colaboradores podem desenvolver uma inteligência ética ao analisar as ações e as decisões empresariais. Para que isso? Para prevenir os diferentes riscos que ameaçam o negócio, entre os quais o risco de reputação. Para afastar danos possíveis aos ativos intangíveis da empresa. Para controlar os abusos que possam reduzir o valor do negócio ou até inviabilizá-lo.

– Tarefa insana, vocês dirão – anotou o marido meneando a cabeça. – Mas tarefa indispensável. Preservar a reputação corporativa é um trabalho coletivo e significa várias coisas: saber traduzir as diretrizes éticas em práticas organizacionais (função nobre e criativa); introduzir controles internos e externos para gerenciar os riscos de maneira eficaz; gerir o conhecimento; adotar padrões internacionais de responsabilidade socioambiental.

Percebemos o quão extenso, delicado e estratégico era o trabalho do professor. Aí pensei: o que será que ele espera de nós? Sálvio continuou em sua toada como se estivesse refletindo em voz alta:

– A inteligência ética da auditoria interna, por exemplo, torna transparentes as prestações de contas, encoraja o pessoal a lançar mão das melhores práticas de gestão, ajuda os investidores a responder à questão-chave: essa empresa é uma boa aposta para o futuro?

Fez uma pausa e nos fitou demoradamente.

– Entenderam?

Não sabíamos bem aonde a conversa iria desembocar e, por isso, preferimos não opinar.

– Vou lhes dizer francamente o que acontece. A nossa companhia precisa de gente que se engaje, não apenas daqueles que "vestem a camisa". Só isso não basta! Vamos criar uma área de inteligência com gente que tenha visão prospectiva e capte as tendências latentes no mundo de hoje. Vamos redefinir os parâmetros morais que pautam o negócio. Soa ambicioso?

Ficamos inquietos com a proposta.

– Explico melhor: atualmente, a cultura de performance de nossa companhia exige um estilo gerencial voltado para a eficácia, a produtividade, a rentabilidade, o corte de custos, a conformidade aos prazos... E tudo isso em níveis crescentes! Em tese, nada contra. Contudo, há dois graves senões: é um estilo que visa resultados imediatos e que menospreza os meios necessários para atingi-los. Aí o carro pega! Nossos homens de proa são assim...

Hesitou e depois falou sem dourar a pílula:

– Executivos tenazes, realizadores, mas, ao mesmo tempo, exibicionistas e um tanto quanto onipotentes. Em resumo, megalomaníacos!

Trocamos olhares carregados de significados. Sálvio destampou a caixa de Pandora:

– Essa forma de gerir não serve mais. Vamos riscá-la do mapa! É óbvio que devemos perseguir resultados, mas não à custa daquilo que atravanca o caminho – as pessoas e os princípios. O fato é que nossos gestores atropelam sem dó. E, quando estão encurralados, culpam as metas ambiciosas. O curioso é que sempre dão um jeito para superá-las! Como conseguem essa proeza? Simples: não medem conseqüências nem se importam com os danos que causam. Ora, esses males são evitáveis!

Ficamos assustados. O que ouvimos não era apenas um desabafo, era uma declaração de guerra! Mas quem iria liderar a cruzada? Selma dirimiu a dúvida:

– O presidente incumbiu Sálvio de desencadear o processo, com o apoio dos sócios americanos.

O professor interrompeu a esposa:

– Os tempos mudaram. Para garantir perenidade a um negócio, temos que ser sensíveis aos novos ventos.

Prendemos a respiração.

– Vamos dar oportunidade a quem quiser discordar; vamos nos esforçar em convencer os cabeças-duras. Mas depois de um tempo, quem não se enquadrar – paciência – será demitido! Vamos reformular as práticas, está decidido. Vamos enterrar o estilo sargentão!

Foi o momento mais grave das nossas conversas. Somente agora a agenda oculta da nossa estada em Itu estava sendo desvendada. Num fôlego só, Sálvio elucidou a trama:

– Para seu conhecimento, devo informá-los que serei seu novo mentor.

Uma lufada de ar fresco oxigenou a sala...

– Vou prepará-los a enfrentar os obstáculos que terão pela frente; vou lhes dar instrumentos para que saibam afinar a viola... Explico melhor: vocês vão adquirir habilidades políticas, aprender a lidar com articulações de bastidores.

Nossas faces estampavam um misto de espanto e de perplexidade. O professor continuava muito compenetrado.

– Vocês terão cacife para propor mudanças sem medo de sofrer represálias. E saibam que não estarão sozinhos: há todo um pessoal sendo preparado. Gente que não vai ser temida, mas admirada. Gente que vai conquistar a ascendência sobre os outros pela competência profissional. Fazendo o quê? Respeitando as necessidades das pessoas, escutando e dialogando, ousando errar e, portanto, não temendo assumir riscos. Em resumo, serão líderes, não chefes. Pessoas que farão a diferença e se tornarão a consciência crítica da empresa!

O plano de ação nos intimidou. Há meses atrás, quando mapeei os grupos de poder da companhia, olhei pelo retrovisor: imaginei fazer uma carreira fulgurante em que os resultados fossem tudo, não os métodos. O discurso, agora, era radicalmente outro. O professor queria que nós fôssemos o quê? Uma polícia dos costumes, os promotores da governança corporativa, as cobaias de um projeto pioneiro? Vai reposicionar a empresa no cenário da competição internacional pela via da inteligência ética? Haja ousadia!

Selma percebeu nossa inquietude e, em vez de aclarar as expectativas, nos confundiu mais ainda:

– Trabalharemos juntos, fiquem tranqüilos.

Fixou um olhar amigo sobre cada um de nós.

– Não acham o desafio fascinante?

O que podíamos dizer? Falei com humildade:

– Temos tanto a aprender...

Letícia formulou melhor a ansiedade que tomou conta de nós:

– O problema é menos de aprendizagem e mais de vivência, não acham?

– Sem dúvida, Letícia – concordou a consultora. – Sabemos que vocês estão tomando pé na organização.

Emendei:

– Mais do que isso: no mundo!

– Essa falta de contaminação é boa: vocês não têm os hábitos da velha guarda, não são cúmplices de ninguém... As lealdades pessoais amarram muito, sabiam?

– Vamos redesenhar a companhia! – afirmou o professor com certo arrebatamento. – E temos certeza de que vocês serão úteis.

A esposa sugeriu então:

– Que tal deixar vocês à vontade até a hora do jantar?

Os últimos raios alaranjados do crepúsculo já haviam desaparecido no horizonte. Acenamos com a cabeça sem muito pensar. Diante da apreensão que tomou conta de nós, a pausa era bem-vinda.

– Ótimo! – congratulou-se Sálvio.

– Sabem o que vamos comer? – provocou a anfitriã.

Pedro se ouriçou, no aguardo da deixa.

– Pizza! Vocês gostam?

Saudamos a novidade em coro, embora de forma tímida: tínhamos mais coisas com que nos preocupar!

– O caseiro está pondo lenha no forno; não vai demorar. Depois, vamos assistir a um filme. O que acham da idéia?

Batemos palmas. O casal se retirou e nós fomos para a beira da piscina iluminada. Sentamos em semicírculo.

Soprava uma leve brisa que recendia a jasmim. Não trocamos muitas palavras; a conversa já havia sido bastante explícita. Os monstros que dormitavam em cada um de nós foram invocados. Ficamos calados uns instantes, até que os medos que nos assaltavam vieram à tona. Seríamos maduros o bastante para uma empreitada dessas? Teríamos condições de enfrentar as feras que infestam a companhia? De onde tirar o gás para cumprir o que esperam de nós? Em sã consciência, não é muita areia para nossos caminhões? André abordou o assunto com boa dose de pragmatismo:

– Cabeça fria e pés no chão, pessoal. Vamos checar: se não toparmos, vamos acabar cuidando de bobagens burocráticas, vamos morrer na praia. Agora, se toparmos, as oportunidades parecem infinitas... O desafio vale bem uma missa ou não?

Ele se levantou para enfatizar as palavras:

– Só que isso não é brincadeira, é vida real! Não dá para fazer de conta que está tudo bem, da boca para fora. É compromisso para valer!

Ele nos fitou com olhos incendiados.

– Chegou a hora da verdade. Quem quiser pular fora, tem que ser já! Pegar o boné e sumir! Sem comprometer a turma, não é isso?

Ficamos impressionados com a contundência dele. De fato, o momento era decisivo. Aí, me manifestei:

– Para mim, o jogo está feito.

Baixou um silêncio. Eu estava a favor ou contra a proposta?

– Prefiro esse caminho a qualquer outro. Mesmo que eu deva me reinventar...

– Qual caminho? – instou André.

– Não sou burocrata nem gosto de yuppies. Gostei da proposta. Vou topar!

Sem hesitação, Luisa justificou sua adesão:

– A causa é boa: vale a pena!

Aguardou que alguém falasse e completou:

– Dá para fazer coisas fantásticas!

Letícia então se juntou ao coro:

– Sempre sonhei em fazer diferença. Estou nessa!

Sem nada dizer, Pedro ergueu seu corpanzil e bateu palmas. Elas vieram fortes, crescentes, e soaram esquisitas à beira da piscina. Aí tivemos um movimento espontâneo de confraternização: aqueles múltiplos abraços das equipes de vôlei. E, sem mais, gritamos a plenos pulmões:

– Ninguém segura! Ninguém segura! Ninguém segura!

Uma imensa alegria tomou conta de nós. Os olhos de Letícia, nossa deusa grega, ficaram úmidos. Luisa então a envolveu com os braços e deu-lhe um beijo no rosto. Sussurrou:

– Sempre juntas! Sempre!

E voltando-se para nós, em voz alta:

– Estamos juntos, não é gente?

Soltamos um estrondoso: "é!". Parecíamos crianças no pátio da escola. Foi quando a cozinheira nos chamou para sentar à mesa da churrasqueira. Sálvio e Selma ainda não haviam chegado, mas o caseiro já estava assando duas pizzas de tamanho grande. A cozinheira voltou para preparar outras massas. Pelo visto, íamos ter outro festival gastronômico. Quando o anfitrião chegou com a esposa, ele segurava uma bandeja com cervejas artesanais e canecas geladas. Anunciou:

– Para comemorar, trago uma surpresa: é uma cerveja especial, coisa de monge medieval.

Ele abriu três garrafas e nos serviu em taças arredondadas que realçavam os dois dedos do colarinho. Era uma cerveja encorpada, com aroma frutado e espuma cremosa.

As pizzas foram servidas em seqüência, coisa de profissional: massa fina, massa grossa, bordas recheadas de catupiry. Degustamos todas elas: mozzarela, margherita, quattro formaggi, napoletana e calabrese – tudo assim mesmo, em italiano! O casal de pizzaiolos era realmente primoroso.

Pedro se fartou de tanto comer e riu um bocado. Aliás, todos nós estávamos leves e bem dispostos. A conversa girou em torno de amenidades.

Como sobremesa, tivemos manga com sorvete de creme, bananas flambadas e um delicioso pudim de caramelo.

Acabado o jantar, fomos assistir ao filme. Era uma película de 1991, baseada numa peça de Jerry Sterner e dirigida por Norma Jewison – *Other People's Money* (*Com o Dinheiro dos Outros*). Vimos o duelo entre duas personalidades diametralmente opostas, duas figuras que encarnavam de forma paradigmática épocas diferentes. De um lado, o industrial benevolente, um verdadeiro humanista preocupado com os funcionários e com a comunidade local, herdeiro de um negócio fundado há oitenta e um anos pelo próprio pai. De outro, o financista de Wall Street, calculista, ganancioso e egocêntrico. Terminada a projeção, Selma se levantou e perguntou:

– Gostaram?

Nem tivemos tempo de responder e ela se despediu com voz amiga:

– Boa noite! Amanhã conversaremos. É nosso último dia, não é?

O professor sorriu para nós e a seguiu. Levantamos lentamente e fomos dormir. O filme aparentemente não iria perturbar nosso sono. Contudo, pensando bem, o que esse confronto entre o dono de uma fábrica de fios e cabos, que as novas tecnologias tornaram obsoleta, e um mago das aquisições hostis, tinha a ver com nossas conversas? O mistério seria desvendado bem mais adiante.

III

10 A ambivalência

Perde-se o Brasil porque alguns ministros de Sua Majestade não vêm cá buscar nosso bem. Vêm cá buscar nossos bens.

Padre Antônio Vieira

Acordamos às oito horas com o pio insistente de pássaros que saltitavam à janela de nosso quarto. Abri as cortinas e me deleitei com a visão de um ipê cujas flores amarelas faziam um belo contraste com o vermelho de dois soberbos flamboyants. Meus colegas pediram que eu me apressasse para não atrasar o café-da-manhã, religiosamente servido às oito e trinta. Abandonei a paisagem e procurei fazer minha higiene pessoal o mais rapidamente possível.

O desjejum foi mais uma vez um festim para o paladar e o olfato. Além da costumeira cesta de pães, o café com leite, o sortimento de queijos e frios, os sucos naturais à escolha, os iogurtes e os cereais, o casal nos brindou com omeletes preparadas ao gosto de cada um. Os ingredientes estavam à vista de todos (queijo, presunto, peito de peru, tomate, cebola, ervas e cogumelos) e pedíamos diretamente à cozinheira a composição preferida. Uma vez servidos, a nossa anfitriã propôs, sorridente:

– Que tal abordarmos as morais brasileiras? Vamos desenterrar cada esqueleto...

– Será no mínimo divertido! – comentou André.

– Para começar, é bom saber que os códigos têm abrangências diferentes. Por exemplo, se pegarmos uma organização de certo porte e com certa tradição, qual moral ela adota? De um lado, temos o discurso moral da direção – as diretrizes que ela enuncia ou as declarações de princípio – e, de outro, temos o que se pratica de fato. Ao longo do tempo, a combinação entre o que se diz e o que se faz é aquilo que efetivamente os públicos de interesse percebem. Existem assim as normas da organização escritas ou não – prescrições sobre o que é certo ou errado fazer – e existe o que realmente o pessoal pratica com o aval explícito ou não da direção.

– O resultado – completou Sálvio – é uma moral *microssocial*, o código de conduta de uma organização concreta ou, se preferirem, o código de honra que seus membros seguem.

Deu um tempo, enquanto nos fitava.

– Ora, nessa dupla composição, qual é a parte mais preciosa? As práticas, não as falas; o que é feito habitualmente, não as exortações ou as aspirações solenes. Adivinharam por quê? Porque a retórica não coincide necessariamente com os comportamentos reais. Ou melhor, a carta de intenções vive em geral descolada dos atos.

Isso era tão evidente para nós que ninguém se manifestou.

– Se formos estudar um setor social qualquer – encadeou a esposa – a abrangência será muitíssimo maior, é claro. Porque ultrapassaremos de longe as fronteiras de uma única organização. Imaginemos, por exemplo, o setor empresarial, a magistratura, o terceiro setor, a categoria médica, a área sindical ou o mundo político. Envolve em cada caso milhares de organizações e dezenas ou centenas de milhares de pessoas. Que nível de abrangência seria esse? *Mesossocial*.

O professor então adiantou:

– Agora, se quisermos abordar uma coletividade inclusiva (o Brasil como um todo, por exemplo), falaremos de moral *macrossocial*. Assim, a extensão e os limites da coletividade definem o objeto de estudo: macrossocial (inclusivo), mesossocial (setorial), microssocial (organizacional).

Logo em seguida, Selma fez um comentário decisivo:

– É impossível pensar na moral brasileira sem sublinhar um fato interessantíssimo: a ambivalência que particulariza os países latinos, seu padrão bipolar, a coexistência conflituosa entre duas morais macrossociais. Num pólo, existe a moral oficial e pública; noutro, a moral oficiosa que caminha nas sombras e que se difunde à boca pequena. Em conversa anterior, já nos referimos a essa duplicidade moral e deixamos a questão em suspenso.

– Ponderamos também – lembrou Sálvio – que as transgressões morais são universais e não uma exclusividade latina.

Ficamos na expectativa do desdobramento que viria. E, como boa antropóloga, nossa anfitriã se prontificou a esclarecer o assunto:

– À diferença de outros povos, os latinos mantêm como segredo de Polichinelo um código paralelo ao oficial, um conjunto de normas que permeia o cotidiano de forma sub-reptícia. Tudo ocorre em surdina, não abertamente. São postos em prática ensinamentos comezinhos, clichês, provérbios trapaceiros que se assemelham a um conhecido ditado calabrês: "Quem age direito morre miserável". O egoísmo contamina todas as relações com suas conveniências interesseiras. Se você piratear um software, por exemplo, ou usar um recibo frio na sua declaração de rendimentos, seu círculo íntimo vai apoiá-lo. Afinal, você nada mais fez senão defender-se contra preços ou impostos abusivos; usou expedientes costumeiros. A regra maior dessa cultura do trambique é a esperteza.

O marido parabenizou a esposa com um largo sorriso e lembrou na seqüência:

– Ficamos de abordar as razões históricas dessa dupla moral, não é mesmo?

– Sim – confirmou Selma. – E vamos dar destaque a dois fatores.

Acenou para Sálvio e falou:

– Começa você.

Ele assentiu:

– A primeira razão da nossa ambigüidade moral tem a ver com a influência da doutrina católica, cujos princípios foram forjados ao longo do tempo.

A esposa exemplificou:

– É o caso do aborto que, embora fosse aceito pela Igreja até 1869, foi proibido definitivamente pelo papa Pio 9º. E é também o caso do celibato sacerdotal que tomou corpo lentamente e acabou institucionalizado em 1123 pelo papa Calixto 2º, no Concílio de Latrão. São flutuações nas convicções que acabaram superadas.

– Apesar das idas e vindas – insistiu o professor –, foram estabelecidos eixos que se tornaram verdades indiscutíveis: o monoteísmo, a crença na vida após a morte, Jesus cultuado como messias e salvador do mundo e, o que mais nos interessa agora, a opção preferencial pelos pobres. De fato, a doutrina adota uma posição crítica frente à riqueza. Vejam: dentre os sete pecados capitais, a avareza é insistentemente estigmatizada; e como esquecer São Lucas, que anunciou aos pobres sua bem-aventurança e lhes prometeu o reino dos céus? A doutrina ensina que as posses materiais se destinam ao bem da comunidade e não só à fruição pessoal; condena o empréstimo a juros como ato de usura; declara ilegítimo o comércio que não segue o "justo preço", ou seja, cujas transações não correspondam ao custo de produção. Em suma, a acumulação de riquezas é fortemente reprovada.

A consultora citou um dito famoso:

– "É mais fácil um camelo entrar pelo buraco da agulha do que um rico entrar no reino dos céus!"

– Eta camelo mágico! – exclamou Pedro.

Luisa não perdeu a oportunidade para mostrar que sabia do que se tratava:

– Está de brincadeira, não é? Você não acha que é um camelo de verdade?

Pedro franziu a testa: deixou transparecer pelo olhar perdido que não sabia que a acepção era outra.

– Na época de Jesus, muito do material que se utilizava como linha era feito com pelos de camelo. A palavra então designava tanto o animal quanto a linha!

Luisa nos surpreendia com seu conhecimento de minúcias. Olhamos admirados para ela.

– Estão me encarando por quê? Tive aulas de catecismo!

Deu-me vontade de rir da ingenuidade de Pedro, mas me abstive com receio de ser mal interpretado: Luisa podia pensar que eu estava zombando de sua devoção. Letícia então informou:

– Uma pesquisa de opinião pública feita pelo Instituto Vox Populi em 2005, e que versou sobre a missão das empresas, confirma a influência católica no imaginário brasileiro: noventa e três por cento dos respondentes (primeiríssimo lugar!) disseram que a missão era "gerar empregos"; sessenta por cento cravaram "ajudar a desenvolver o país" (imaginem!).

– Até parece que a população é de esquerda! – gracejou André.

– Não há por que estranhar – observou nosso anfitrião. – A opção pelos pobres influenciou várias ideologias e moldou a concepção latina do capitalismo.

– O mais sensacional foi o último lugar – observou Letícia. – Apenas dez por cento elegeram o lucro como a missão das empresas!

– No extremo oposto dos norte-americanos! – comentou Pedro. – Lá, o maior desejo é ficar rico!

O professor expressou sua satisfação:

– Intervenções felizes, gente. Dedução: o lucro provoca mal-estar no Brasil, envergonha. Isso decorre da concepção doutrinária que santifica a pobreza e guerreia a riqueza, prega o desapego aos bens materiais e, ao mesmo tempo, exalta os bens espirituais.

Como bom protestante, Pedro mantinha um sorriso crítico. Sálvio deu-se conta e procurou rapidamente remediar:

– A inconsistência vem agora. Em dissonância com as declarações de princípio, a Igreja da Baixa Idade Média européia ficou opulenta. É um contra-senso, não é? O aparelho clerical chegou a possuir um terço das terras aráveis e a Igreja se converteu na maior senhora feudal da época!

– Como aconteceu? – averiguou André.

– Boa pergunta! – felicitou Selma. – A Igreja ocupava posição estratégica e desempenhava funções cruciais naquele período.

Achei o fato tão óbvio que enunciei:

– Regia o pensamento, fazia parte da ordem dominante, queimava os ímpios!

Luisa virou o rosto, incomodada. Eu prossegui:

– Por exemplo, o relógio só foi difundido no século 14. Somente então a nova noção de tempo se consolidou. Sabem por quê? O segredo de sua mecânica foi guardado a quatro chaves pela Igreja, pois ela regulava a vida das comunidades com o sino dos campanários!

A consultora intercedeu:

– Eu não estava me referindo à hegemonia exercida... Eu queria sublinhar outro aspecto.

Fiquei um pouco desnorteado. Ela engatou outra marcha:

– Historicamente, a Igreja funcionava como uma espécie de gigantesco ministério de assistência social: cuidava dos doentes, da educação dos fiéis, das pessoas necessitadas, das crianças desamparadas. Mas como financiar tantas obras pias? O dízimo não dava conta das obrigações assumidas. Foi preciso recorrer às doações. Muitos fiéis na hora da morte destinavam parte de seu patrimônio – ou ele todo – às boas causas. Ocorre que os bens não foram necessariamente aplicados em obras pias...

Indaguei:

– E as indulgências, uma das razões da Reforma Protestante?

Ela revidou:

– Eu ia chegar lá.

– Me desculpe!

– Foi bom você lembrar.

Refletiu um instante.

– Todo mundo sabe que os sacerdotes católicos podem absolver os pecados dos fiéis no sacramento da confissão. Mas a remissão não é concedida graciosamente: depende do arrependimento pelos erros cometidos e das penitências que devem ser expiadas. Ora, de onde as indulgências extraíam as redenções dispensadas às pessoas que haviam cometido pecados graves? Lançando mão do inestimável tesouro dos méritos de Cristo e dos santos. Somente assim poderia haver compensação adequada.

Provoquei:

– Por isso é que as indulgências eram vendidas!

– Claro – respondeu Selma com calma. – Só que a questão não está no fato de cobrar isso ou aquilo, porque toda falta se expia por meio de algum tipo de penalidade. A questão está nos eventuais abusos. Afinal, os recursos se destinavam a custear obras de piedade e caridade. Infelizmente, acontece que...

Fez um gesto como se lastimasse o rumo que as coisas tomaram. André não agüentou:

– Não há virtude que resista às tentações terrenas!

Houve um ou outro sorriso comedido. Nossa anfitriã tomava enormes cuidados para não ferir suscetibilidades. Sabia que o terreno da fé é um campo minado.

– A Igreja enriqueceu muito – resumiu Sálvio com a isenção de um cientista. – Não despendeu todos os recursos em obras de assistência e parte do clero passou a desfrutar de luxos que destoavam dos libelos contra a riqueza. O que se dizia nos púlpitos conflitava com uma indisfarçável ostentação. Catedrais magnificentes foram erguidas...

A esposa confirmou numa voz quase inaudível:

– Altares folhados em ouro, vestimentas ricamente adornadas, imagens esculpidas no marfim, crucifixos cravejados de pedras preciosas, cálices de prata, custódias de ouro para conservar as hóstias...

– Houve uma dissociação entre o que se pregava e o que se fazia às claras – escandiu o professor. – Criou-se um fosso entre o que a doutrina católica professava (riqueza posta no índex e pobreza enaltecida) e algumas práticas de exagerado apego aos bens materiais.

Deduzi no ato:

– Donde uma moralidade casuística!

Meus colegas voltaram para mim um olhar de interrogação.

– Ele tem razão – apoiou Sálvio. –A análise caso a caso prevaleceu em detrimento da coerência doutrinária. Deu ensejo a argumentações capciosas.

Pedro indagou:

– Será que essa incoerência ficou patente para todos?

– As pessoas mais lúcidas ficaram chocadas com o falso moralismo – explicou Selma. – As mais simples se deixaram levar.

Sálvio redirecionou pragmaticamente a conversa:

– A dissociação entre discurso e ato não é incomum em grande parte das culturas contemporâneas, católicas ou não. É quase regra dentro das organizações. Entretanto, de tão escancarada, a situação dos países latinos se tornou paradigmática. Proclamamos uma moral pública tão retoricamente perfeita que até as pessoas mais piedosas acabam desafiadas!

– E convivemos com a moral do oportunismo – atalhou a esposa –, nosso segundo código, que estabelece uma grande zona de conforto. Isso nos distingue de outros povos. Vocês lembram o "colchão emocional" do qual falamos, aquela solidariedade no pecado que os íntimos nos proporcionam?

– Há outro fator, porém – prosseguiu o professor –, que determinou nossa ambivalência moral: a voracidade tributária das metrópoles. Durante séculos tivemos Estados fiscalistas cujas regulamentações burocráticas foram absolutamente sufocantes.

– Não desmerecemos a tradição, não é? – caçoou André.

– Não mesmo! – confirmou a consultora. – Vocês têm idéia de quanto era o tributo devido à Coroa lusitana quando um navio entrava em águas brasileiras?

Esperou um segundo.

– Até sessenta por cento do valor da carga!

– E vocês sabem o que resultou disso? – indagou o marido.

Pedro se antecipou a qualquer um de nós:

– Rebeliões coloniais contra o fiscalismo régio!

Letícia o acompanhou:

– Sonegação fiscal, contrabando e desrespeito à lei!

– Gols de placa! – elogiou Sálvio. – Quatro vezes sim! E quais foram os corolários? A desobediência civil e o alto nível de impunidade.

Deixei escapar:

– Evidentemente: os abusos eram cometidos por quem tinha riqueza e poder!

Aguardei um segundo e emendei:

– Pela aristocracia rural colonial e, depois, pelas oligarquias imperiais e republicanas.

A anfitriã nos trouxe mais uma curiosidade:

– O Brasil se converteu em plataforma do contrabando internacional no hemisfério sul!

– Que bela expertise, hem! – zombou André. – Com uma herança dessas não há integridade que agüente!

Luisa decidiu averiguar:

– O sistema de colonização não foi relevante nisso tudo?

– Sem dúvida – apoiou o professor. – Com exceção do Sul do Brasil, adotamos o sistema de exploração.

E nossa colega, como se tivesse sido inquirida, foi logo delineando as linhas mestras:

– Grande propriedade fundiária, monocultura, trabalho compulsório (escravo ou dependente), economia exportadora.

A cada característica, Sálvio meneava levemente a cabeça, até que finalmente acrescentou:

– Vocês sabem que o Sul dos Estados Unidos também foi colonizado pelo sistema de exploração, não é?, diferentemente do Norte, que utilizou a colonização de povoamento.

– Situações invertidas! – ecoou Luisa muito segura de si. – O nosso Norte é o irmão gêmeo do Sul deles; o nosso Sul reproduz os caracteres do Norte deles: pequena propriedade familiar, policultura, trabalho livre e economia voltada para o consumo interno.

Selma aproveitou para orientar nossa reflexão:

– Pensem nas implicações.

André deu uma resposta irrepreensível:

– O sistema de exploração abordou as terras ultramarinas como território de caça, fonte de enriquecimento fácil e rápido, terra de ninguém, não como área para estabelecer um novo lar. Por isso imperou o vale-tudo!

– É o transoceanismo – esclareceu a consultora. – Pés no Novo Mundo, cabeça no além-mar.

– Amealhavam o máximo possível de riquezas – desdobrou André –, não se importavam com os meios utilizados, e sonhavam em zarpar para a metrópole.

Selma meneou a cabeça em aprovação e logo concluiu:

– Foi um jeito diferente de "fazer a América": não criar raízes, conquistar; não produzir o próprio sustento, espoliar. Fórmula de desbravadores, de aventureiros.

Sálvio revezou:

– É o extremo oposto do sistema de povoamento. Neste, os expatriados se tornaram pioneiros: migraram com armas e bagagens, com famílias e pertences; romperam os laços com os países de origem; não se iludiram com o retorno à terra natal. Era vencer ou vencer em terras desconhecidas!

Em nome da precisão histórica, fiz um reparo:

– Os emigrantes não podiam sonhar com a volta: eram fugitivos. Sofreram perseguições religiosas, políticas; foram expropriados por proprietários fundiários... Não tinham para onde ir! Não é isso, professor?

O anfitrião não refletiu muito para responder:

– Você está certo, Leo. Isso tudo condicionou seu espírito colonizador em clara oposição ao projeto bandeirante do Brasil. Quem migrou para cá foi movido pela ganância, praticou a predação sistemática e acostumou-se à devassidão. Resultados? Populações indígenas massacradas, atitude corsária, hibridez moral.

Eu intervim novamente:

– Salvo o extermínio dos índios, que ocorreu igualmente em todas as Américas, o tipo de colonização foi responsável pelas diferenças, e não o clima, as etnias, as religiões ou a herança cultural, como alguns intérpretes quiseram crer.

Ninguém desgostou do que eu disse e havia expectativa nos olhares.

– Tanto holandeses como franceses e ingleses estabeleceram o *sistema de exploração* nas Antilhas, nas Guianas ou no Sul dos atuais Estados Unidos. Os resultados foram os mesmos obtidos por portugueses ou espanhóis. Agora, quem implantou o *sistema de povoamento* no Sul do Brasil, no Uruguai, na Argentina e no Chile? Os portugueses e espanhóis, ainda que mais tarde tenham se misturado com italianos, poloneses, alemães... Reproduziam o mesmo figurino existente no Norte da América! Daí para a frente, outros azares interferiram e atrasaram o desenvolvimento dessas regiões, de maneira que as diferenças nada têm a ver com a origem dos colonizadores.

– Sem dúvida – disse Selma para encerrar. – Mas chega de fundamentos históricos. Vamos direto à nossa dupla moral. Vou resumir, que tal?

O marido incentivou:

– Faz muito bem.

– A moral pública brasileira é a moral da integridade. Como se difunde? Nos livros didáticos, no catecismo da Igreja, nos textos legais, na retórica edificante da mídia mais qualificada. Em síntese, o código oficial faz a apologia da virtude, nos induz a sermos pessoas de bem.

Perscrutou nossos rostos.

– Vocês sabem do que eu estou falando, não sabem?

Fizemos que sim.

– Ora, como ter caráter, pureza moral, decência? Pela prática de alguns valores principais: a honestidade (ser honrado e não roubar em circunstância alguma); a idoneidade (construir um bom nome pela conduta sempre reta); a lealdade (ser fiel aos compromissos assumidos e defender quem confia em nós); a confiabilidade (ser digno de crédito); a veracidade (falar sempre a verdade); a legalidade (observar rigorosamente as leis); o respeito ao próximo (levar as necessidades e os interesses alheios em conta).

O professor não resistiu ao desejo de fazer logo uma análise:

– Percebam as ressonâncias da doutrina católica, exortações tão belas quanto idealistas. É uma moral altruísta de amplo espectro que, ao exigir que cada qual cumpra suas obrigações sociais, defende o bem comum. Entretanto, e de forma dramática...

– Nós todos – interrompeu a esposa – convivemos com uma segunda moral, clandestina, dissimulada: a moral do oportunismo.

– Partilhamos este outro código por debaixo do pano. Normas que louvam a conveniência interesseira e fazem a apologia da esperteza; normas informais que partem do pressuposto de que ninguém presta. Aprendemos assim a desconfiar uns dos outros, a nos armar contra as manhas e as rasteiras.

– Querem saber como se divulgam esses padrões? – indagou Selma –. Por meio do falatório nas ruas, dos bate-papos nos bares, das conversas íntimas. A via preferencial é o pé do ouvido, a discrição das reuniões fechadas. E quem são nossos mestres?

Ela mesma esclareceu:

– Os sabichões que se consideram pessoas vividas e que usam frases feitas, chavões de almanaque, preconceitos e estereótipos. É um saber malandro que proclama as façanhas do jeitinho, o ideal de se dar bem, a virtude dos cambalachos, o "jogo de cintura" para tirar partido de tudo. A chave-mestra é levar vantagem e, portanto, desprezar o bem-estar dos outros.

André aproveitou a brecha para comentar:

– Mais do que falar, o pessoal usa a pedagogia do exemplo.

Ficamos intrigados com a precisão da fórmula.

– Lembro da seguinte história. Na entrada de um espetáculo qualquer, um aviso dizia: "criança de até doze anos paga metade". Um homem estava acompanhado por seu filho de treze anos, só que ele parecia ter onze. Aí, o homem disse à moça do caixa: "um adulto e uma criança". Enquanto ela fazia o troco, o menino estranhou, mas o pai piscou para ele. Ao se dar conta da manobra, o filho piscou de volta, sabiamente cúmplice...

– Eis a lógica do processo! – louvou Sálvio. – Daí para a frente é só perguntar: o pai ensinou o filho a ser o quê?

– Trapaceiro! – bateu firme André.

– Aproveitador! – repercutiu Luisa.

– Descarado! – aditou Letícia.

– Mau-caráter! – condensou Pedro, de forma didática.

Pulei para as conclusões:

– Aula de egoísmo, do "cada um por si e Deus por todos"...

– Perfeitamente, Leo! – ratificou a consultora. – A moral do oportunismo ensina a abusar da confiança alheia, a não ter escrúpulos, a colocar o "bem restrito" acima de tudo: por isso é antiética.

Fez uma pausa e depois perguntou:

– Quem lembra situações que retratam essas coisas?

Todo mundo lembrava uma porção delas! Só que Pedro fez uma reverência burlesca e cedemos a precedência às duas colegas. Letícia deu de ombros e foi em frente:

– Ao sair do consultório de um médico ou de um dentista, a atendente informa o preço da consulta ao paciente e logo pergunta algo. Alguém sabe?

Ato contínuo, Pedro respondeu:

– "Com recibo ou sem recibo?".

A colega sorriu satisfeita:

– E a moça espera que o paciente faça a pergunta infalível: "Qual é o desconto?". Se este não for generoso, o comprovante será exigido para a dedução na declaração do Imposto de Renda; se for atraente, sai de baixo! Pagar impostos para quê? Para engordar autoridades corruptas?

– Eu tenho outra – revezou Luisa. – Vocês já viram algum brasileiro comprar ou vender casa e, na mesma hora, correr ao cartório de imóveis e lançar o preço real da transação?

Foi uma gargalhada geral. O costume de "pagar por fora" uma parte do valor dos imóveis é tão generalizado que o exemplo dispensava comentários! Letícia voltou à carga com o filme de Breno Silveira que fez um enorme sucesso e foi indicado para representar o Brasil no Oscar de 2006:

– Isso me lembra uma cena do filme *Os Dois Filhos de Francisco*. O pai era o maior incentivador da dupla sertaneja Zezé di Camargo e Luciano. Preocupado com a aceitação do primeiro disco gravado pelos filhos, ele trocou o salário do mês por fichas de telefone. Pediu aos colegas de trabalho para ligar do orelhão e solicitar à rádio de Goiânia que tocasse canções do disco...

Fez ligeiríssima pausa e concluiu:

– Fajutou a parada musical!

– Aposto que ninguém se tocou no cinema! – zombou André. – Se as intenções são boas, por que não levar vantagem, não é?

Concordamos todos com mímicas constrangidas. Eu então relatei:

– Costumo provocar meus alunos com a seguinte pergunta: se eu desse uma olhada em seus computadores de casa, será que não acharia um programa, um único que seja... pirata?

André se preparou para me achincalhar, mas eu não o deixei falar, fui mais ágil:

– Urram e fazem chacota: corta essa, professor! Está louco? Não vai achar nenhum programa legal! É tudo pirata!

– E dão risada, não dão? – se divertiu André. – Claro, devem se achar os tais! Compram um CD com aplicativos que valem centenas de dólares pelo preço de uma entrada de cinema! É o jeitinho brasileiro!

Pedro fez a conexão:

– Idem para as multas de trânsito: quem não molha a mão dos guardas? Quem não paga despachante para sumir com as multas?

Esperou um pouco e desfechou:

– E o pessoal ainda se gaba!

– André citou o jeitinho brasileiro – observou Selma. – Que tal falar sobre ele?

Aguardou que alguém se manifestasse. Como ninguém o fez, decidiu demarcar o terreno.

– O que é essa prática?

– É paralegal – resumiu André.

– E por quê?

– O pessoal burla as regras para obter vantagens pessoais.

– Em bom português – adicionei –, quebra-se o galho. Com regulamentos e burocratas que deixam todo mundo louco, ou se dá um jeito ou nada funciona!

– Jeitinho e corrupção são farinhas do mesmo saco – explicitou André.

Ninguém discordou dele.

– Sem gorjeta, sem propina, não há jeitinho. Tem que dar caixinha, cervejinha, cafezinho, presentinho, ajudinha. É o agrado com diminutivo, o jabaculê com pudor!

Rimos com gosto até que Luisa interveio:

– Dizem por aí que o jeitinho é um mecanismo de adaptação às disfunções da sociedade brasileira...

– Às suas irracionalidades – acrescentei.

– Conversa mole! – sentenciou Luisa. – E ainda que fosse verdade, seria o bastante para absolvê-lo? Dizem também que é criativo. Dou um exemplo: bater o ponto para um colega é um jeitinho inofensivo, uma travessura estudantil. Dá para acreditar?

Surpreso, indaguei:

– Está brava por que, Luisa?

A colega ficou embaraçada, mas não se furtou a responder:

– Porque me pediram para fazer! Como não topei, fui discriminada!

Ficamos sem saber o que dizer. Selma acudiu:

– O jeitinho é uma tentativa de ser mais igual do que os outros. É o tratamento personalizado à moda brasileira!

Luisa retomou a palavra, ainda incisiva:

– Acho que é um desrespeito às regras que deveriam valer para todos. Regras valem apenas para pé-rapado, joão-ninguém, sujeitinho, fulano, “elemento” no jargão policial.

– Upa, Luisa pegou na veia! – exclamou André.

A consultora novamente teorizou:

– O jeitinho expressa uma dualidade entre "pessoas", gente distinta que tem recursos e pode fazer as coisas acontecerem, e "indivíduos", que nada têm e nada podem.

Sálvio aproveitou para comentar:

– Sabe qual poderia ser a "regra de bronze" do oportunismo?

Aguardou um instante e depois fuzilou:

– "Faça aos outros o mesmo que farão a você!"

Ele nos encarou.

– E farão o quê? Adivinhem!

– Eu sei! – soltou André. – Enrolar, embrulhar, passar a perna!

Demos umas risadinhas desajeitadas.

– Nosso oportunismo é malicioso, não é? – observou Selma. – Imagine que um estrangeiro nos peça para caracterizar os brasileiros, o que diremos? Que somos afáveis, hospitaleiros, alegres, descontraídos, afetivos. E se ele emendar: sim, sim, mas e o caráter? Aí empacamos! O que dizer, meu Deus? Quem são os brasileiros? Mocinhos ou caras-de-pau, vestais ou malandros, bacanas ou sacanas? Como explicar a convivência entre nossa retórica do bom-mocismo e a enxurrada de práticas inescrupulosas? Sinuca de bico! Na hora, hesitamos um pouco, e depois, com a voz impostada, dizemos: veja bem...

A descrição valeu por um insight. O professor então propôs:

– Vamos aproveitar a deixa e procurar distinguir atos íntegros de atos oportunistas. Têm idéia de como fazê-lo?

Ficamos indecisos.

– Vou sugerir uma regra simples: chamo isso de "teste do vampiro". Vocês já viram filmes de vampiros, não viram? Como se matam vampiros?

– Com uma estaca no coração! – informou Pedro.

– Com água benta! – secundou Luisa.

– Essa não! – desmentiu Letícia com riso na voz. – Água benta, crucifixo e alho afastam os vampiros, não os matam!

– Com uma bala de prata! – gritou André triunfante.

Eu contrapus:

– Não meu caro: bala de prata é para lobisomem!

André riu, mas não se deu por vencido:

– Puxa, é mesmo!

Pensou um segundo e matou a charada:

– Luz do sol! O vampiro explode!

– Muito bem, André – assentiu o professor. – A regra então é perguntar: posso falar disso em público? Na mídia? Posso me expor à luz do sol?

Ficamos olhando.

– Entenderam? Tudo que se esconde é oportunista! É uma regrinha que funciona.

Ruminamos a idéia. Mas Selma quis nos trazer de volta ao assunto e arremeteu:

– A dupla mensagem moral que nos inculcam tem graves efeitos.

Ficamos curiosos.

– Enquanto a moral da integridade tacha de imorais as manifestações oportunistas porque ferem seus princípios, a moral do oportunismo vê a integridade como coisa de gente ingênua, bobinha, otária, trouxa, caxias, careta, bocó, sabe-se lá o que mais! A pecha mais doce é: esse inocente é um poeta!

Sálvio encadeou o raciocínio:

– O fato de aprender ao mesmo tempo a ser íntegro e oportunista – contradição nos termos! – gera um imbróglio mental. Temos dificuldade em distinguir o certo do errado. E desconfiamos uns dos outros o tempo todo. Somos vulneráveis: temos pavor de ser passados para trás, vivemos tensos. Então, como amenizar o desgaste? Estabelecendo um "porto seguro"; depositando confiança absoluta em pouquíssimas pessoas. É a nossa bengala psicológica; sem ela, a desconfiança nos esgota!

– De mais a mais – aclarou a esposa –, o que fazem as empresas? Elas dão preferência às relações pessoais, privilegiam a rede de compadrio, praticam nepotismo, apadrinhamento e favoritismo. O "capital social", o famoso "quem indica", prevalece sobre as relações profissionais, o contrato assinado, o mérito pessoal.

Deu-nos um tempo para digerir a análise.

– O padrão das relações pessoais começa a ser questionado. Sabem onde? Nas empresas que atuam em setores competitivos da economia, principalmente no âmbito internacional.

Metódico, o professor deu continuidade à análise dos efeitos da dupla mensagem moral:

– O segundo grupo de conseqüências é a baixa cultura cívica. Não temos tradição de cooperação coletiva; o veneno do salve-se-quem-puder é uma das nossas heranças históricas. Em seguida, nossa identidade social está fraturada: afinal, quem somos nós? Por último, faltam mecanismos institucionais para punir os malfeitos; os mais favorecidos costumam se safar.

– Nos últimos anos – ponderou Selma –, o terceiro setor tem dado demonstrações generosas de cooperação coletiva.

Ao perceber que cortou o raciocínio do marido, apressou-se a dizer:

– Desculpe ter interrompido.

Sálvio fez um gesto de apoio.

– Fez bem. Mostrou que o primeiro problema está sendo enfrentado. Quanto à falta de clareza sobre quem somos nós, os brasileiros, você também já comentou a dificuldade: somos heróis ou malandros? Finalmente, no tocante à tendência à impunidade, bem...

Eu me intrometi:

– Aqui entram as relações de propriedade e de poder, não é?

Ele sorriu longamente e depois disse de forma lacônica:

– E como não?

– Mesmo assim – enunciou Luisa. –, a impunidade está começando a perder terreno.

Ficamos esperando que ela explicasse.

– Os crimes do colarinho branco não são mais tabus: Polícia Federal, Ministério Público e Receita Federal fazem operações conjuntas; corruptos estão sendo mandados para a cadeia, desde juízes federais a políticos de renome.

– Luisa está de parabéns! – falou o professor com entusiasmo. – Não só nosso imaginário social está se movendo em direção à meritocracia (ainda que timidamente), mas nossos órgãos públicos estão cada vez mais empenhados em coibir abusos.

Ele sentiu nosso ceticismo.

– Convenhamos: algo está se mexendo no país. Lentamente, muito lentamente, mas está! O Brasil de hoje não é definitivamente o de vinte anos atrás. Vocês discordam?

Pensando bem, Sálvio tinha razão. Um mínimo de conhecimento histórico indicava avanços inegáveis. A esposa não deixou a pelota cair:

– Os brasileiros convivem com um estranho paradoxo: justificam as conveniências egoístas e, ao mesmo tempo, se indignam – e quanto! – com a corrupção alheia.

– Coisa esquizofrênica – deixou escapar André. – Vemos o cisco nos olhos alheios e não enxergamos a trave nos próprios!

– O ladrão é sempre o outro! – avaliei.

O professor prosseguiu:

– O pior disso tudo é a tradição patrimonialista. Começa com a confusão entre recursos privados e recursos públicos, e termina com a apropriação pelos interesses particulares daquilo que é de todos nós. Eis a chave-mestra da corrupção.

– Um grande amigo nosso – relatou a consultora – foi presidente de uma companhia estatal que fazia o gerenciamento de obras públicas. Ele nos contou de fonte limpa o quanto o setor subtraía nos anos oitenta e noventa.

Ficamos todos atentos às revelações.

– Normalmente, e num cálculo conservador, o encarecimento das obras públicas era da ordem de quarenta a sessenta por cento.

Um espanto!

– Vocês ouviram certo o que eu disse. As razões eram diversas: financiamento das campanhas eleitorais; risco que os empreiteiros corriam de não receber em dia; desembolso de pedágios para participar das licitações ou para receber as faturas emitidas. Em alguns casos, o superfaturamento chegava a variar entre cem e trezentos por cento! Na gestão daquele presidente, depois de introduzir mecanismos de controle eficazes e de quase enlouquecer de tantas pressões, contribuiu para economizar alguns bilhões de reais para os cofres públicos...

Tive uma reação de admiração:

– Tudo isso?

– E por que não? – retrucou André. – Basta saber quantos recursos ele girou!

Revidei:

– Engraçadinho!

Estávamos embasbacados. Mas André estava com a corda toda:

– Vocês sabem para onde vai um corrupto depois da morte?

Ficamos estáticos, com um sorriso pronto. Ele soltou:

– Para um paraíso fiscal!

Explodimos num riso nervoso. Foi quando a anfitriã antecipou o desfecho da conversa: ela nos convidou a sair da mesa e nos deixou livres até a hora do aperitivo. Decidimos ficar na piscina e "jiboiar", na jocosa expressão de Letícia. Mantivemos um silêncio ruminante.

As duas moças pegaram no sono, enquanto que meus dois colegas cochilaram nas espreguiçadeiras, depois de dar longas braçadas na piscina. Olhei para o céu e observei as figuras extravagantes que a mutação das nuvens configurava.

Estava aliviado por ter acertado algumas escolhas na vida. Avaliei que um só passo em falso poderia me condenar a uma vida descolorida. E me convenci de que eu devia dar de mim, nem que fosse para compensar meus estudos gratuitos. Abençoada seja a USP! Respirei repetidamente a plenos pulmões e quase fiquei inebriado. Afinal, por que não fazer jus à vida privilegiada que eu levava? Bastaria fazer parte de um projeto que produzisse efeitos socialmente positivos – um projeto altruísta imparcial, na linguagem de Selma. Aderir à proposta do professor não seria o caminho?

Sopesei as razões que me animaram nesse último ano: a primazia do sucesso financeiro; a vontade cega de galgar promoções; a ânsia de provar desse afrodisíaco que é o poder; o deslumbre com o fato de me distinguir dos outros. E fiquei lúcido: o que me faltava era um desafio mais abrangente, menos centrado em mim mesmo. Eu fazia vôos rasantes, me deixava levar por pulsões mesquinhas como se a riqueza tudo fosse. Patinava na "arte de ter", no extremo oposto do que pregava minha primeira namorada: ser frugal, fruir a simplicidade do aqui e agora.

Há tantas maneiras de viver a vida! Eu não precisava de mais que uma situação material confortável e alguma meta generosa. Para que querer mais? Por que não fazer diferença nesse mundo sem exigir sacrifícios maiores de mim mesmo? Não tenho os méritos dos missionários que suportam uma vida de penúria. Por que não usar um atalho?

Dando certo, seria uma reviravolta e tanto! Resultado do quê? Das palavras do Sálvio e da Selma? De algum amadurecimento pessoal? Não importa a origem do processo. Era maravilhoso descobrir um sentido para a vida!

|||

11 A parceria

O homem não teria alcançado
o possível se repetidas vezes
não tivesse tentado o impossível.

Max Weber

Embora discreta, a presença do caseiro trazendo torradas, patês e queijos de aperitivo me despertou. Percebi que eu havia adormecido por um bom tempo. Olhei ao meu redor: minhas colegas estavam lendo revistas, enquanto André e Pedro trocavam entre si os cadernos do jornal do dia. Peguei para ler o que estava disponível na mesa de centro. Foi quando vi o casal de anfitriões se aproximando.

Selma vestia bermuda e camiseta. Sentou-se perto de nós e nos convidou a nos servir. Insistiu que havia água, cervejas e sucos no cooler. Agradecemos a gentileza. Sálvio, de calção de banho azul, apressou o passo de seu jeito característico e mergulhou de cabeça, indiferente ao choque térmico da água. Depois de nadar disciplinadamente durante uns dez minutos, saiu da piscina, enxugou-se com uma toalha e vestiu um confortável roupão. Puxou uma das cadeiras de estofamento branco e perguntou:

– Vocês devem ter estranhado o fato de não termos comentado o filme de ontem à noite.

Respondi:

– Imaginei que fosse de propósito!

André buliu comigo:

– Sempre desconfiado o amigo Leo: vê agendas ocultas em tudo!

– A bem da verdade – explicou o professor –, a discussão ganharia muito se conhecêssemos as morais adotadas pelo setor empresarial e se refletíssemos sobre os processos de tomada de decisão. Por isso é que vamos adiar a discussão...

A esposa fez o pêndulo:

– Vocês verão: tudo ficará mais claro.

– Não esqueçamos – advertiu o professor –, as decisões empresariais não são gratuitas nem inócuas: elas afetam os públicos de interesse. E estes podem retaliar feio.

– Qualquer bom motivo de reclamação repercute na mídia – concordou Selma. – Com prejuízo para as empresas.

Para mostrar que não havíamos esquecido a lição sobre as crises empresariais, fiz questão de mencionar uma das conclusões:

– Os clientes também apelam para as agências de defesa e podem solicitar que se instaurem processos administrativos.

– Recorrem à Justiça – completou Luisa, firme na minha retaguarda.

Liquidei a fatura:

– Até boicotam as empresas.

Mas algo incomodava a minha colega:

– Eu queria esclarecer um ponto: será que esses mecanismos todos não são coisas de países do Primeiro Mundo? São utilizados no Brasil?

A consultora sorriu satisfeita e replicou como se já tivesse a resposta na ponta da língua:

– Aqui também os cidadãos se mobilizam, sim. Vou contar um caso emblemático que reflete esse poder de fogo.

Sálvio comentou a meia-voz:

– Vai calhar bem.

– Não sei se vocês se lembram da famosa Botica ao Veado D'Ouro. Era uma farmácia de manipulação paulistana mais do que centenária – fundada em 1858.

Não havíamos ouvido falar a respeito.

– Ela tinha uma subsidiária, um laboratório chamado Veafarm, que produzia remédios industrializados. Embora o negócio desfrutasse de boa reputação, surgiu uma denúncia em 1998. A Polícia investigou o fato e confirmou as suspeitas. Apreendeu um milhão de comprimidos falsificados do Androcur, remédio indicado para o tratamento de câncer de próstata que a Schering fabrica. Por sinal, as cópias eram fidelíssimas, a não ser num detalhe significativo. Submetidas a análise, o resultado foi surpreendente: os comprimidos não tinham princípio ativo! Deu para imaginar o desfecho?

André fez graça de seu jeito peculiar:

– Os homens dançaram!

– Tiro certeiro no calcanhar-de-aquiles – confirmou o professor.

A esposa, ordenadamente, continuou o relato:

– Na seqüência, dezenove pessoas foram indiciadas pela Justiça por falsificação de remédio, até que uma polêmica ganhou as manchetes. Dez pacientes que haviam ingerido o placebo faleceram e alguns jornalistas especularam sobre os efeitos do falso remédio: se as pessoas morreram por não terem sido medicadas, houve homicídio... As conseqüências não demoraram. Em menos de seis meses, as lojas da Botica ao Veado D'Ouro instaladas nos três mais importantes shoppings paulistanos foram desativadas; o faturamento do negócio caiu oitenta por cento; o prédio da matriz na rua São Bento, centro de São Paulo, foi desocupado pela metade. A empresa entrou em processo de desintegração.

Luisa ficou pensativa, enquanto Pedro lembrava outro caso:

– Nessa mesma linha, temos a cassação do senador Luis Estevão em 2000. Lembram aquele escândalo do superfaturamento do Tribunal Regional do Trabalho de São Paulo? A mídia martelou que o montante foi de 169 milhões de reais.

– Belo exemplo! – incentivou a consultora.

André se animou:

– Luis Estevão declarou com todas as letras: "Não sou santo. Nenhum quadro de santo se sustenta na parede para uma pessoa que ganhou um bilhão de reais em quatro anos".

– Ele era dono do Grupo OK – informou Pedro. – Suas dezoito empresas faturavam duzentos e cinqüenta milhões de reais anualmente. Três anos depois da crise, o faturamento caiu para doze milhões. E dos quatro mil empregados, sobraram apenas trezentos e cinqüenta. Em 2006, o grupo foi à falência.

Eu acresci:

– Marcos Valério, o "dono da lavanderia" que repassou recursos ao PT para cooptar deputados na famosa crise do mensalão em 2005, teve um destino mais sumário.

André deu colorido ao caso:

– No auge do bombardeio da mídia, ele disse: "Minha vida como empresário acabou".

– Beleza, André! – agradeci. – Suas agências de publicidade, DNA Propaganda e SMPB Comunicação, que faturavam centenas de milhões de reais, perderam logo as contas que tinham, tanto as públicas como as privadas. E acabaram fechando!

– À semelhança de outros países – concluiu Selma –, os brasileiros também fazem boicotes.

Luisa deu-se por satisfeita:

– Obrigada.

A anfitriã sorriu e disse:

– É um prazer conversar com gente inteligente. Aliás, estou aprendendo muito com vocês!

Ficamos encantados com a delicadeza da consultora. Descontraído, o professor prosseguiu no raciocínio:

– Diante das pressões exercidas pelos clientes, as empresas são forçadas a refletir sobre a questão da responsabilidade social corporativa. Estabeleceu-se nova correlação de forças, como se diz em política.

A esposa voltou à carga:

– Eis por que seria interessante conhecer os códigos morais do setor empresarial: a moral da parceria e a moral da parcialidade.

Letícia questionou de chofre:

– O setor também tem uma dupla moral?

Selma confirmou com um aceno.

– Os empresários não se guiam pela moral da integridade ou pela moral do oportunismo como todo mundo?

– Claro – acordou Sálvio –, assim como qualquer outro setor social. Mas a coisa não se resume a um simples reflexo, porque categorias sociais ou organizações também desenvolvem alguns padrões morais que expressam suas peculiaridades. É o caso dos empresários. De um modo geral, eles cultivam uma moral interesseira, tão oficiosa quanto a moral do oportunismo, mas com *grano salis*. Dessa redefinição surge a moral da parcialidade.

Letícia refletiu e inferiu:

– É um altruísmo parcial codificado?

– Isso ou quase isso – esclareceu Selma. – Porque a moral da parcialidade obedece à realidade empresarial brasileira. Seus cânones não são universais.

O marido prosseguiu:

– Além dessa repaginação oportunista, o setor empresarial adota outra moral, a da parceria. Dessa maneira, o figurino da dupla moral se repete, mas com uma diferença crucial. A parceria não reproduz o modo de tomar decisões da moral da integridade, nossa moral oficial, embora também esteja amparada pela razão ética.

A consultora aclarou a idéia:

– Em nosso código da integridade, as escolhas são feitas entre pares discretos: conduta certa/conduta errada, luz/escuridão, zero/um. Em outras palavras, não existe meia gravidez! Isso vale para todos os valores, de maneira que as respostas aos dilemas já vêm prontas. Assim, ou você é honesto ou você é desonesto. Não dá para dizer: de vez em quando sou um pouquinho desonesto... A moral da integridade funciona com base em posições maniqueístas. De maneira totalmente diversa, a moral da parceria se baseia em análise de riscos. Trata-se de um código muito interessante e sofisticado, porque exige reflexão e capacidade de inventar respostas à luz do bem comum.

Pedro interveio:

– Uma análise de riscos como na teoria dos jogos?

– Semelhante. As decisões são tomadas após percorrer algumas etapas que satisfazem determinadas exigências. De início, há um cuidadoso levantamento das circunstâncias. Logo depois, faz-se uma avaliação da relação custo-benefício. Por fim, faz-se uma análise dos riscos envolvidos cenário a cenário: cada opção possível tem seus efeitos sopesados. Em síntese, há um diagnóstico situacional que leva em consideração os interesses em jogo, inclusive os interesses gerais, e analisam-se as conseqüências de cada decisão.

Ficamos desnorteados diante da complexidade e da profundidade da abordagem.

– Decisões desse tipo podem se tornar diretrizes? – levantou Pedro.

– É possível estabelecer certos padrões, sim – continuou Selma, enquanto desenhava num pedaço de papel. – As decisões são submetidas ao crivo da realidade e as que obtêm consenso tornam-se orientações preferenciais. Vocês vão me perguntar: que crivo é esse? Respondo: sobrevivem as decisões cujos resultados são úteis de maneira recorrente. Úteis a quem? À sociedade como um todo.

O desenho ficava cada vez mais rico com seus dois contrapontos: na vertical, as duas morais gerais em oposição às duas morais empresariais; na

Figura 5 | **As morais brasileiras gerais e empresariais**

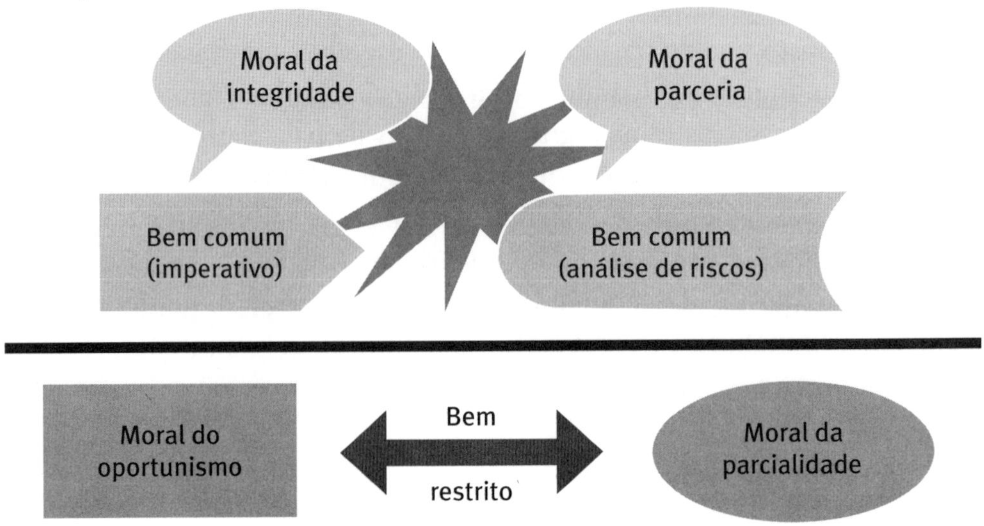

horizontal, as morais que defendem o bem comum e, portanto, se baseiam numa razão ética, em confronto com as duas morais que defendem o bem restrito e, portanto, se baseiam numa razão antiética.

A consultora não parou de falar enquanto traçava as últimas linhas:

– Isso significa que as decisões da moral da parceria devem dar conta dos efeitos indesejáveis que elas mesmas provocam ou, se preferirem, dos efeitos colaterais. As diretrizes práticas que resultam daí são guias para a ação. A moral da parceria funciona como um farol que ilumina a escuridão.

Eu estava ansioso para ouvir mais a respeito, razão pela qual instiguei respostas:

– Mas a abordagem clássica em Ética não é sempre dicotômica: tudo/nada; é/não é; sim/não; preto/branco?

Sálvio não podia deixar de intervir:

– O que você está descrevendo é o modo de tomar decisão da teoria ética da convicção. Lógica binária, termos contrapostos, antinomias formadas por virtudes e vícios, coisas tomadas a ferro e a fogo. Trata-se de um pensamento que impressiona pela defesa inflexível dos princípios, pelo fervor intransigente. Acontece que isso corresponde a uma das duas teorias científicas.

– A teoria da convicção – alertou a esposa – detém a hegemonia (pelo menos retórica), porque quase todas as morais vigentes no mundo, inclusive nossa moral da integridade, se inspiram nesse modo de tomar decisão. Ocorre que há outra teoria, a teoria ética da responsabilidade, cujo funcionamento eu acabei de descrever. A moral da parceria se inspira nela. Temos aqui uma diferença qualitativa.

Ficamos à espera de maiores explicações. O professor as deu:

– A tomada de decisão na teoria da responsabilidade se faz essencialmente com base no "mal menor" ou na aceitação de um mal necessário para obter um bem maior. Por exemplo, uma cirurgia invasiva para extirpar a vesícula biliar supurada: existe dor e existem riscos, mas é o preço pago pelo paciente para salvar a própria vida. Ou a adoção de cintos de segurança: há custos envolvidos e os passageiros perdem parte de sua mobilidade. Dessa maneira, o processo se assemelha a uma troca estratégica. Vejam os casos do flúor na água ou dos conservantes nos alimentos. Significam o quê? Que a população corre riscos calculados, que se aceitam alguns "males" para alcançar benefícios mais amplos.

Mais uma vez, faltava uma mediação. Sálvio percebeu na hora:

– A fluoretação da água diminui fortemente a incidência de cáries dentárias na população. Exige, porém, um nível adequado de flúor na água de abastecimento. Uma dose maior causa fluorose dentária, isto é, o esmalte dos dentes fica opaco e há manchas de coloração. O mesmo vale para os conservantes químicos nos alimentos: eles mantêm os alimentos em boas condições de consumo por mais tempo, desde que obedecidos os limites máximos de utilização estabelecidos pela legislação. Quando em excesso, alguns conservantes podem levar à formação de compostos cancerígenos.

O rosto de Luisa se iluminou e ela deu uma contribuição:

– A delação premiada seria outro exemplo, não é? Afinal, reduz-se a pena ou até se absolve um acusado em função do nível de cooperação com a Justiça. Vale dizer, um criminoso confesso obtém perdão (mal menor) em razão de suas denúncias (bem maior).

O professor abriu um amplo sorriso. Ela continuou embalada:

– Ou quando proíbe-se o fumo em locais fechados para não converter todas as pessoas em fumantes passivos. Ou ainda quando se faz uma triagem de feridos em hospitais de campanha por absoluta falta de condições de atender a todos os casos...

– Bravo, Luisa, simplesmente bravo! – aplaudiu Sálvio. – Outras situações do mesmo teor seriam a pílula anticoncepcional para o planejamento familiar, a legalização do aborto, o uso de agrotóxicos ou de pesticidas na agricultura etc. Essa forma de tomar decisões éticas tem em mira preservar os interesses universais por meio de soluções objetivamente possíveis, ainda que estas não estejam isentas de riscos.

Fez uma pausa estratégica para enfatizar o restante:

– Mas é preciso sublinhar algo absolutamente vital, sob pena de resvalar para um vale-tudo intolerável. As decisões só podem ser tomadas depois de obedecido um rigoroso protocolo de segurança, ou seja, é preciso adotar previamente todas as precauções técnicas disponíveis. Pensem um pouco na autorização da comercialização de remédios: ela exige pesquisas e testes exaustivos e, mesmo assim, necessita de uma prescrição precisa e de dosagem certa. Pensem na concessão de crédito por bancos: só se viabilizam após a apresentação de sólidas garantias. Em outros termos, nada é feito sem as indispensáveis salvaguardas.

A esposa aproveitou para fazer uma valiosa interpretação:

– A maioria das decisões políticas que visam ao bem público se baseia na teoria ética da responsabilidade. Idem para as grandes decisões empresariais. Raramente vocês encontrarão decisões estratégicas sendo tomadas simplesmente porque aplicam preceitos inscritos no "livrinho" – as chamadas decisões tomadas *by the book*.

O professor retomou a palavra:

– Reparem que estamos nos referindo a duas teorias científicas, a dois modos radicalmente diferentes de tomar decisões éticas: a teoria da convicção e a teoria da responsabilidade. Mandarei uma bibliografia a respeito em seu correio eletrônico.

– É muito importante insistir – advertiu a esposa – que ambas as teorias conferem sustentação apenas às decisões que defendam os interesses gerais, isto é, os interesses universais ou comuns. Assim, somente as decisões que correspondam a posturas altruístas inclusivas (altruísmo imparcial ou altruísmo extremado) obedecem à razão ética. As decisões que defendem interesses específicos, particularistas, restritos, e se realizam à custa dos interesses mais amplos, expressam posicionamentos antiéticos, porque elas põem em risco a sobrevivência do todo.

Deu um tempo.

– Já explicamos os porquês disso quando Sálvio fez uma analogia entre a sociedade e o corpo humano: doenças podem levar os organismos à morte. Como a vida em sociedade supõe que se respeite o bem comum, todas as ações que colocam os interesses gerais em xeque são maléficas.

Esperou alguma contestação. Como nenhuma foi feita, propôs:

– Vamos agora trabalhar as duas morais empresariais, está bem?

O anfitrião deu seqüência:

– A moral da parcialidade contém padrões mistos ou dúplices de conduta. Na relação com os "outros" – os "estranhos", aqueles que não pertencem à empresa – adotam-se conveniências oportunistas. Na relação com os "aliados", ao revés, prevalece uma lealdade a toda prova. É um par curioso e aparentemente inconsistente, não é? De um lado, autoriza-se tirar o máximo proveito dos outros; de outro lado, exigem-se condutas irrepreensíveis com os colegas de trabalho, com os parceiros de negócio, com a organização à qual pertencemos. No fundo, trata-se de um código mafioso que exalta o altruísmo parcial.

– A máxima é – adicionou Selma –: "Para os amigos tudo, para os inimigos nada, para os indiferentes a lei". Esta frase é atribuída ao presidente Artur Bernardes.

– Não é de Getúlio Vargas? – estranhei.

– Ele a utilizou à larga, mas não é dele. Aliás, a expressão se popularizou de forma truncada.

Pedro estava sintonizado e aproveitou a deixa:

– "Para os amigos tudo, para os inimigos a lei!".

– Está aí. O mote traduz com clareza o particularismo excludente que advoga que cada um cuide dos seus!

De seu canto, Sálvio sentenciou:

– Ao invés de serem partes do todo, há alguns que se tomam por um todo à parte... Ou, se preferirem, eis um velho adágio: "O sol nasceu para todos, mas a sombra para alguns"!

Relacionei e enfatizei:

– É a consagração das relações pessoais!

– É isso mesmo, Leo! – confirmou o professor. – E muito mais. Os que praticam a moral da parcialidade alegam deter um saber superior. Tomam por base alguns pressupostos do tipo "um pouco de desonestidade faz as coisas acontecerem" ou "para vencer nesta selva, certa dose de cinismo é indispensável".

Essas frases aliciaram em nós um turbilhão de lembranças. André pensou em voz alta:

– Ouvi isso de outro jeito: "É preciso dançar conforme a música"; "Quem pode mais chora menos".

Eu acrescentei:

– "Cavalo selado não passa duas vezes à sua porta"; "Todo mundo faz isso!".

– Então, vamos nos locupletar! – provocou meu predecessor.

Pedro não quis ficar fora da festa:

– “O que vale para todos não vale para nós”; “Deixa de ser poeta, homem!”.

Luisa se juntou ao coro:

– “Em Roma como os romanos”.

Letícia deu o tiro de misericórdia:

– “A lei? Ora, a lei!”.

– Há um detalhe importante – avisou Selma. – Essas máximas cabem como uma luva para quaisquer ações oportunistas. Mas cuidado: enquanto a moral do oportunismo semeia o egoísmo, a moral da parcialidade difunde o altruísmo parcial.

O marido não perdeu o fio da meada:

– O que particulariza a moral da parcialidade é seu pragmatismo exacerbado. Ela considera o jeitinho indispensável para desemperrar a confusão burocrática (vimos isso no café-da-manhã) e prega a troca de favores. Desfigura a máxima franciscana “é dando que se recebe” por uma razão bastante prosaica: as doações não visam a Deus!

André não podia perder a chance:

– Tema de tese: “São Francisco e o fisiologismo à brasileira”, ou “As virtudes da entrega”.

Refleti:

– Será que o favor, o jeitinho e a corrupção não formam um contínuo?

– A tese está aí! – triunfou André.

O professor pensou um pouco, franziu a testa e fez sinal para que eu fundamentasse a idéia.

– O favor sempre implica hierarquia e reciprocidade. Espera-se de quem o recebe lealdade, gratidão, fidelidade, dívida moral, não é isso? Prestar um favor não envolve suborno. Em contraste, o jeitinho implica molhar a mão. Agora, entre as duas coisas nem sempre os limites ficam muitos claros. Fazer um favor pode ser uma maneira elegante de aliciar... Assim, as fronteiras entre as três práticas acabam borradas: o favor com o jeito, o jeito com a corrupção.

– Gostei, Leo! – celebrou Selma. – Pois o que é a corrupção senão a apropriação de bens públicos ou de bens organizacionais em proveito próprio?

Ficamos pensando, mas ela prosseguiu:

– Alguém se corrompe quando presume que obterá benefícios superiores aos custos prováveis. É uma aposta moral.

Ela nos fitou com o semblante sério.

– Vocês sabem quando é que há corrupção?

– É uma relação de custo-benefício – deduzi.

Luisa inquiriu:

– Ela deve compensar as eventuais penalidades, não é mesmo?

– O transgressor acredita – especulou André – que seus atos não são ilegais nem imorais. E que jamais será apanhado!

André havia ampliado o quadro da discussão. Ficamos então no aguardo, até que ele continuou com certa empolgação:

– Caso seja pego, o sujeito deve achar que o fato não será divulgado! Sabem por quê? Porque desconfia, e com razão, que ninguém iria querer comprometer a imagem da empresa! Em última análise, o infrator acha que seus atos serão tolerados, seja porque ele dá lucro à empresa, seja porque apronta tanto quanto os seus superiores!

– O pior é quando seus chefes o protegem! – sublinhei.

– Tudo bem – rematou Pedro. – Quer dizer que o corrupto racionaliza os riscos.

Parou um instante e depois disse:

– Vocês vão me desculpar, mas acho que falta algo nessa equação.

Aí, ele decidiu explanar:

– Além da eventualidade das penalidades legais, quem se corrompe leva em conta outras variáveis: a desmoralização pública, o custo da perda do emprego e, caso tenha alguma consciência, o custo moral de se deixar corromper.

Tivemos a impressão de que Pedro havia brilhantemente fechado o cerco. Selma, no entanto, não parecia satisfeita:

– Vocês não responderam à minha pergunta: quando há corrupção? Fizeram uma análise do ponto de vista de quem comete a transgressão; falta o ponto de vista da organização.

Ficamos em silêncio. Ela continuou:

– Vou responder ao problema. Há corrupção quando, em primeiro lugar, alguém monopoliza dada atividade. Isso significa que as funções não foram segregadas. Por exemplo, na área de suprimentos, o mesmo sujeito faz a cotação, efetua a compra, recebe o material, cuida do almoxarifado e ainda decide sobre o que fazer com os eventuais refugos...

Pensei: vou para a área de suprimentos e preciso tomar cuidado.

– Em segundo lugar, há corrupção quando alguém dispõe de poder discricionário: sua assinatura é condição *sine qua non* para concluir as operações. Em terceiro lugar, quando esse alguém não está submetido a controles eficazes. Esses três fatores juntos revelam quem é a pessoa que toma as decisões e, *ipso facto*, podem ensejar seu suborno.

Sálvio propôs:

– Alguém tem alguma idéia de como sair dessa encrenca?

Ficamos pensativos, até que André disparou:

– A meu ver, só há duas maneiras de sair disso. Do lado da organização, separar as funções e estabelecer mecanismos de auditoria preventiva e corretiva. Do lado pessoal, torcer para que o sujeito preze tanto a idoneidade que a simples idéia de ser pego lhe pareça insuportável.

– E de onde viria essa disposição à idoneidade? – critiquei com mordacidade.

O colega respondeu de forma categórica, consciente das restrições sociológicas que eu faria:

– Não se trata de padrões herdados, obviamente, nem de uma vaga "educação", como prega o senso comum! O sujeito deveria ser submetido ao que eu chamaria, sei lá...

– Uma pedagogia do risco – socorreu a consultora. – Vocês lembram quando falamos dos colaboradores que "cumprem" as normas em relação aos que "compram" as normas?

Fizemos sinais positivos.

– Profissionais, tanto quanto empresas, têm sua reputação como ativo intangível... É preciso mostrar o quão terríveis são as conseqüências de uma desmoralização pública. E é preciso dispor de mecanismos eficazes de controle. São duas chaves interligadas.

O argumento parecia satisfatório. O professor então prosseguiu:

– Vamos agora falar da outra moral empresarial, a da parceria. É um fenômeno recente que guarda relação com a abertura comercial ou a inserção do Brasil na economia mundial. Tem a ver com a globalização econômica.

– E com o fortalecimento da sociedade civil – insistiu Selma – e das pressões que ela vem exercendo sobre as empresas.

Sálvio levantou suas grossas sobrancelhas em sinal de apoio e avançou:

– A moral da parceria é um código que sistematiza padrões de conduta centrados nos interesses das partes no médio e no longo prazo. Mas não só: ela tem claras preocupações com o bem comum.

Novamente, a esposa o aparteou:

– A parceria desemboca na questão da sustentabilidade que, no fundo, é expressão do sucesso empresarial.

Aí, ela olhou para o marido e propôs:

– Você me permite? O conceito se encaixa bem no tema...

Ele assentiu.

– Vocês devem ter ouvido falar da fórmula já clássica do *triple bottom line ou tríplice resultado*: empresas economicamente viáveis, socialmente justas e ambientalmente adequadas. Vejamos em primeira mão a sustentabilidade econômica. As empresas buscam o lucro responsável, inovam em produtos e processos, exercitam a governança corporativa, quer dizer, prestam contas e se relacionam com os acionistas e os colaboradores de forma transparente. Em segunda mão, a sustentabilidade ecológica. As empresas se esforçam em ser ecologicamente corretas, quer dizer...

Luisa a interrompeu:

– Respeitam o meio ambiente, administram bem os riscos ambientais, praticam o consumo consciente em seus gastos e aquisições...

Selma abriu seu belo sorriso:

– Em terceira mão, a sustentabilidade social. As empresas se organizam para ser socialmente justas, ou seja...

Eu saltei sobre a oportunidade:

– Geram ganhos sociais por meio do altruísmo imparcial! Elas promovem o desenvolvimento social das comunidades locais, repelem internamente preconceitos e discriminações, contribuem para dar corpo aos direitos sociais!

– *Mamma mia!* – exclamou André. – O rapaz nasceu para professor!

Sálvio olhava para nós, divertido, e simulou uma repreensão:

– Vocês tiram o pão da minha boca, turminha brava! E quase me fazem perder o fio da meada. Mas eu perdôo! Vou perguntar então: vocês sabem qual poderia ser a máxima da moral da parceria?

Ninguém se mexeu.

– Os negócios são acordos que beneficiam todas as partes. Não só as duas partes envolvidas, mas a sociedade como um todo. De que forma? Pela amplitude e pela utilidade dos resultados. Por isso é que podemos relacionar sustentabilidade empresarial, responsabilidade social corporativa, moral da parceria, altruísmo imparcial, ótimo de Pareto e jogos de soma positiva. Eis o segredo da perenidade das organizações! Eis o novo segredo do sucesso empresarial!

Deu para ficar admirado. Embora a consultora nos desse um tempo para digerir os nexos que foram estabelecidos entre os conceitos, ela não quis perder o embalo:

– A moral da parceria se assenta em duas pernas: o profissionalismo e a idoneidade nas transações. Assim é que se viabiliza a relação mencionada pelo Sálvio.

Ficou nos olhando.

– O profissionalismo supõe acima de tudo competência técnica, e esta exige incessante atualização, não é verdade? É tarefa para gente obstinada. Outro componente precioso é a diligência – fazer bem feito e no prazo estipulado.

Deixou que o marido revezasse:

– Outros ingredientes são a impessoalidade (não distinguir as pessoas), a assertividade, a isenção, a imparcialidade (levar em consideração todos os interesses envolvidos).

Selma completou a composição desse importante conceito com mais dois fatores:

– A disciplina pessoal e a pontualidade.

Estávamos com a cabeça a mil por hora: quanta coisa a pensar! Mas o professor não nos deu trégua e costurou o raciocínio:

– A segunda perna é a idoneidade nas transações. E o que isso significa? Realizar transações honestas, adequadas e justas: não vender gato por lebre; não enganar os demais pelo conteúdo ou pela quantidade; não praticar preços abusivos.

– Conseqüência? – formulou a esposa. – Os dois padrões se chocam frontalmente com nossas tradições. Ao invés de semear a desconfiança, geram confiança generalizada! Como? Ao tornar previsíveis as condutas! Com isso podemos deixar de suspeitar de todo mundo! Esses dois padrões são as pedras angulares de um mercado sadio, as chaves para constituir alianças duradouras. E por quê?

Sálvio completou o duo, numa clara demonstração de sintonia:

– Porque seus praticantes visam ao benefício mútuo e levam em conta os impactos sociais. Quer dizer, suas ações são cooperativas e miram os interesses maiores da sociedade. Digo mais: preocupam-se com os efeitos sobre as gerações vindouras.

– Opa! É um novo credo – balbuciei incrédulo.

– Seu ceticismo faz sentido e não me espanta! – rebateu o professor. – Mas vamos à prova dos noves. Vocês certamente já estudaram parcerias construídas entre clientes e fornecedores. Então reflitam um pouco: são dadas ou não garantias precisas e confiáveis de desempenho?

– Sem dúvida! – concordou Letícia. – Se um enganar o outro, rompe-se o relacionamento.

– Há ou não transparência entre ambas as partes, isto é, fala-se ou não a verdade um ao outro? Existe ou não partilha de informações, algumas até sensíveis?

André brincou:

– Se não houvesse, seria uma parceria de araque!

– Ocorrem ou não negociações com base em jogos cooperativos?

Pareceu-nos também óbvio.

– Presta-se ou não apoio mútuo em situações de crise?

Hesitamos, até que Selma dirimiu nossas dúvidas:

– Não é ainda regra geral, mas é o caminho natural dessas alianças.

– Por fim, convertem-se ou não os públicos de interesse em extensões do próprio negócio?

Novamente relutamos em nossa santa ignorância.

– Lembrem os "sistemistas" ou os "modulistas" que operam na General Motors de Gravataí, no Rio Grande do Sul, ou em Resende, no Estado do Rio de Janeiro, junto à Volkswagen. São consórcios que levaram a idéia às últimas conseqüências: os fornecedores (poucos) operam nas próprias plantas industriais e são responsáveis pela montagem de módulos dos veículos.

Os ganhos em custos, qualidade, tempo de produção e flexibilidade da operação são extraordinários.

André deduziu:

– As parcerias entre clientes e fornecedores, diferentemente do que vinha acontecendo antes, levam à diminuição do quadro de fornecedores.

Lançou um olhar sobre o casal que se mantinha atento.

– Em vez de forçar uma competição feroz e espremer os fornecedores, temos um quadro restrito, altamente selecionado. Um punhado de empresas se compromete com o negócio do cliente.

A consultora sugeriu:

– Algumas ilustrações da moral da parceria ajudariam a entender a questão.

O marido aprovou com a cabeça e ela foi adiante:

– Peguem os selos de qualidade que órgãos certificadores independentes conferem a determinados produtos. Isso é feito a pedido de algumas empresas. Notem que elas não são legalmente obrigadas a isso. Quando o fazem, entretanto, criam um diferencial em relação aos concorrentes, pois garantem a origem e a adequação dos produtos. E a quem elas se dirigem? Aos clientes, à sociedade em geral! O mesmo vale para as certificações das famosas ISO.

Pedro coçou a cabeça:

– Nessa mesma linha, poderíamos citar os guichês especiais para clientes, não é mesmo?

– Já é norma em muitos lugares – lembrou Letícia.

Luisa pediu esclarecimento:

– Vocês estão se referindo à preferência dada a idosos, gestantes, portadores de deficiência, mães com crianças de colo?

– É – confirmou Pedro. – Mas há outras situações. Por exemplo, a ordem de chegada em hospitais não é obedecida quando o estado clínico do paciente assim o exige: a precedência burocrática cede lugar à razão médica. Os jeitinhos que os gerentes de bancos davam antigamente para atender clientes abonados também vão acabando. Vocês sabem como?

– Criando agências especializadas ou novas divisões de banco! – exclamou Letícia.

A própria Luisa citou:

– Itaú Personnalité, HSBC Premier, Van Gogh do Banco Real, Bradesco Prime, Uniclass do Unibanco...

– Regras claras e jogo limpo: todo mundo ganha e ninguém perde! – se divertiu Letícia.

– Nessa mesma toada – aduzi –, eu gostaria de citar a extensão do código de conduta da empresa contratante aos fornecedores, pelo menos aos mais importantes. Caso conhecidíssimo da Nike.

O casal seguia nossas intervenções com reiterados sorrisos.

– E os contratos de risco? – suscitou Luisa. – Contratos que fornecedores propõem para reduzir custos e desperdícios dos clientes?

E ante a dúvida que nos assaltava, deixou claro:

– Empresas fornecedoras submetem seus produtos a metas específicas de resultados, sem o que não são remuneradas. Certo?

Fizemos que sim.

– Isso para não falar das ações sociais empresariais que já discutimos – recordou Selma. – Ações que vão além do aspecto filantrópico: projetos comunitários que utilizam as competências das empresas e permitem melhorar o ambiente de negócios; programas de capacitação continuada dos funcionários ou de incentivo ao voluntariado; projetos de preservação do meio ambiente, de valorização da diversidade na gestão do pessoal, e assim por diante.

Nessa altura, o caseiro veio sussurrar ao ouvido de Selma que o almoço estava pronto. Entendemos logo, mas relutamos em nos levantar de tão instigados que estávamos pela conversa.

– Temos uns vinte minutos para sentar à mesa – falou a anfitriã. – Dá tempo para a gente se trocar.

Fomos para nossos quartos bastante animados e quando entramos na sala de jantar, ela estava toda enfeitada: havia flores na mesa e duas longas velas que recendiam a incenso. Puxa, em plena luz do dia! A razão dessa excentricidade ficou logo patente – era nosso almoço de despedida.

III

12 O contraponto

Quero ser lembrado por ter feito diferença na vida de outras pessoas.

Joseph Schumpeter

Tivemos como entrada três saladas – uma de folhas, outra caprese e uma terceira de palmitos –, além de uma deliciosa quiche Lorraine. O prato principal ficou à escolha entre uma variedade de carnes: lagarto ao molho shitake e três variedades de estrogonofes – de carne, frango e camarão. Acompanhavam arroz branco e batata palha. Havia ainda, fumegantes, potes individuais de suflês de queijo. Para sobremesa, dois bolos foram servidos, um de brigadeiro e outro de abacaxi, bem como macedônia de frutas frescas com calda de chocolate quente.

Manjar dos deuses mais uma vez! Acabamos insensivelmente associando os banquetes que nos eram oferecidos aos alimentos do espírito que recebíamos à farta... Extraordinária combinação!

Mas eu estava ansioso pela análise do filme que havíamos visto na noite anterior, *Com o Dinheiro dos Outros*. Fiquei imaginando de que forma eu poderia chamar a atenção para o fato. Duas situações em particular encerravam lições que eu queria discutir.

A primeira foi uma seqüência de cenas que comparava as duas companhias de maneira quase didática. De um lado, a Garfield Investments com instalações limpas e inteiramente informatizadas, e em cujos corredores circulavam homens de ternos escuros e mulheres tão estilizadas que pareciam de cera. De outro lado, a New England Wire and Cable, uma fábrica com galpões enfumaçados e fileiras de máquinas barulhentas que soltavam faíscas e chamas, em torno das quais se agitavam operários metidos em macacões sujos de graxa. Aliás, o escritório labiríntico da New England abrigava uma única secretária que mais lembrava uma ama-seca, pois fazia as vezes de copeira, telefonista e datilógrafa.

Claro contraste, pois, entre uma indústria obsoleta, desordenada, expressão de uma era heróica, e um negócio financeiro descarnado, obcecado com a maximização dos lucros e em pleno desabrochar da Revolução Digital.

Na película, Danny DeVito desempenhou com maestria o papel de Garfield, o financista que, após analisar a situação pré-agônica da fábrica, comprou um grande lote de ações. Tamanha intervenção provocou uma alta da cotação na Bolsa. Aí, satisfeito, ele decidiu se deslocar de Manhattan para New Jersey. Com quais propósitos? Ver de perto sua nova presa e apresentar um plano de ação ao dono da New England, Jorgenson – papel encarnado de forma impecável por Gregory Peck.

Ao entrar no prédio decrépito, Garfield se deparou com um elevador quebrado. Teve então de aventurar-se pela interminável escadaria de metal, ao cabo da qual chegou sem fôlego e contrafeito. Foi quando soltou uma saborosa imprecação com o rico linguajar das ruas...

A assistente de direção que o acolheu era a própria esposa de Jorgenson. Solícita e afável, ela lhe propôs chamar o motorista da limusine que o trouxe para que o moço pudesse aquecer-se. Garfield viu nisso uma intromissão indevida e ralhou: onde já se viu ensinar maus hábitos aos motoristas?

O contraponto

No encontro com Jorgenson, o financista procedeu ao diagnóstico da situação e alinhou números grandes e redondos: o maquinário usado da fábrica devia valer uns trinta milhões de dólares; as três companhias coligadas (empresas chatas, mas lucrativas) podiam ser estimadas em sessenta milhões; os cento e vinte alqueires de terrenos alcançariam facilmente outros dez; o capital de giro montava a vinte e cinco. No total, o valor do negócio girava em torno de 125 milhões de dólares. Ora, diante da situação deficitária da divisão de fios e cabos (a fábrica propriamente dita), o que caberia fazer? Ainda que para mero efeito de cálculo as estimativas fossem subestimadas, o total chegaria a cem milhões de dólares. Resultado: o negócio continuaria vantajoso! E por que diabo?

Por boas razões. Existiam dívidas? Não. A empresa lançava dejetos industriais no rio? Absolutamente não. Havia processos movidos por ambientalistas? Nem pensar. Pagavam-se pensões milionárias aos funcionários? De modo algum. Sumário: Jorgenson era um sócio de sonho! E por que será? Porque o negócio era uma mina de ouro...

Bastava um vôo panorâmico: qual seria o valor de cada uma das quatro milhões de ações existentes? Pelo menos vinte e cinco dólares; não é mesmo? A cotação do mercado era de dez dólares por ação há três semanas. Não é um achado? Atualmente, cada uma delas valia catorze dólares... Graças a quem? A ele, Garfield! E por quê? Porque comprou um monte de ações! Solução final: era preciso livrar-se o quanto antes da divisão de fios e cabos; amputar o membro doente e fatiar o resto!

O velho dono não acreditava no que ouvia e mal continha a indignação. Quem disse que a empresa estava à venda? O outro esclareceu que o propósito de sua vinda não era negociar a compra, mas listar as vantagens de uma aquisição hostil... Enfurecido, Jorgenson bradou que ninguém iria desativar a fábrica dele! Nem morto permitiria uma barbaridade dessas! Em momento algum Garfield se abalou; apenas retrucou: calma, isso é rotina...

Sem paciência para ouvir desaforos, Jorgenson declarou que não iria cometer suicídio e, abruptamente, deu por encerrada a conversa. O outro, fingindo confortá-lo, rebateu: não seja dramático, pense em eutanásia! Garfield foi sumariamente posto para fora, apesar dos protestos gritados a plenos pulmões: todas as firmas iguais já migraram para o Japão, Cingapura e

Malásia; todas se instalaram em países que não tinham leis dementes contra a poluição!

Nesse jogo de espelhos, havia dois mundos incomunicáveis. Tão logo saiu do entrevero, Garfield arrematou as ações disponíveis na praça e deflagrou um processo irreversível: candidatou-se à presidência da companhia e converteu a eleição da nova diretoria em novo campo de batalha.

Segundo tempo. Centenas de pequenos acionistas se comprimem num galpão mal arejado, enquanto que lá fora, mobilizados e inquietos, operários portam cartazes de apoio ao velho dono: "Jorgy é o nosso homem!". Um coro de crianças da comunidade e uma penca turbulenta de repórteres compõem o cenário. Alto-falantes divulgam sem cessar os informes gerenciais e anunciam as duas chapas. O destino do negócio estava numa encruzilhada. Nas mãos de Garfield, sem rebuços, a firma seria fechada, os bens seriam fatiados e vendidos, os funcionários demitidos. Nas mãos do velho dono, continuaria o lento sangramento dos ativos à espera do imponderável.

Há dias que Jorgy não dormia com receio do que pudesse acontecer. Numa cena comovente, a esposa o conforta. O tempo passou, lamenta Jorgy, as regras do jogo mudaram, nosso conhecimento parece não mais valer; onde foram parar as pessoas que ajudavam umas às outras? Se Garfield ganhar, o que será dos funcionários?

A mulher o afaga, passando levemente a mão em seu rosto. Não tenha medo, diz ela, temos de nos orgulhar do que fizemos. Se o outro ganhar, nossos valores vão perdurar; não há fracasso nisso. Vá lá e diga a verdade! Arrase! As pessoas vão votar com suas consciências.

Os discursos dos dois candidatos, pronunciados diante da platéia de acionistas, escrevem uma extraordinária página teatral. Quando Jorgy se apresenta, a ovação é retumbante. Empunha o microfone e lança um olhar afetuoso sobre os presentes: reconhece vagarosamente algumas velhas faces e as nomeia pelo primeiro nome. Lembra a morte do pai, as recessões que se abateram sobre o país, a crise de 1929, as duas guerras mundiais, e argumenta com fé missionária: a firma resistiu a todas as tormentas, emergiu fortalecida e engrandecida, gerou empregos, compartilhou com a comunidade os benefícios auferidos, prestou serviços à Nação. Agora, porém, a própria existência da fábrica estava em risco.

E onde estava a ameaça? Bem diante deles, encarnada por Larry, o Liquidador – o empresário da América pós-industrial, o aprendiz de feiticeiro que brinca de Deus com o dinheiro dos outros! E ao dizer isso, aponta para Garfield com o dedo acusador.

Logo depois, prossegue com voz de barítono.

Enquanto os cruéis barões-ladrões do passado americano legaram minas de carvão, ferrovias, bancos, indústrias, esse sujeito nada deixa atrás de si, nada cria nem constrói, nada dirige! O que lega para a posteridade? Terras arrasadas, desgraças aos montes e muitas lágrimas! E por quê? Para ganhar dinheiro! Proclama sem melindre que as pessoas valem mais mortas do que vivas! Isso pode até ser verdade, mas é circunstancial. Um dia desses, nossa indústria voltará a ter lucro. Quando o país reconstruir sua infraestrutura, quando o dólar for desvalorizado e o iene valorizado, quando as exportações forem relançadas... Então seremos mais fortes do que nunca!

Faz um longo silêncio, respira fundo e dá seguimento.

Ponham a mão na consciência; olhem nos olhos do vizinho: vocês desejam a morte dele? Claro que não! Que tipo de Nação nós queremos? Um país que frita hambúrgueres, forma advogados às fornadas, espalha paraísos fiscais? Não, isso não! Não foi para isso que nós nos sacrificamos! Pensem bem. O que Larry, o Liquidador, propõe? A destruição em massa! No jargão de Wall Street, ele oferece a "maximização do valor das ações". Na verdade, quer substituir consciências por dólares! Ora, que se danem os financistas! Uma firma vale mais do que o valor de seu patrimônio! Uma empresa é o lugar em que vivemos nossa vida, encontramos nossos amigos, sonhamos nossos sonhos! Uma empresa é uma unidade comunitária. Aqui construímos coisas, não as destruímos. Aqui, nós nos preocupamos com as pessoas!

A audiência vem abaixo num estrondo de aplausos intermináveis, de abraços efusivos, de lágrimas furtivas. É a emocionante consagração de Jorgy!

Nesse momento, o executivo principal da empresa se levanta e anuncia a fala de Garfield. Uma vaia monumental explode rouca, prolongada, avassaladora. Os apupos fazem tremer os corações! Não é fácil obter o silêncio.

Com ar desavergonhado, Garfield se apossa do microfone e repete três vezes "Amém!". Explica que, em seu bairro de origem, a expressão remata as orações. Sim, porque o que os acionistas acabaram de ouvir era uma prece – a dos mortos! E por que isso? Porque a companhia faleceu. Não foi ele quem a matou, oh, céus, não! Quando ele chegou, ela já tinha morrido. Agora, porém, nenhuma reza iria resolver. E ainda que um milagre ocorresse, e o iene subisse, e o dólar caísse, e a infra-estrutura fosse revitalizada, o que iria acontecer? A finada continuaria defunta! E sabem por quê? Por causa das fibras ópticas, das tecnologias digitais, da obsolescência geral!

A platéia fica silenciosa, nervosamente atenta.

Caros colegas acionistas, a má notícia é que a falência vem devagar, irresistível como a maré. A boa notícia é que estamos todos mortos, mas não quebrados – ainda não! Alguém se lembra das dezenas de firmas que fabricavam chicotes para cocheiros? Puxem na memória, lá longe no tempo... A última sobrevivente faz provavelmente o melhor chicote do mundo... e nada a braçadas num mercado decadente! Quem gostaria de ser sócio dela? Quem quer investir seu precioso dinheiro num negócio falido? Existe aqui algum candidato?

Então, pelo amor de Deus, meus caros acionistas, tenham a inteligência, a decência de assinar o atestado de óbito da falecida! Recolham o que puderem de dinheiro e invistam-no em algo que tenha futuro!

Mas, alto lá! Acontece que nosso bravo pastor, Jorgy, disse que não dá para fazer isso! Por quê? Porque temos obrigações para com nossos empregados, temos responsabilidades para com a comunidade local... Meu Deus, o que será deles?

Eu vou lhes responder com breves palavras: *quem se importa*? Dá para ter pena de quem nunca se importou com vocês? Dá para se preocupar com quem os saqueou sem dó nem piedade ao longo do tempo? Pensem no que lhes aconteceu nos últimos dez anos. O aumento dos impostos os sangrou, as tarifas os esfolaram! E quanto aos nossos funcionários? Eles ganham o dobro do que ganhavam há uma década! Em contrapartida, as ações de vocês valem quanto? Um sexto da cotação de dez anos atrás!

Quem se importa? Vou lhes dizer quem – eu, apenas eu! Não sou eu seu melhor amigo, ah, não! Sou seu *único* amigo! Não crio nada? Eu lhes dou lucro! Façam um exame de consciência: vocês investem dinheiro em ações por que mesmo? Para ganhar dinheiro! Ou será que não? Quem liga para o que a empresa fabrica? Tanto faz que faça fios e cabos, salsichas ou hambúrgueres! Peguem seu rico dinheirinho e coloquem-no em outro lugar! Quem sabe vocês terão sorte e conseguirão usá-lo produtivamente; quem sabe até consigam criar alguns empregos... E Deus lhes perdoe se, com isso, ganharem alguma grana!

Por último, gosto que me chamem Larry, o Liquidador. Sabem por quê? Porque ao meu enterro vocês irão com um sorriso estampado na cara e algum dinheiro no bolso! Por certo, é o tipo de enterro que vale a pena!

A platéia se dividiu entre vaias e aplausos. Na votação para a nova diretoria, Garfield ganhou com 27,5 por cento de vantagem. Uma página histórica foi virada; um mundo agonizou.

Era por causa dessas cenas instigantes que eu quis suscitar o debate. Disse então com firmeza, enquanto transcorria o almoço:

– Eu queria aplicar os conceitos aprendidos ao filme de ontem.

Fitei o professor. Ele franziu o cenho e balançou levemente a cabeça em sinal afirmativo.

– Não agüentou, Leo? Que bom! Eu estava esperando que um de vocês se manifestasse a respeito.

Eu me senti autorizado.

– Quem tinha razão? Jorgy ou Larry?

Meus colegas vacilaram. O único a se arriscar foi Pedro:

– O discurso de Garfield me impressionou; tinha tudo para convencer. Mas algo me soou esquisito. Não consigo encaixar a fala dele em nosso quadro de referência. Além do mais, as razões de Jorgenson abalam qualquer cristão...

– Em vez de pedir um posicionamento – ponderou a anfitriã –, não seria mais interessante debater o assunto?

Aceitei sem relutar o reparo feito e provoquei:

– Como caracterizar a conduta de Garfield?

Luisa respondeu:

– Obviamente não é uma postura altruísta extremada nem é altruísta imparcial, porque os perdedores estão claramente identificados – os funcionários e a comunidade local. Tampouco é uma postura egoísta, já que Garfield representa uma empresa, um conjunto de investidores...

Completei o raciocínio dela:

– Sobra então o altruísmo parcial, não é verdade?

Todos me encararam em silêncio.

– Ora, não dá para falar de moral da parcialidade, porque esta pertence à realidade brasileira. Então, como fica?

– Concordo com você – comentou o professor, com uma ponta de orgulho. – Analisar um financista norte-americano com padrões morais latinos é absolutamente inadequado. Mas eu queria saber mais a respeito da caracterização geral. Por que você acha isso de Garfield?

– Por que acho seu comportamento altruísta parcial? – indaguei.

– Sim – disse Sálvio.

Eu fui taxativo:

– Garfield se cingiu a defender os interesses dos acionistas da New England. E o fez brilhantemente. Em detrimento de quem? Dos funcionários e da comunidade local, como bem disse Luisa. Centrou seus argumentos na defesa do capital investido, no dinheiro a ser ganho ou a ser perdido. No extremo oposto, Jorgenson vivia atormentado com o fantasma do fechamento da empresa. Se aceitasse que os ativos fossem fatiados, os acionistas ganhariam seguramente um bom dinheiro. Em contraposição, o processo liquidaria o ganha-pão de muita gente e condenaria a comunidade local a uma dramática estagnação. Eis o pesadelo de Jorgy.

Selma interveio:

– As preocupações sociais do empresário e os valores embutidos em seu discurso são claras demonstrações da moral puritana.

Fomos tomados de surpresa. Ela viu o interesse estampado em nossos rostos.

– É a moral macrossocial norte-americana. Com ela é possível entender Jorgy. A moral puritana constitui um código inspirado pelo bem comum e, portanto, apoiado pela razão ética. Não é uma bela oportunidade de conhecê-la e de trazer mais luz ao debate? Que tal sumarizarmos os valores nucleares dessa moral?

Luisa foi a mais entusiasta:

– Seria muito bom!

– Então, vamos lá.

A consultora se deteve em cada segmento de frase, auscultando nossas faces para ver se ela estava sendo clara.

– A moral puritana considera que merece louvor a riqueza que decorre do mérito, dos riscos assumidos, do empenho, da ambição legítima, sobretudo quando promove o bem-estar da sociedade. Ela exalta a disciplina pessoal e o trabalho duro, a frugalidade e a parcimônia, a dedicação à empresa, a honestidade e o autocontrole, a sobriedade, a moderação e o *self-reliance*, quer dizer, a postura de contar exclusivamente com as próprias forças, ter iniciativa e nunca depender dos outros. Todos esses valores constituem as chaves para a salvação da alma.

– Não esqueçamos – agregou o professor – que essa moral obedece a uma inspiração protestante. Funda-se na crença de que os homens são predestinados desde todo o sempre. Sendo Deus onisciente, os "eleitos" (aqueles que serão salvos) e os "condenados" (aqueles que serão danados) já estão definidos. Para sair do imbróglio, o calvinismo vislumbrou uma brecha – a de que a fortuna ou o êxito poderia ser um sinal da eleição divina, uma tênue luz a brilhar no túnel da angústia existencial.

– É terrível viver com uma espada de Dâmocles sobre a cabeça – asseverou a esposa –, não saber qual é o desígnio de Deus! Sobretudo quando se desconfia que o jogo tenha cartas marcadas!

– Agora, vamos pensar – insistiu Sálvio. – Por que o êxito se converte em gabarito para medir todas as coisas? Porque resulta da diligência, da virtude, da respeitabilidade das pessoas. Por mais misericordioso que Deus seja, ele não elegeria quem não mereça suas graças, não é verdade? Pergunto então: Garfield é um sujeito que teve êxito? Sem dúvida. Mas, pelo desenrolar do filme, por vias transversas! Não trilhou o caminho da virtude!

O professor avaliou nossas reações. Estávamos simplesmente fascinados com a leitura que ele fazia.

– Garfield valeu-se de regras que deturpam insidiosamente a "cultura do trabalho" americana. Encarna uma das pragas do século 20!

Selma aclarou a fala do marido:

– Garfield pratica a moral do sucesso norte-americana, um código de natureza particularista que se situa no extremo oposto da moral puritana.

Sálvio demarcou o terreno:

– É bom dizer que se trata de um código cujas normas ficam expostas à luz do dia. Diferentemente da moral oportunista brasileira, que é praticada às escondidas. Não sei o quão amplo é o espectro da moral do sucesso, mas suspeito que ela penetre fundo nas condutas mais comezinhas de muitos americanos.

E voltando-se para a esposa:

– Fale um pouco a respeito, Selma.

Ela desenvolveu o pensamento:

– A moral do sucesso cultua a prosperidade e o consumo como sinais de realização pessoal. Exalta as recompensas materiais e aplaude a ostentação – importante é exibir-se! Em vez de ensinar, como faz o calvinismo, que a riqueza visa ao bem-estar da comunidade, atiça ao máximo as ambições individuais, converte o dinheiro em medida universal para avaliar as pessoas: ter é tudo. E promove um jogo de soma zero em que os vencedores desprezam os perdedores, à medida que o sucesso de uns supõe o fracasso de muitos...

– É o próprio Garfield! – exclamei estarrecido.

Depois de um silêncio, Luisa cutucou:

– Mas então, a quem dar razão naquele confronto?

– Eu não dou a ninguém! – julgou Letícia.

– Concordo com você – afirmou Pedro.

– Será que precisamos dar razão a um dos dois? – inquiriu André.

A consultora nos olhou misteriosamente e deu sua opinião:

– A solução encontra-se fora daqueles dois discursos!

Manteve o suspense.

– Leo tem razão quando diz que Garfield só pensou nos acionistas e, portanto, se moveu no campo do altruísmo parcial. Jorgenson, por sua vez, sujeito de boa-fé, defendeu os funcionários e a comunidade circunvizinha. Em decorrência, advogou o altruísmo extremado.

Olhamos uns para os outros.

– Sim! Vocês vão me perguntar: por quê? Quem são os altruístas extremados? Jorgy destinou esse papel aos acionistas! Ele incluído! Propôs ingenuamente que eles se sacrificassem pelos outros na expectativa de dias melhores!

A consultora estava empolgada e seus olhos faiscavam.

– Ora, não precisamos exagerar, não é verdade? Há outra solução à vista para superar o impasse...

Eu pressionei:

– Bem que suspeitamos!

– Existe uma solução altruísta imparcial. Querem ver? Para superar a proposta demolidora de Garfield, teria sido necessário fazer o quê? Achar um modo de se livrar da divisão de fios e cabos. Por quê? Porque era tecnicamente obsoleta e, portanto, condenada a produzir déficits sucessivos ante o irresistível avanço das novas tecnologias. Todavia, qual solução evitaria o desemprego dos trabalhadores e, portanto, o fechamento da fábrica?

Selma não parava de nos atiçar e Sálvio, aparentemente, decidiu nos socorrer:

– Quem sabe fosse aderir aos novos ventos? Redesenhar a empresa, investir em negócio que tivesse futuro. Mas, com os diabos, fazendo o quê?

Já estávamos irrequietos: o exercício nos deixava em posição pouco confortável, porque não víamos luz no fundo do túnel.

– Vou ajudar mais ainda – disse o professor.

– Não! – intercedeu a esposa. – Digo eu! Há uma solução que foi apontada de forma fortuita. Sabem quando? Numa cena posterior à eleição da nova diretoria, quando a filha de Jorgenson comentou o interesse de investidores japoneses em associar-se...

Letícia se levantou e gritou:

– Air-bags para automóveis!

– O quê? – perguntou Pedro espantado.

– Claro! – exultou a colega. – Os air-bags são feitos com fios de aço inoxidável!

O casal trocou olhares e simulou bater palmas. Explodimos em vivas! Letícia ficou radiante.

– Só que naquela altura do filme – declarou Sálvio – era tarde demais, o jogo já estava feito. A racionalidade particularista venceu a racionalidade universalista!

Puxa, que fantástica interpretação! Fizemos um longo silêncio, como se fosse necessário recuperar o fôlego. André então decidiu nos surpreender com um aforismo:

– O que poderia caracterizar a moral do sucesso que Garfield maneja com tanta desenvoltura? Vou dizer: "Nada é proibido aos vencedores da vida!".

Esperou nossa reação. Estávamos ainda mergulhados na análise do filme. André insistiu:

– Gostaram? Não é um lema interessante? Faria um belo contraponto com nosso oportunismo brasileiro: "Tudo é permitido, mesmo o que é proibido!".

O achado nos pareceu engraçado.

– Tem mais! – falou André com riso na voz. – Para a moral empresarial da parcialidade: "Nada é proibido que não se possa comprar!".

O casal sorria. Comemos um instante em silêncio, enquanto Sálvio decidiu nos servir vinho branco. Logo em seguida se levantou e propôs um brinde. Nossos copos tilintaram uns contra os outros. Ele falou com os olhos brilhantes:

– Foi uma honra recebê-los. Vocês nos trouxeram muita alegria e, por que não dizê-lo, muita riqueza intelectual. Gostaríamos de tê-los mais vezes conosco. E lhes digo de coração: sua presença foi bastante gratificante para nós dois!

Ficamos sensibilizados. André falou em nosso nome:

– Muito obrigado, professor! Muito obrigado, Selma! Somos muito gratos pela calorosa acolhida, por esses dias excepcionais que vocês nos proporcionaram. Mas, principalmente, estamos em dívida por tantos ensinamentos. Jamais esqueceremos!

Durante a refeição, eu soube que Letícia e eu poderíamos contar com um motorista para nos levar para Campinas. Sálvio havia gentilmente investigado onde moravam nossas famílias e nos sondou se tínhamos interesse em passar o final do dia com eles. Dissemos que sim e ele colocou um motorista à nossa disposição. Quanto aos dois outros colegas, um segundo motorista os levaria aonde quisessem na capital.

O que mais nos chamou a atenção, entretanto, foi o que o professor disse ao encerrar as atividades:

– Quero lhes informar que nossa companhia vai aderir ao Global Compact. Vocês sabem do que se trata?

André traduziu:

– O Pacto Global? Não tenho certeza...

Nesta questão, estávamos no escuro.

– É um programa desenvolvido pela ONU. Tem por objetivo mobilizar a comunidade empresarial internacional para a promoção de valores fundamentais nas áreas de direitos humanos, do trabalho e do meio ambiente. E mais: o Pacto Global adota clara posição contra todas as formas de corrupção, inclusive a extorsão e a propina. A nossa companhia vai endossar seus dez princípios. Vocês nada ouviram a respeito?

Dissemos humildemente que não.

– Os princípios foram cunhados em poucas palavras. Procurem na Internet.

A esposa modulou então a voz e perguntou:

– Por que participar do Global Compact? A idéia consiste em contribuir para que se produzam soluções práticas para os problemas contemporâneos – problemas relacionados à globalização, ao desenvolvimento auto-sustentável, à responsabilidade social corporativa. No fundo, enfrenta a temática da inclusão social.

Sálvio retomou a palavra:

– Discutimos longamente a respeito disso na companhia, amadurecemos a questão e tomamos a decisão de aderir. Belo pretexto para provocar um terremoto, não é?

Ficou nos observando e depois completou:

– Vamos definir uma política de cidadania corporativa, implantar as diretrizes e monitorar o que for feito. As responsabilidades serão incorporadas aos objetivos e às metas anuais. Faremos medições dos indicadores de progresso. Todos os executivos receberão o necessário – recursos e pessoal – para viabilizar as novas tarefas. O que acham?

Estávamos encantados com a perspectiva.

– A inteligência ética vai permear nossas práticas. Por isso vamos criar um comitê diretivo de cidadania corporativa. E sabem mais o quê? Vou presidi-lo!

Irrompemos em uma ovação! A notícia nos deixou extremamente entusiasmados. Nesse instante, o professor imprimiu um tom grave à voz e exortou:

– Vou precisar de vocês!

Fitou-nos longamente.

– Uma coalizão interna está sendo montada para dar respaldo à nova política. Não sou Dom Quixote, nem vocês serão o Incrível Exército de Brancaleone! Nossa companhia vai desempenhar um papel de destaque na sociedade.

Tomou seu tempo para dar ênfase:

– E vocês vão fazer parte disso!

Estávamos arrebatados. Vivíamos um momento mágico. O que nos aguardava era mais do que um emprego, mais do que uma promoção! Podíamos contribuir para tornar o país mais digno de se viver. Bastava fazer da competência empresarial uma ferramenta a serviço da cidadania.

Na hora da despedida, Selma nos estendeu as duas mãos naquele seu gesto característico de franqueza e carinho. Ficamos comovidos. Ela disse:

– Estarei com vocês!

Olhando diretamente para ela, Luisa bradou uma saudação:

– Altruísmo imparcial, gente! Altruísmo imparcial!

E todos nós rimos. Sálvio nos deu um forte abraço. Falei, sentindo-me autorizado pela emoção que mal conseguíamos segurar:

– Contem conosco!

Num movimento espontâneo, nós cinco entrelaçamos as mãos e, uníssonos, entoamos um novo grito de guerra:

– Fazer diferença! Fazer diferença! Fazer diferença!

Notei que os olhos de Letícia ficaram rasos d´água, ainda que seu rosto irradiasse alegria. Duas certezas pairavam no ar: havia uma nova fronteira a desbravar e era possível construir um mundo mais justo, sem violência revolucionária ou sacrifícios heróicos. As empresas podiam ser canteiros de obras e eu ia participar dessa extraordinária aventura... Um sentimento oceânico me invadiu.

|||

|||

Este livro foi impresso pela Prol Editora
Gráfica Ltda. sobre papel offset 75g/m².